人民政协和全过程人民民主

——浙江省人民政协理论研究会2022年理论研究优秀论文集

浙江省人民政协理论研究会　编

中国文史出版社

目　录
CONTENTS

在省政协“学习贯彻党的二十大精神，发挥专门协商机构在发展全过程人民民主中的作用”理论研讨会上的讲话

（2022 年 12 月 9 日）

黄莉新 *

我们在这里举办省政协“学习贯彻党的二十大精神，发挥专门协商机构在发展全过程人民民主中的作用”理论研讨会，主要任务是全面学习贯彻党的二十大精神，贯彻落实省委易炼红书记 12 月 8 日到省政协调研指导工作时的重要讲话精神，围绕以党的二十大精神为指引，更好发挥专门协商机构在发展全过程人民民主中的作用进行理论研讨，为不断开拓我省政协工作新局面，合力打造全过程人民民主实践高地提供理论支撑。

刚才，12 位同志结合自己的研究和实践作了交流发言，这些发言深入贯彻落实习近平总书记关于加强和改进人民政协工作的重要思想，立足新时代人民政协的创新发展，既有对政协理论重点问题的深入分析，也有对政协实践的理性思考。周国辉副主席宣读了 2022 年度省政协“人民政协和全过程人民民主”和“深化民生议事堂平台建设”征文评选结果，集中展示了我省政协理论研究的积极成果。在此，我代表省政协，对长期以来参与人民政协理论研究、为人民政协理论建设付出智慧汗水的政协委员、专家学者和政

* 作者简介：黄莉新，浙江省政协主席

协工作者，表示敬意和感谢！

今年以来，省政协理论研究工作牢牢把握正确方向，紧紧围绕工作大局，取得了新进展新成效。一是深化开展习近平总书记关于加强和改进人民政协工作的重要思想溯源研究。围绕“习近平同志在浙江工作期间关于全面加强党对政协工作领导的重要论述及其创新价值”等10个课题，组织省内专家学者和部分设区市政协研究室集体攻关，形成了近12万字的研究成果。二是深入组织课题研究。围绕“人民政协与全过程人民民主”和“深化民生议事堂平台建设”分别组织了主题征文，得到了各级政协组织和有关专家学者的积极支持，分别收到论文212篇、104篇，为进一步推动我省政协工作提供了有益参考。三是加强研究力量建设。分别在浙江大学、省委党校建立习近平总书记关于加强和改进人民政协工作的重要思想研究分基地，更好发挥院校的研究优势、学科优势和人才优势。争取省有关部门支持，建立省人民政协理论与实践研究中心。四是理论研究成果促进政协工作的作用发挥更好。紧紧围绕构建政协协商民主体系，聚焦打造民生议事堂、数字政协等工作品牌，推动政协重点履职任务等开展研究，切实发挥了理论研究引领和支撑政协工作实践的作用。

党的二十大是一次高举旗帜、凝聚力量、团结奋进的大会，习近平总书记所作的报告，为新时代新征程党和国家事业发展、实现第二个百年奋斗目标指明了前进方向、确立了行动指南，是党团结带领全国各族人民夺取中国特色社会主义新胜利的政治宣言和行动纲领。当前和今后一个时期，学习贯彻党的二十大精神，是全党的首要政治任务，也是人民政协理论工作者的首要政治任务。今天我们召开这次理论研讨会，就是以实际行动学习贯彻二十大精神。这里，我就以党的二十大精神为指引，进一步做好政协理论研究工作，更好发挥专门协商机构在发展全过程人民民主中的作用，讲几点意见。

一、深入学习贯彻党的二十大精神，进一步增强做好人民政协理论研究工作的责任感使命感

党的二十大在政治上、理论上、实践上、制度上取得一系列丰硕成果，为党和国家事业树起了新的历史坐标，为马克思主义中国化时代化注入了新的真理力量，为新时代坚持和发展中国特色社会主义提供了新的战略指引。我们要在学深悟透二十大精神中把准政协理论研究的新使命新要求，以理论清醒保持政治坚定，以理论之思回应实践之问，推动我省政协事业高质量发展。

第一，坚决捍卫"两个确立"坚决做到"两个维护"这一最高政治原则，为政协理论研究标注了新的政治高度。党的二十大所有成果中，最重要最根本的是再次宣示"两个确立"的决定性意义，明确了最大的政治、最大的大局、最大的原则，标注了此次大会彪炳史册的历史地位、历史意义、历史贡献。"两个确立"是新时代引领党和国家事业从胜利走向胜利的最根本政治保证，是战胜一切艰难险阻、应对一切不确定性的最大确定性、最大底气、最大保证。"两个确立"确立的是全党的"顶梁柱"、人民的"主心骨"，确立的是思想的"定盘星"、行动的"指南针"。人民政协是政治组织，人民政协理论是政治理论。我们必须进一步深刻领悟"两个确立"的决定性意义，始终把坚决捍卫"两个确立"、坚决做到"两个维护"贯穿理论研究的全过程各方面，自觉在思想上政治上行动上同以习近平同志为核心的党中央保持高度一致。

第二，开辟马克思主义中国化时代化新境界这一历史责任，为政协理论研究赋予了新的思想内涵。习近平总书记在报告中明确提出，"不断谱写马克思主义中国化时代化新篇章，是当代中国共产党人的庄严历史责任"。习近平新时代中国特色社会主义思想，科学回答中国之问、世界之问、人民之问、时代之问，实现了马克思主义中国化新的飞跃。党的人民政协理论是中国共产党把马克思主义统一战线理论、政党理论和民主政治理论同中国具体实践相结合的伟大成果的理论结晶。习近平总书记关于加强和改进人民政协工作的重要思想，是习近平新时代中国特色社会主义思想的重要组成部分。浙江

是习近平总书记工作过的地方，是习近平新时代中国特色社会主义思想的重要萌发地。我们要以更强自觉深学笃行习近平新时代中国特色社会主义思想，特别是习近平总书记关于加强和改进人民政协工作的重要思想，守好红色根脉，用足总书记留给浙江政协的“理论富矿”，打响溯源研究品牌，推动政协理论研究工作走深走实。

第三，以中国式现代化推进中华民族伟大复兴这一中心任务，为政协理论研究确立了新的目标要求。党的二十大报告明确提出，“从现在起，中国共产党的中心任务就是团结带领全国各族人民全面建成社会主义现代化强国、实现第二个百年奋斗目标，以中国式现代化全面推进中华民族伟大复兴”。我们党一直坚持以经济建设为中心的基本路线，但这个“中心任务”不是以经济建设为中心的翻版，而是党的中心任务的升华，是手段与目的的结合、强国与富民的结合、精神与物质的结合、当前发展与持续发展的结合、国内目标与国际定位的结合，是中国共产党执政使命、国家现代化建设历史任务和全体人民根本利益的高度统一。人民政协是为实现党的目标任务服务的，围绕中心服务大局是政协的使命所在。我们要聚焦新时代新征程中心任务，准确把握政协理论研究工作的目标要求，以高质量研究成果推动政协高质量履职，更好服务中国式现代化，切实把人民政协制度优势转化为治理效能。

第四，发展全过程人民民主这一重大部署，为政协理论研究工作明确了新的职责使命。党的二十大报告把发展全过程人民民主确定为中国式现代化本质要求的一项重要内容，强调全过程人民民主是社会主义民主政治的本质属性，是最广泛、最真实、最管用的民主，这标志着我们党对民主政治发展规律的认识达到了新的高度，为推动人类政治文明进步贡献了中国智慧。人民政协是践行全过程人民民主的重要制度安排。我们要深入学习领会习近平总书记关于全过程人民民主的重要论述，以更加主动的历史担当对全过程人民民主的历史必然、本质内涵、优势特点、时代特色、实践要求进行全面、深入阐释和宣介，对取得的成就和积累的经验进行系统梳理和总结，对实践中面临的新情况新问题从理论层面作出积极回应，为加快构建具有中国特色、中国风格、中国气派的全过程人民民主理论体系，确保全过程人民民主之路行稳致远作出应有的贡献。

二、把握研究重点，为人民政协在助力打造全过程人民民主实践高地上发挥更大作用提供理论支撑

发展全过程人民民主是党的二十大作出的重大战略部署，打造全过程人民民主实践高地是我省加强社会主义民主政治建设的重大举措。全省政协理论工作者要立足新时代新征程的新实践，突出重点，集智攻关，深化宣传阐释，强化理论研究，着力形成一批有影响、高质量的研究成果，为打造全过程人民民主实践高地提供有力指导。

第一，要聚焦发挥人民政协在发展全过程人民民主中的重要作用开展研究。习近平总书记强调，协商民主是中国社会主义民主政治中独特的、独有的、独到的民主形式，协商民主是实践全过程人民民主的重要形式。在我国协商民主体系中，主要有七种渠道和形式，人民政协是重要渠道之一，并且是独一无二的专门协商机构。在我国两种政治协商形式中，人民政协政治协商是其中之一。人民政协作为专门协商机构，在协商中促进广泛团结、推进多党合作、实践人民民主，既秉承历史传统，又反映时代特征，充分体现了中国社会主义民主有事多商量、遇事多商量、做事多商量的特点和优势。当前，这方面作为一个制度安排讲得多，对于人民政协在发展全过程人民民主中如何发挥作用，从理论上阐述得还不够深。省委易书记在政协调研指导时也突出强调，怎么健全协商民主，怎么丰富政协协商民主的制度化实践，在推动全过程人民民主方面提供浙江的特色做法，甚至为全国提供经验，如在协商职能发挥上体现专业化，在协商平台建设上彰显特色化，在协商功能拓展上突出数字化，这方面大有潜力可挖。这说明，这方面还有许多课题要深入研究。比如，要深入研究如何把党的全面领导贯彻落实到政协一切工作之中，牢牢把握政协协商民主的正确方向，推动政协更好成为“三个重要”。发展全过程人民民主，构建政协协商民主体系，最根本是要坚持党的领导。进入新时代，中央和省委都出台了关于加强政协党的建设工作的制度文件，政协党的建设得到切实加强，但还存在一些问题需要深入研究。比如，如何把

握好政协党建的特色和优势，处理好党建和履职关系？如何持续打响“同心向党”工作品牌？如何增强政协基层党的组织的政治功能和组织功能？需要深化对政协党建工作规律的认识，高质量推进政协党的建设。要深入研究如何将“坚持党的领导、统一战线、协商民主有机结合”。人民政协是党领导的政治组织和民主形式，是最广泛的爱国统一战线组织，是协商民主的重要渠道和专门协商机构，是实现“三者有机结合”的制度设计和有效载体。要研深悟透为什么要特别强调“三者有机结合”，搞清楚“三者有机结合”的内在机理、逻辑关系、特点优势，如何更好将党的领导政治优势、统一战线组织优势和专门协商机构优势有机统一起来。要深入研究人民政协在发展全过程人民民主中的独特优势作用。政协作为专门协商机构有哪些特色和优势，如何把优势充分发挥出来，如何按照全过程人民民主理念完善政协协商民主体系，健全各种制度化协商平台。对这些课题，需要绵绵用力、久久为功。今年我们开展论文征集的一个主题就是“人民政协与全过程人民民主”，目的就是深化这方面的研究，明年要继续确立一批课题，组织专家学者深入研究，撰写一批有分量的理论文章。

第二，要聚焦深化专门协商机构建设开展研究。党的二十大就发挥政协作为专门协商机构作用、强化功能建设、提高工作水平作出了部署，站位很高、分量很重、内涵很深，很多需要加强理论研究和实践总结，深化功能、提升效能，推动建言资政更有用、凝聚共识更有效、增进团结更有力。比如，要提高深度协商互动水平强化资政功能。如何科学设计协商互动环节，探索政协协商制度化实践的新经验新做法，推动政协协商广泛多层制度化发展。特别是运用现代信息技术手段，拓展不同意见互动交流、各种观点深入沟通的平台和渠道，努力使专门协商机构“专”出特色、“专”出质量、“专”出水平。去年以来，我们大力推进数字政协建设，进一步改变了政协履职的理念方式。接下来我们将优化“四全”（全流程、全方位、全系统、全媒体）“三度”（开放度、活跃度、融合度）数智化模型，迭代基层政协协商场景，进一步放大特色。昨天各市政协主席座谈会上，各位主席交流了民生议事堂、协商座谈会、跨区域协商、专家协商会等许多好的做法，需要从理论上进一步总结经验，深化规律性认识。要提高意见充分表达水平强化民意功能。新时代人民参与民主的意愿不断增强，参与的广度和深度不断拓展，人民政协如何广开言路、集思广益，扩大人民群众有序政治参与，真实反映各界诉求和群众呼声，集中各方面的智慧，形成有事好商量、众人的事情由众人商量的秩序和氛围。这些问题需要通过理论研究作出及时的正确的解答。要提高广泛凝聚共识水平强化团结功能。以协商聚共识、以共识固团结，彰显了全过程人民民主的价值理念，体现了专门协商机构的制度效能。如何更好发挥人民政协的协商优势，既通过政协的协商广泛听取各党派团体和各族各界人士的意见建议，又注重在协商的过程中把党的主张转化为社会各界的共识，需要在总结经验的基础上，从理论上进一步阐述透、在实践中进一步把握好。

第三，要聚焦提升人民政协凝心聚力制度效能开展研究。党的二十大报告对今后人民政协作出的新部署，其核心要求是服务于不断巩固全国各族人民的大团结、加强海内外中华儿女的大团结，促进形成同心共圆中国梦的强大合力。人民政协因团结而生、依团结而存、靠团结而兴，是大团结大联合的象征，在促进中华儿女大团结中具有独特的优势作用，肩负着重要职责使命。这里面，有许多问题需要在理论上讲清楚，在实践上做到位。要重点讲清楚在统一战线内部结构深刻变化情况下，如何坚持一致性和多样性的统一，协调好人民内部各方面利益的关系。要讲清楚“双向发力”的理论基础是什么，推动建言资政和凝聚共识双向贯通、双向融合，使各界人士在参与中凝聚共识、打牢共同思想政治基础。人民政协不仅要在政协内部加强各党派团体和各族各界人士的团结，还要面向社会传播共识，如何更好鼓励支持政协委员协助党委和政府做好解疑释惑、宣传政策、理顺情绪、引导预期工作等。浙江是侨务大省，海内外的侨胞比较多，如何把侨胞凝聚起来，把海内外力量汇聚起来，需要做更多的深入研究。

第四，要聚焦完善人民政协民主监督和委员联系界别群众的制度机制开展研究。政协民主监督是增进团结、促进合作、助推落实的协商式监督，委员联系界别群众是拓宽团结面、画大同心圆的有效举措。近年来我省政协高度重视这两项工作，采取了一些行之有效的做法，探索了专项集体民主监督、委员会客厅、委员工作室等载体，取得了一定的成效。但还需要在丰富监督形式、完善机制程序上更进一步，在拓展实践路径、优化联系服务上更深一层。比如，如何把握“协商式监督”的性质定位，进一步完善民主监督的原则、内容、形式、程序和工作机制，加强同其他监督形式的协调配合。如何适应党和人民群众对政协工作的新期待，拓展委员联系界别群众的新视野，搭建委员联系界别群众的制度载体，运用现代信息手段创新高效服务群众的方式，促进联系常态化、规范化、实效化等等，都需要从理论上、实践上和制度上持续发力、探索完善。明年省政协把完善民主监督和委员联系界别群众制度机制作为重大改革项目推进，需要大家一起思考研究，提出有带动力、影响力的改革举措和工作实招。

三、准确把握习近平新时代中国特色社会主义思想的世界观和方法论，不断提高政协理论研究质量和水平

习近平总书记指出，“继续推进实践基础上的理论创新，首先要把握好新时代中国特色社会主义思想的世界观和方法论，坚持好运用好贯穿其中的立场观点方法”。我们要深化对“两个结合”“六个坚持”的理解认识，坚持学以致用，把握理论研究的科学思维和方式方法，不断提高理论研究质量和水平。

一是要坚持正确方向。人民政协理论研究作为人民政协工作的重要组成部分，不是简单的学术问题，必须旗帜鲜明讲政治，毫不动摇坚持党对政协理论研究工作的全面领导，不断提高政治判断力、政治领悟力、政治执行力。要始终把准人民政协的性质定位，自觉抵制、批驳三权分立、两院制、多党制等动摇根本的错误思潮，决不照抄照搬西方政治理论框架和政治制度模式，牢牢把握政协理论研究工作的正确政治方向。

二是要突出问题导向。“问题是时代的声音。”无法指导实践的理论没有生命力。开展政协理论研究，必须弘扬理论联系实际的作风，坚持实践和问题导向，自觉从党和国家事业发展大局出发，从充分发挥人民政协这一具有中国特色的制度安排的独特、独到、独有的优势出发，以我们正在做的事情

为中心，聚焦实践中遇到的新问题、人民政协担当新的使命任务的重大问题、制约人民政协履职质效的深层次问题进行深入研究，作出正确回答，不断提出解决问题的新理念新思路新办法。

三是要建强研究队伍。人民政协理论研究是一项系统工程，需要加强各方面的协调配合。今年省政协在浙江大学、省委党校设立了研究分基地，就是借用外力为加强政协理论研究工作而采取的一项重要举措。要统筹各级政协研究室、政协理论研究会的研究力量，吸收来自统战部门、党校（行政学院）、社科院、社会主义学院、高等院校等各方面理论研究者的参与，特别要注意发挥有理论专长的政协委员作用，努力打造一支政治素质好、理论水平高、研究能力强的研究队伍。目前，省有关方面对人民政协理论研究十分重视，省政协有多个重点课题纳入省社科规划课题，要认真做好相关工作，推动形成共同关心支持人民政协理论研究的良好局面。

四是要健全制度机制。要进一步健全重大课题引领机制，优化课题发布、立项、评优等程序环节，鼓励和支持各级政协开展课题联合攻关，深化研讨交流与协作。要健全评价激励机制和成果转化机制，及时将理论研究成果转化为加强和改进政协工作的科学思路和有效方法。全省各级政协要将理论研究纳入政协工作年度计划，实现政协理论研究与其他政协经常性工作统筹安排、协调互促，在组织领导、人员配备、经费保障等方面给予大力支持、创造有利条件，凝聚起全省政协理论研究的强大合力。

同志们，新征程上人民政协的地位越来越重要，政协理论研究的空间越来越广阔，政协理论研究工作大有可为、大有作为。让我们紧密团结在以习近平同志为核心的党中央周围，以党的二十大精神为指引，立时代之潮头，发思想之先声，不断开创我省人民政协理论研究新局面，为人民政协事业高质量发展作出新的理论贡献。

完善人民政协民主监督制度机制的实践探究

——以湖州市创新“《看见》政协在监督”新模式为例

李上葵*

党的二十大报告专门提出“完善人民政协民主监督和委员联系界别群众制度机制”的重要要求。人民政协民主监督是社会主义协商民主的重要实现形式和社会主义监督体系的重要组成部分，在发展全过程人民民主中发挥着重要作用。2022年换届以来，湖州市政协深入学习贯彻习近平总书记关于加强和改进人民政协工作的重要思想，积极探索与湖州全媒体专栏《看见》合作，创新开展“《看见》政协在监督”，有效发挥了政协民主监督制度优势和工作效能。

一、“《看见》政协在监督”的实践路径

“《看见》政协在监督”从媒体曝光问题入手，聚焦“关键小事”“疑难杂症”，创造性开展监督，积极助推问题解决。一是坚持问题导向，融合全媒体监督。与全媒体专栏《看见》深度合作、有的放矢。从媒体曝光事件中定选题，充分聚焦《看见》栏目曝光问题，从中筛选典型个案，确定监督主题、组建监督小组、制定监督方案。从曝光个案中找根源，监督组深入问题发生地现场监督调研，对相关问题进行延伸调研监督。二是坚持举一反三，开展全过程监督。注重有效果，形成了一套“前期对接、响应派单、实地监督、

* 作者简介：李上葵，湖州市政协主席

协商座谈、总结反馈”五步工作法：前期对接，加强与媒体监督的对接联系，及时掌握情况；响应派单，筛选典型案例，明确办理委室；实地监督，选择相关专业领域政协委员赴问题发生地等开展监督；协商座谈，选择1—2个“民生议事堂”召开点上协商座谈会，讨论具体问题和整改举措，根据点上监督和座谈发现的“共性问题”，召开全市面上协商座谈会，广泛听取意见建议；总结反馈，梳理报送《民主监督建议书》。三是坚持建章立制，打造全链条监督。实施“一把手工程”，成立由市政协主席任组长的“《看见》政协在监督”工作专班，构建“主席会议领导＋专委会轮值负责＋政协委员参与＋区县政协配合”的工作体系，制定出台整体实施方案。实施“一月一监督”，工作专班每月制发监督工单、听取监督情况、审议监督方案和《民主监督建议书》，轮值委室每月围绕一个主题开展监督，形成“一月一期监督”、所有委室全部参与的闭环管理工作制度。四是坚持创新载体，探索全方位监督。优化“协商＋监督”履职链条，强化数字赋能，持续拓展转化监督成果。寓广泛协商于监督，充分依托民生议事堂等平台在不同层面协商，全面打通民主监督建议书与协商纪要、提案、社情民意信息的转化通道。寓数字政协于监督，充分运用“湖州数字政协”平台，依托“社情民意图谱”多跨应用场景，建设“《看见》政协在监督”功能应用，实时同步监督进展，及时上传监督报告，实现“一键督”“一码查”。

二、“《看见》政协在监督”的现实意义

“《看见》政协在监督”开展以来，市委重视、政府欢迎、委员积极、群众好评。一是监督辣味更足了。聚焦媒体曝光问题，动真碰硬开展监督，比如紧扣“深化水环境污染治理”等主题，直击“太湖蓝藻”等陈年旧疴，有理有据提出建议，持续跟踪整改落实，8月以来3期《民主监督建议书》得到市委市政府领导批示13次。二是监督合力更强了。通过党委政府的指导支持，“媒体的舆论监督＋政协的民主监督”的形式创新，政协委员、界别群众的深度参与，数字政协的充分运用，使监督更加精准到位。三是监督实效更好了。“《看见》政协在监督”不是旨在实现一地个案的解决，而是为了推

动全域整改、举一反三。比如“中小微企业‘一厂多租’”监督，涉及全市7278家租赁企业，发现并解决一大批安全隐患问题，有力助推全市安全生产管理工作。

三、“《看见》政协在监督”的经验探析

一要完善组织领导机制。人民政协依章程进行民主监督，关键是坚持党的领导。“《看见》政协在监督”能得到各方面的重视和支持，关键是市委重视，积极支持和保证人民政协依章程进行民主监督，认真倾听批评和建议。人民政协民主监督要取得长足发展，必须毫不动摇坚持中国共产党的领导，主动争取当地党委的支持，积极推动民主监督工作纳入党委工作总体部署，并督促有关方面办理监督意见。

二要完善协同贯通机制。人民政协民主监督不是权力监督，没有法律约束力和强制性，它不同于人大、行政、司法、审计等权力性监督，也不同于群众、舆论等自发性监督。人民政协开展民主监督，既要发扬“凡议国事，惟论是非，不徇好恶”的传统，敢于发现问题、开展批评、督促工作；又要加强与其他监督方式的协调配合，借力扩大民主监督的影响力。

三要完善能力提升机制。基层有句玩笑话“人大是靠条例吃饭的，政协是靠道理吃饭的”。人民政协是发扬社会主义民主的重要形式，履行职能靠的是平等协商的民主精神，靠的是切中要害的真知灼见，靠的是以理服人的方式方法。要充分调动委员参与监督的积极性创造性，运用掌上履职学习在线、“书香政协”、委员学习培训等平台载体，提升委员履职能力，鼓励委员开展自主调研，俯下身子倾听群众心声，使委员真正监在关键处、督在重要时、建在点子上。

四要完善数字赋能机制。数字政协为民主监督提供了新手段新方法。我们坚持“凡事必数”的理念，通过在浙政钉掌上履职平台设立监督热线、开设监督微信群等，使民主监督打破时空的限制，实现掌上监督、一码监督。要顺应信息化、数字化、网络化、智能化发展趋势，既运用座谈监督、实地检查等传统方法，又注重运用网络直播、微信等现代技术手段，探索搭建

“互联网＋监督”等多跨应用场景，实时传送、现场感知、跨区协同，促进传统监督方式向科学、全程、全面监督转变。

五要完善成果落实机制。要积极推动把政协民主监督实施情况纳入党政年度工作目标考核和领导干部绩效考核范围，细化目标、量化指标，形成更加科学、公平、有效的评价机制，着力提高监督实效。

政协协商与基层协商衔接的系统化重塑与有效运行

方健忠*

党的二十大报告指出：协商民主是实践全过程人民民主的重要形式。省第十五次党代会提出要推动政协协商同基层协商相衔接、同社会治理相结合。近年来，在省政协的有力指导和推动下，衢州市政协以“民生议事堂”“协商驿站”为平台载体，以嵌入“县乡一体、条抓块统”改革为路径，聚焦构建系统化的政协协商与基层协商衔接体系，开展了实践探索和研究。

一、推进政协协商与基层协商衔接的衢州实践探索

（一）多向打通构建政协协商与基层协商衔接新渠道

一是线上线下打通，实现协商“零距离”。将省、市、县三级委员就近全部编组下沉到各镇街委员履职小组，主动邀请群众代表面对面参与协商，同时发展“指尖上的协商民主”，推动网络“连起来”在线协商。二是内外衔接打通，实现协商“零障碍”。坚持政协内部、政协与党政部门、政协与社会间“三打通”，打造群众身边最近、最方便的协商平台，拓展政协协商参与面，扩大联系界别群众工作覆盖面。三是县乡村一体打通，实现协商“零盲区”。在建好用好“请你来协商”平台基础上，推动“民生议事堂”、委员工作室、社情民意联系点“三位一体”建设，开展政协协商进村庄、进社区、

* 作者简介：方健忠，衢州市政协主席

进企业、进田间、进广场、进商圈“六进”活动，促进协商平台搭建到群众“家门口”。

（二）多元融合推进政协协商融入县乡一体治理新体系

一是扩大协商端口。以“请你来协商”“民生议事堂”“协商驿站”为发展全过程人民民主实践载体，通过村情通、邻礼通、企情通、网格员、社情民意应用5条通道接入基层治理系统，汇成协商议题数据流。二是集成协商事项。聚焦“三高三跨”，将高频、高权重、群众高需求事项和跨部门、跨领域、跨层级的协商事项集成为“一件事”，由党委政府牵头、政协搭台助推、N个部门响应，最大限度减环节、减流程、减时间，开展扁平化联动协商。三是推进协商智治。按照快收集、快协商、快转化的要求，通过大数据分析抓取高频事项进入协商流程，与党建统领整体智治体系一体运行、捆绑考核，破解政协协商在基层断层、条块分割的体制机制障碍。

（三）多方赋能拓展政协协商服务基层协商新跑道

一是搭平台、强阵地，大事小事“一起议”。按照“有议事场所、有议事人员、有议事计划、有议事流程、有议事成效”的“五有”标准推进政协协商与基层协商相衔接，做到哪里有利于问题解决就在哪里协商，群众喜欢哪种方式就采用哪种方式协商。二是议项目、助共富，聚智聚力“一起干”。基层群众要致富，政协协商来帮助，围绕共同富裕主题，以“议项目、助共富”为“民生议事堂”协商重点，打造充满“泥土味”的流动政协协商平台。三是双协同、促治理，矛盾纠纷“一堂解”。推进“民生议事堂”和“共享法庭”“一堂一庭”共融互促机制建设，出台实施意见和工作规则，推动政协协商和司法服务与基层协商有效衔接。

（四）多重增效实现“民生议事堂”共建共商共治新突破

在现有协商平台基础上，推动开展“小快灵”“接地气”的协商。一是群众随时参与。每次协商发布公告，从会场到现场，从集中到分散，从线上到线下，基层群众可选择多种形式参与协商。二是民情随机反映。创新应用民情随手拍、社情民意在线，无论是人民群众共同关注的民生大事，还是老百姓身边天天有感的关键小事，都可以在第一时间反映情况，有序进入协商程序。三是议题随处协商。依托村情通、邻礼通平台，有问题大家商、众人议、合力解，使村（社）群众反映的问题，通过协商助力在基层治理网格中及时得到解决。

二、推进政协协商与基层协商衔接系统化重塑的若干思考

推进政协协商与基层协商相衔接开辟了市县政协工作的履职新空间，但也面临着一些问题，如多种民主协商渠道向镇街基层延伸，却都各自为战，没有形成协商民主体系的矩阵效应；政协协商参与基层治理还存在边界不清的顾虑和协同不够的问题，协商成果转化机制有待完善等。党的二十大强调，要完善协商民主体系，健全各种制度化协商平台，推进协商民主广泛多层制度化发展。因此，推进政协协商与基层协商相衔接需要在全局性谋划、系统化思考上下功夫。

（一）强化顶层设计，不求权力求作为，坚持在党委统筹中完善协商保障

协商民主是实现党的领导的重要方式。党的二十大强调“坚持党的领导、统一战线、协商民主有机结合”。政协既要充分发挥自身的独特优势，更要坚持党的绝对领导。只有将这项工作纳入党委政府工作的总体部署，才能整合调动各方面宝贵资源要素，形成强大的工作合力，推动政协协商与基层协商的有效衔接。一要重塑条块关系，坚持党建统领，主动融入“县乡一体、条抓块统”整体智治改革，形成“党委领导、政府支持、政协搭台、各方参与、服务群众”的工作机制。二要完善组织领导机制，严格执行重大事项请示报告制度，重要协商活动报经同级党委批准，执行落实情况及时向党委报告。三要纳入考评体系，将在基层的协商工作，纳入镇街工作部署，实施情况列入督查事项，促进协商成果的采纳、落实和反馈。

（二）把握职能定位，不建机构建机制，坚持在协商于民中发挥优势作用

一要坚持相互赋能。政协到基层开展协商工作，不是替代基层协商，更不能越俎代庖，要坚持衔接不替代、参与不干预、助力不包办，两者相互补充，同向发力。二要做到开门协商。必须把民心所盼、民意所向作为切入点和立足点，在协商实践中吸引界别群众广泛参与，切实把人民群众真实意愿

和真知灼见汇集上来。三要发挥政协优势。充分发挥政协人才荟萃、智力密集、联系广泛、协商专业的优势，拓展各界群众有序参与基层治理的渠道，整合更多的社会资源导入基层协商，从而达到凝聚思想共识、汇聚智慧力量、推动问题解决、增进团结奋斗的目的。

（三）推进功能融合，不设门槛讲共享，坚持在开放融入中拓展协商功能

一要秉持融合理念，把委员工作室、社情民意信息联系点融入“民生议事堂”建设，不断强化“社情民意的直通车”“凝心聚力的黏合剂”功能。二要坚持需求导向，将“协商驿站”作为“民生议事堂”在村（社）的有效延伸，硬件上不贪大求全，充分利用乡村振兴讲堂、农村文化礼堂等现有场地搭建政协协商平台，更加方便基层群众就近参与协商。三要深化社会协同，探索构建与“共享法庭”等平台的融合互促机制，让基层群众遇到问题在家门口能有地方“找个说法”，助力党委政府把矛盾纠纷和问题隐患解决在萌芽阶段、化解在基层。

（四）致力解决问题，不图形式重效果，坚持在完善机制中提升协商成效

一要聚焦协商选题，体现公共性。重点选择涉及基层群众公共服务、公益事业方面的事项，惠及面比较广、影响力比较大的事项，作为在基层协商的重要选题。二要聚焦解决问题，体现实效性。基层群众参与协商，就是冲着能够“解决实际问题”去的。不能将一般性的事务当作议题，把协商当作“摆拍”；也不能坐而论道地“空谈”，只协商不解决问题，会挫伤基层群众参与协商活动的积极性。三要聚焦机制完善，体现规范性。在实践中不断丰富和完善基层创新的协商工作经验、做法，并上升为理论成果和制度规范，确保政协协商与基层协商在有效衔接中永葆生机活力。

充分发挥人民政协在打造全过程人民民主实践高地中的作用

汪　玮[*]

全过程人民民主是人类民主的新形态，彰显了中国特色社会主义制度优越性。党的二十大报告明确指出“全过程人民民主是社会主义民主政治的本质属性，是最广泛、最真实、最管用的民主”。这是继去年习近平总书记在中央人大工作会议上对全过程人民民主的科学阐述之后，对全过程人民民主内涵的进一步高度概括和升华。省第十五次党代会提出打造全过程人民民主实践高地，是发展全过程人民民主的先行实践，是浙江建设新时代全面展示中国特色社会主义制度优越性“重要窗口”的必然要求，是推进中国特色社会主义共同富裕先行和省域现代化先行的题中应有之义。

人民政协是中国共产党把马克思列宁主义统一战线理论、政党理论、民主政治理论同中国实际相结合的伟大成果，是中国共产党领导各民主党派、无党派人士、人民团体和各族各界人士在政治制度上进行的伟大创造。人民政协制度具有多方面的独特优势，以加强思想政治引领、广泛凝聚共识为中心环节，坚持团结和民主两大主题，是发展全过程人民民主和全面建设社会主义现代化强国的应有之义。在此，我就充分发挥人民政协在打造全过程人民民主实践高地中的作用，谈几点看法：

* 作者简介：汪玮，中共浙江省委党校副教授

一、坚持人民主体地位，突出提升群众获得感

习近平总书记把“人民”放在“全过程”和“民主”中间是有深意的。其一，民主的主体是人民，必须站稳人民立场。人民政协在中国共产党领导下，组织参加政协的各党派团体和各族各界人士，围绕改革发展稳定重大问题等，在决策之前和决策实施之中广泛协商、凝聚共识，集包容性、平等性和开放性于一体，有效克服了西方民主人民在“形式上有权、实际上无权”的弊病，体现了人民民主的真谛。其二，民主的目的是人民，必须不断提升人民的获得感。首先是提升物质上的获得感。习近平总书记指出，“民主不是装饰品，不是用来做摆设的，而是要用来解决人民要解决的问题的”。人民意愿只能表达、不能实现，不是真正意义的民主，民主要落实于人民意愿的有效实现。其次是提升精神上的获得感。党领导人民实行人民民主，是要保证和支持人民当家作主，保证人民依法有效行使管理国家事务、管理经济和文化事业、管理社会事务的权利，不断提升群众政治上的主人翁感、精神上的满足感、文化上的自豪感。因此，人民政协在工作实践中必须把提高民主质量放在首位，让人民群众在广泛深入持续参与中享有物质和精神的获得感。

二、坚持系统观念，突出放大民主效能

民主既是目的，也是手段；是重要的治理工具，也是配置资源的重要方式。民主不仅要能解决群众想解决的实际问题，更要能成为推动经济社会发展的强大动力。全过程人民民主是一个系统，经济社会发展也是一个系统。人民政协从其性质和功能来说，拓展了国家民主功能，是国家治理体系的重要组成部分。人民政协要以其下通各界、上达中央的优势，把解决民生实事与推动经济社会发展结合起来、把参与社会文化事务与参与政治经济事务结合起来，把促进重大决策优化和推动决策实施结合起来，推动全过程人民民主融入经济社会发展的全过程、全领域，成为推动“两个先行”的强大内在动力，迸发强大效能。人民政协要发挥专门协商机构的作用，帮助党委政府做好协调社会关系、理顺社会情绪、化解社会矛盾等工作；要按照协商于民、

协商为民的要求，重点在基层群众中开展协商，为基层群众权利实现提供制度化保障；要坚持发扬民主和增进团结相互贯通、建言资政和凝聚共识双向发力，最大限度团结各方力量，将多样性和一致性统一于中华民族伟大复兴进程。

三、坚持唯实惟先，突出重大标志性成果

所谓高地，自然有示范引领之意，这就需要有重大标志性成果。重大标志性成果是具有突破性的成果，应该具有巨大的政治效应、经济效应和社会效应。同时，示范引领要求标志性成果还应该具有普遍性、可复制性和可推广性特征。所以，政协的创新型改革和工作思路要聚焦凸显专门协商机构的特点和优势，体现中国特色社会主义民主政治制度优越性的核心业务、核心领域。省政协当前开展的“委员会客厅”“请你来协商”“民生议事堂”等创新实践，在释放了既有制度活力的基础上，凸显出政治协商制度建言资政、凝聚共识双向发力的特殊功能和作用。在循序渐进开展协商民主实践探索的基础上，要坚持问题导向、守正创新，聚焦实践遇到的新问题和改革发展稳定存在的深层次问题，不断加深对制度的理解，拓展对问题的认识深度，在深度协商互动、意见充分表达、广泛凝聚共识等方面探索形成硬核成果，既能取得良好的政治效应，也是治理现代化的题中应有之义。

四、坚持数字赋能，突出全过程人民民主优势

全过程人民民主实现了过程民主和成果民主、程序民主和实质民主、直接民主和间接民主、人民民主和国家意志相统一，而数字技术具有泛在性、即时性、交互性特征，两者具有天然的亲和性，这是间歇性、割裂式西方民主无法比拟的优势。浙江借助领先的数字技术，在数字赋能全过程人民民主方面已经有了非常可贵的探索，有关实践已经产生了巨大效能。比如省政协高度重视数字政协建设，着眼于更好发挥专门协商机构优势作用，构建全流程、全方位、全系统、全媒体的体系，“协商在线”荣获 2022 年省数字化改革“最佳应用”。下一步，应继续坚定不移地推进数字赋能，以坚持党的领

导、统一战线、协商民主有机结合为基本原则，以发扬民主和增进团结相互贯通为基本导向，在重要的民主领域、民主方式，比如决策、协商、监督等方面探索数字赋能，赋予全过程人民民主全天候、超时空特征，进一步大成集智，更好发挥全过程人民民主的优越性。

五、加强理论创新，突出全过程人民民主正确导向

人民政协制度是具有中国特色的制度安排，是全过程人民民主的重要制度载体。全过程人民民主是不断自我发展完善的民主机制，加强人民政协制度理论创新是全过程人民民主理论创新的重要组成部分。要加大对人民政协制度的实践研究，不断发现问题、总结经验，上升到规律性认识，从而推动全过程人民民主理论和实践创新。浙江作为展示中国特色社会主义制度优越性的“重要窗口”，也必然是展示全过程人民民主的“重要窗口”。浙江政协要在实践中加强理论研究，讲好中国政协故事，打造作为展示政协制度“重要窗口”的制度高地和理论高地，并通过全面准确系统宣传全过程人民民主的实践成效，形成正确的导向。

人民政协在发展全过程人民民主中的功能作用研究

林 航*

党的二十大报告作出“发展全过程人民民主，保障人民当家作主”的重大战略部署，指出“全过程人民民主是社会主义民主政治的本质属性，是最广泛、最真实、最管用的民主”。人民政协作为社会主义协商民主的重要渠道和专门协商机构，是民主决策的重要环节，是民主管理的重要方式，是民主监督的重要组织，是发展全过程人民民主的重要制度安排，在推进全过程人民民主的进程中具有独特的功能作用。

一、人民政协在发展全过程人民民主中的重要功能

（一）具有政治参与功能

人民政协坚持正确政治方向，积极围绕党和国家重大问题建言献策，“把协商民主贯穿履行职能全过程，坚持发扬民主和增进团结相互贯通、建言资政和凝聚共识双向发力”，尽可能就共同性问题取得一致意见，更好适应现代化建设新要求，更好满足人民对民主的新期待。

（二）具有民意表达功能

人民政协是我国唯一一个由众多界别组成的政治组织，民意表达功能是最具政协特色的功能。人民政协可以综合反映众多界别意见，使国家政治生

* 作者简介：林航，杭州师范大学教授

活和社会生活各环节、各方面都体现人民意愿、听到人民声音，有利于不断拓宽民意表达路径，是畅通民意表达、促进民意交流的重要渠道。同时，人民政协通过完善政协委员调研、视察机制等，能够很好地将相关利益诉求引导到协商民主的进程中来，成为体察民意、引导舆情的重要平台。

（三）具有资政建言功能

资政是人民政协与生俱来的属性。人民政协作为实行新型政党制度的重要政治形式和组织形式，其自身形成与发展的历程本身即孕育了中国特色的社会主义民主文化、政党文化，开辟了民主政治文明新形态、新视野。迈入新时代，人民政协聚焦党政关心、群众关切、委员关注的实事要事进行协商，为社会主义经济、政治、文化、社会、生态文明的发展建言献策，为中国式现代化发挥更大能效。

（四）具有社会整合功能

人民政协以协商民主促社会团结，在团结不同社会团体、社会组织或社会阶层，凝聚社会共识、社会智慧、社会力量，促进中华民族大团结、社会各界大联合等方面都具有强大的凝聚功能，通过促进社会整合与团结，有利于吸纳社会的多元利益与维护社会公平正义，化解社会矛盾与推动有序参与、形成社会共识与净化社会风气以及培育公民社会的发展。

（五）具有团结统战功能

在中国共产党的领导下，人民政协既以民主协商、统一战线作为最大限度凝聚政治共识的政治基础，也以民主协商、统一战线作为实施政治共识的策略手段，促进政党关系、民族关系、宗教关系、阶层关系、海内外同胞关系和谐，“有利于把充分发扬民主与正确实行集中、有序政治参与有机统一起来，有利于把切实增进团结与推动工作落实有机统一起来”。

二、人民政协在发展全过程人民民主中的重要作用

党的二十大报告指出，“中国式现代化为人类实现现代化提供了新的选择”。全过程人民民主也正为人类民主发展探索出新的路径。人民政协坚定不移走中国特色社会主义政治发展道路，积极践行全过程人民民主，有效发挥

了在“最广泛、最真实、最管用”民主中的重要作用。

（一）人民政协完善了全过程人民民主制度的运作程序

人民政协以协商为主要工作，就重大问题在决策之前和决策实施中进行广泛协商，在全过程人民民主各环节、各链条的完整有序运转中发挥着重要作用，有效打通民主实施过程中的“决策前—决策中—决策后”链条，真正实现了人民民主环节的“全链条”，在“十四五”规划编制等重大决策征求意见中，这一制度作用凸显。

（二）人民政协拓展了全过程人民民主内涵的构成范围

作为国家、城市、区域等公共事务的共同参与者，政协委员不仅要讨论政协的问题，还要列席人大会议，参加对有关法律修改，参与“一府两院”工作报告等的讨论，议题涉及不同方面、不同事务或领域的讨论、商议、研究。人民政协参政议政的职能涉及国家治理的方方面面，内容涵盖“五位一体”总体布局、“四个全面”战略布局等各项社会主义建设事业，极大拓展了人民民主的内涵与范围。

（三）人民政协发展了全过程人民民主形式的多种样态

人民政协最大限度地包容政协委员在知识背景、利益诉求、社会阅历、生活方式等方面的差异，不断健全各党派、各团体、各民族、各阶层参与公共性事务协商的交流机制，将过程民主和成果民主、程序民主和实质民主、直接民主和间接民主相结合，在协商内容确定、协商活动筹备、协商活动开展、协商结果反馈等方面真正体现“全覆盖”民主。

（四）人民政协丰富了全过程人民民主实践的参与主体

人民政协由来自社会各领域的政协委员组成，全国政协设 34 个界别，涵盖了 8 个民主党派和无党派人士、各主要人民团体、56 个民族、5 大宗教，是具有广泛代表性和巨大包容性的统一战线组织，能够充分体现人民民主主体的多元性。

（五）人民政协搭建了全过程人民民主运转的重要平台

人民政协作为专门协商机构，围绕党和政府中心工作开展协商，其协商渠道、协商平台、协商保障，有利于满足各党派团体、各族各界人士的协商需要，把作风之实和履职之能相结合，使全过程人民民主得以更好“运转”，有力推进了“最真实”的民主实践。

（六）人民政协提升了全过程人民民主实施的整体质量

人民政协有效弥补了西方民主制度所固有的“票决民主”“低效率民主”“低质量民主”甚至“有害民主”等缺陷，通过发挥协商式监督特色优势，围绕党和国家重大方针政策、重要决策部署的贯彻落实情况和涉及人民群众切身利益的实际问题解决落实情况开展民主监督，“通过完善政治协商成果跟踪督办机制，有利于进一步增强民主监督效应，提高民主运行质量”。

三、人民政协在发展全过程人民民主中功能作用的优化路径

（一）完善制度建设

一方面，要构建程序合理、环节完整的政协协商民主体系，紧密结合地方实际加强顶层设计，逐步推进人民政协工作的制度化。另一方面，贯彻落实“全链条”要求，不断推进协商常态长效，更好发挥人民政协在治国理政过程中的作用，密切与民主党派、社会界别之间的联系，促进党和政府科学民主决策，提高凝聚社会共识的实效。

（二）优化队伍建设

不断提升政协工作队伍的政治水平、思想水平、理论水平，增强政协工作队伍的主体意识、责任意识和服务意识。同时，也要不断提高政协委员协商、民主、沟通等工作意识与能力素质，通过学习赋能、调研强能、变革提能，努力培养造就一大批素质高、业务精的政协人才及后备力量。

（三）创新平台建设

把握政协协商和其他协商形式的关系，注重在整个协商民主体系中积极稳妥推进政协协商。适应新的形势积极探索新的平台载体，及时将感知到的思想动态、了解到的愿望诉求，汇聚到助力党政决策过程中。加快数字政协建设，完善政协线上、线下双向服务，提升数字化覆盖度和参与度。鼓励各级政协进行制度创新，探索有效开展协商的方式方法。

（四）扩大群众参与

更好发挥人民政协的群体代表性，强化界别协商意识，丰富和完善界别协商的形式和方法，加强委员与所在界别群众的联系和沟通；加强人民政协与群众的联系，进一步完善近年来行之有效的“委员会客厅”“委员工作室”等载体，打造履职新平台，让委员走进社会、贴近群众。

（五）推进质量评估

健全人民政协协商工作评价体系，探索构建可溯源、可追踪、可评价的协商民主质量监测与效能评价体系，推进人民政协事业高质量发展。

全过程人民民主视域下推进人民政协协商民主体系建设路径研究

安吉县政协*

党的二十大报告强调，“协商民主是实践全过程人民民主的重要形式”。人民政协作为社会主义协商民主的重要渠道和专门协商机构，集协商、监督、参与、合作于一体，是国家治理体系的重要组成部分和具有中国特色的制度安排。如何构建政协协商民主体系，提高政协协商制度化、规范化、程序化水平，通过发挥人民政协的独特优势来彰显“全过程人民民主”的全链条、全方位、全覆盖的优势和特点，是当前在理论和实践上亟须研究的重点和难点问题，也是十届安吉县政协持续思考和不断探索的问题。

一、完善人民政协协商民主体系的几个维度考虑

（一）从协商民主体系框架维度看，要注重解决政协协商与其他协商渠道相衔接问题

当前，协商民主体系内部还存在“各自为政”现象，必须打破“自娱自乐、封闭运行”的倾向，在加强各类协商渠道的协同联动中发展和丰富协商民主形式。首先，要“跳出政协”抓协商，进一步推动人民政协的协商民主与党委政府议事决策规则相衔接，推动政协协商纳入党委政府总体工作部署和重要议事日程，统一领导、统一规划、统一部署。其次，要加强与政党协

* 本文执笔：何承明，安吉县政协主席

商的协调，改变原来协商计划分头制定、内容重叠的状况，在协商议题、时间、对象等方面做好衔接工作。最后，要加强与人民团体、社会组织等的联系，充分利用协商民主优势，走好新时代党的群众路线，建立和完善联系服务界别群众的相关制度，为群众参与协商创造条件，引导人民群众广泛深入有序参与政治生活，真正做到协商于民、协商为民。

（二）从政协协商民主功能维度看，要注重建言资政与凝聚共识双向发力问题

随着经济社会发展，新的社会阶层应运而生。人民政协作为最广泛的爱国统一战线，尽管在不同时期不同阶段重心有所不同，但争取人心、凝聚共识的任务始终没有变。要着力纠正重视建言资政、忽视社会引导和政策宣传的问题，把凝聚共识作为履职的中心环节，妥善处理好求同存异和聚同化异、一致性和多样性之间的关系，积极探索新的举措，建立新的机制，鼓励和支持政协委员深入界别群众正面发声、宣传政策、解疑释惑、理顺情绪、增强社会认同，汇聚起各族各界人民大团结的力量。

（三）从政协协商民主制度框架维度看，要注重协商程序与协商质效相统一问题

一方面，要坚持问题导向，按照“广泛多层制度化”的要求，建立健全政协各类会议、协商活动的规则程序，用制度保证科学选题、论证、审定、反馈等协商程序规范，以好的制度优化协商程序、提升协商质量和效率。另一方面，引导各协商主体更好地掌握对话技巧、沟通艺术和说服能力，规范提问、解答、讨论、互动等环节，促进各种观点完整表达、有效沟通、充分碰撞，防止简单的你说我听、各说各话，避免协商仪式化、程式化，真正商出特色、商出办法、商出共识。

（四）从国家治理体系框架维度看，要注重政协协商与基层治理相结合问题

习近平总书记指出，“我们要坚持有事多商量，遇事多商量，做事多商量，商量得越多越深入越好”。当前社会利益格局日趋多元，经济社会发展和民生最突出的矛盾和问题在基层，人民政协不是权力部门，也不是行政部门，

地位相对超脱，在参与社会治理中具有独特的优势，可以更加客观公正地处理各种社会信息，分析社会问题并做出更加理性、科学的分析判断。特别是市县政协处于基层社会治理一线，是基层群众寻求“最大公约数”的重要载体和平台。应重点围绕与基层治理为什么结合、谁来结合、结合什么、怎么结合、在哪里结合、结合以后怎么办等方面，努力破题、积极探索、创新实践，助力解决人民群众最关心最直接最现实的问题，从而有效保证人民当家作主。

二、人民政协推进协商民主体系建设的路径思考

（一）以政协委员为主体，提高政协协商专业化水平

一是进一步优化和创新政协委员产生和管理机制，建立健全委员履职评价及激励机制，完善多层次联络服务委员制度。二是加强对政协委员的培养，引导委员树立协商理念，提升协商素养，遵守协商规则，提升委员履职能力。同时积极搭建委员与界别群众联系服务的平台，让委员真正深入群众、关心群众，从而代表群众发声。三是充分发挥委员业务专长，组建具有政协特色的应用型智库，鼓励有兴趣、有专长、有条件的委员，选取重大议题集中攻关，推动委员建言进入政府科学决策。四是深入研究更好发挥政协界别作用的思路和办法，改变当前界别工作普遍存在的活动随意性强、不够活跃，界别意识淡薄，界别声音不强等问题，挖掘参加政协的各界别的整体潜能。

（二）以完善机制为关键，提高政协协商规范化水平

人民政协协商民主建设是一项系统工程，同时也是一个实践性强、循序渐进、不断深化的过程，应将政协协商民主体系与党政工作体系有效结合，将综合性制度与专门性制度、实体性制度与程序性制度有效结合，着力构建完整的制度程序和参与实践，把协商民主落实到履行职能的全过程，落实到坚持新型政党制度、巩固和发展爱国统一战线的工作中，落实到参与推进国家治理体系和治理能力现代化的各方面。

（三）以培塑文化为支撑，提高政协协商科学化水平

着力优化“商”的环节设计、提升“商”的能力成色，大力加强协商文化建设。一是培育平等理念，促进协商各方讲实话、说真话、道心里话，特别是敢于提出不同意见，真正做到知无不言、言无不尽，激发协商智慧。二是培育合作理念，创造各方合作、参与、包容的氛围，多理解体谅，求同存异、聚同化异，在各种不同中寻求共同，在尊重差异上达成共识，守住政治底线这个圆心，画出最大同心圆。三是培育理性理念，在协商中既不能随意附和意见，也不能固执己见，而是以对历史、对大局高度负责的态度资政建言，在各种意见中找到解决问题的最大公约数。四是培育效率理念，注重选择重大的社会公共问题，值得协商的问题来协商；坚持调研于协商之前，尽可能获得完整信息，提高建言质量和协商效率。

（四）以扩大参与为导向，提高服务社会治理现代化水平

人民政协应紧扣我国现阶段社会主要矛盾变化，加快建立“政协协商与基层协商有机衔接，运用协商民主方式促进基层治理”的新体制，畅通利益表达渠道，更多倾听不同群体的呼声，更好解决民生问题，协助党委政府化解矛盾，促进社会和谐稳定。加强基层资源整合、功能对接、优势互补，健全政协委员在基层的履职机制，推进“三位一体”建设，探索政协委员联系村（社区）新模式，搭建基层协商议政平台，探索现场协商、网上协商、“双走进”衔接协商等协商方式，形成有效衔接的闭环管理和操作流程，真真切切为基层治理贡献智慧和力量。

（五）以数字赋能为手段，提高政协协商智能化水平

推进数字化改革是大势所趋，也是推进人民政协事业创新发展的必然要求。针对政协协商民主存在的参与群体广泛性与参与过程充分性的矛盾、委员兼职时间碎片化与研究问题长期性的时间冲突、履职平台交叉性与便利性的矛盾等问题，可以借助大数据的手段和技术进行数据共享、资源整合、平台融合，进而破解治理困境，形成全方位覆盖的履职流程、全环节管理的履职链条、全天候参与的履职载体，切实提升履职实效。要以“数字政协”建设为契机，聚焦构建完善政协协商民主体系把政协工作融入党政整体智治，

形成横向融合、纵向贯通、内部集成、多端协同的数字政协平台，把“数字政协”打造成委员履职的家园、机关办公的平台、服务群众的窗口、荟萃才智的智库，切实拓展政协协商民主的广度、深度和效度。

提升专门协商机构在发展全过程人民民主中的制度效能研究

钟金意 *

全过程人民民主具有鲜明中国特色和广阔空间，日益焕发强大生机活力。党的二十大报告对发展全过程人民民主、保障人民当家作主作出明确部署，强调要全面发展协商民主，发挥人民政协作为专门协商机构作用，加强制度化、规范化、程序化等功能建设。在新征程上发展全过程人民民主，人民政协使命光荣、责任重大。当前对于专门协商机构，在程序规范、工作协同、协商能力、成果转化、群众参与等方面，还存在与新时代新任务不相适应的问题，需要把专门协商机构的制度效能充分激发出来，更好实现广泛真实管用的民主，推动我省打造全过程人民民主实践高地。下面，我重点就提升专门协商机构在发展全过程人民民主中的制度效能，谈点粗浅看法。

一、专门协商机构对于发展全过程人民民主的价值意义

（一）有利于为发展全过程人民民主提供坚强的制度支撑

经过 70 多年的发展，人民政协制度更加成熟更加定型，有效带动了各种协商民主渠道的联动发展，起到了制度上的引领和示范效应，成了整个民主大厦有效运转的坚强制度支撑。而且这种制度支撑具有“全过程性”，在协商前、协商中、协商后都有具体的运行机制和保障措施，从而保证人民民

---

* 作者简介：钟金意，中共宁波市委党校讲师

主真正实现全过程性，有效推动全过程人民民主的价值和理念转化为具体现实的民主实践，彰显中国式民主的独特优势。

（二）有利于为发展全过程人民民主提供广阔的渠道平台

人民政协不仅有全体会议、专题协商、对口协商、界别协商、提案办理协商、网络议政、远程协商等制度化协商渠道，还在具体实践中创设了民生协商论坛、“请你来协商”、“民生议事堂”等平台载体，既搭建了委员履职尽责的平台，也打开了让百姓说话的窗口，有效扩大社会公众参与度，保证了人民群众更加便捷地参与到民主协商中来。

（三）有利于丰富全过程人民民主的实现形式

人民政协集协商、监督、参与、合作于一体，开展的各项具体实践工作，都是全过程人民民主内在涵义的充分体现。如，举办重点关切问题情况通报会，即是体现知情权；协商于决策之前和决策实施之中，即是体现参与权；民主监督、政协提案、委员视察、反映社情民意等，即是体现监督权，有效推动了全过程人民民主的价值和理念转化为具体现实的民主实践。

二、提升专门协商机构在发展全过程人民民主中制度效能的路径

（一）按照“全链条”的要求，形成完整的参与实践

全过程人民民主把民主选举、民主协商、民主决策、民主管理、民主监督贯通起来，具有时间上的连续性、内容上的整体性、运行上的协同性。人民政协应充分发挥专门协商机构作用，把协商民主贯穿履职全过程各方面，在全过程人民民主各环节各链条的完整有序运转中发挥重要作用，更好彰显中国式民主的独特优势。一是发挥建言资政作用，助力科学民主决策。强化协商功能，完善协商于决策之前和决策实施之中的落实机制，通过各种途径、各种渠道、各种方式进行广泛协商，畅通各种利益要求和诉求进入决策程序的渠道，广开言路、广集众智、广求良策，尽最大可能汇集各方面建议，更大范围包容各方面诉求，使越来越多来自各方面的声音直达各级决策层，越来越多的群众意见转化为党和政府的重大决策。二是发挥凝心聚力作用，致力于寻求最大公约数。坚持求同存异、聚同化异、体谅包容，既反映多数人

的普遍愿望，又吸纳少数人的合理主张，在协商中深化认识、化解矛盾、统一思想、增进共识，找到全社会意愿和要求的最大公约数，做到发扬民主和增进团结相互贯通、建言资政和凝聚共识双向发力。三是发挥促进落实作用，提高协商式监督的规范化水平。发挥协商式监督的特色优势，进一步健全知情明政、协调落实、办理反馈、权益保障机制，细化民主监督内容、形式和要求，形成一套程序规范、内容科学、环节完整的监督工作流程和有效衔接的闭环机制，助推党委政府决策部署更好贯彻落实。

（二）按照“全方位”的要求，丰富制度化协商平台

适应专门协商机构建设要求和互联网发展趋势，在坚持和完善全体会议、常委会会议、专题协商会等既有协商形式的基础上，积极搭建新的协商平台，形成多渠道、广覆盖、更灵便的协商议政格局。一是推动从程序性的会议协商向不受时空限制的网上交流延伸。把数字网络技术的即时性、开放性、交互性特点与政协协商民主的广泛性、互动性、全程性特色有机结合起来，持续优化网络议政、远程协商、移动履职等灵活便捷易于参与的履职形式，从原先单一“面对面”的会议协商，拓展为“键对键”“端对端”的线上交流，通过“云端连线”的方式开展不受时空限制的协商互动，有效扩大政治参与，不断提升建言质量。二是推动从集中在上层和内部协商向基层一线延伸。各级政协特别是市县政协要充分发挥贴近群众和服务基层治理的优势，坚持“政协搭台、多方唱戏、群众受益”，采取“走出去＋沉下去＋面对面”调研方式，深入推进“调研到一线、建言在一线、协商为一线”工作方法，高质量建好用好“民生议事堂”，推进“协商驿站”建设，建立灵活高效的“微协商”机制，推动政协协商与基层协商有效衔接、与基层社会治理有机融合、与基层民主政治建设有序互动，更好发挥政协在基层治理中“助发展、惠民生、聚共识、促和谐”的重要作用。三是推动从省政协的协商讨论向省、市、县政协联动协商发展。围绕经济社会发展中共同关注的重大议题，特别是区域发展的重大问题，整合协商资源、统筹协商力量，共同组织协商议政活动，进一步形成履职共推、资源共享、信息共通、有事共商的新格局，更好发挥人民政协制度整体优势。

（三）按照“全覆盖”的要求，扩大人民有序政治参与

人民政协作为国家治理体系的重要组成部分，应该充分发挥联系群众、团结各界的重要桥梁和纽带作用，畅通民意表达渠道，不断提升参与国家治理的能力和水平。一是提高政协委员与界别群众的联系密度。积极完善政协委员联系界别群众制度机制，充分运用“委员讲堂”“委员会客厅”“委员工作室”等多种平台载体，组织界别群众参与热点话题讨论，结合“委员接待日”“委员恳谈日”“上门协商”等活动，听取界别群众和基层群众意见，及时把群众提出的意见建议进行梳理归纳，真实反映群众意愿，真情关心群众疾苦。二是加强专门协商机构的宣传力度。推动政协协商民主理论进党校、进干部培训学院，开展政协协商民主专题培训，增强党员干部特别是领导干部的协商意识和协商能力。加强正确舆论引导，宣传协商民主理论和实践，深入阐释专门协商机构的本质内涵、优势特点、时代特色、实践要求，系统梳理和总结专门协商机构建设取得的成就和积累的经验，树立协商民主建设典型，使专门协商机构被更多人知晓。三是扩大政协协商的社会开放度。注重开门协商、开放协商，按照“利益涉及到谁，就和谁商量”的原则，让更多群众知晓并主动参与政协协商，同时保障进行有效发言。在政协公众号平台、门户网站设立群众留言板和互动窗口，及时公开提案办理和协商议政情况。积极探索“政协开放日”等活动形式，建立“政协走进群众、群众走进政协”工作机制，邀请更广泛的界别群众走进政协，场景式了解人民政协协商民主的生动实践，让“人民政协为人民”的形象更深入人心。

构建“四联四助”机制
拓展委员联系界别群众的广度深度

郑坤法*

界别是人民政协的基本组成单位，界别群众是人民政协广泛联系和动员的对象。随着我国社会结构深刻转型，统一战线内部结构发生了深刻变化，这些都对政协团结引导界别群众提出了更高要求。从实际工作看，政协委员在联系界别群众方面还存在不深、不广等问题，部分委员对自身由界别推荐产生、是本界别代表的认识还不足，责任感不强，与界别群众联系少、了解浅、不贴心；有的用“界别”阻隔与原来所联系群众的联系。

基于以上背景，在省市政协的有力指导下，宁波市鄞州区政协探索了委员联系界别群众的“四联四助”机制，最大化发挥界别特色和委员专业优势，进一步压实委员联系、宣传、服务、团结、引导的责任。

一是注重联系界别群众，助力加强思想引领。突出委员在本界别的代表性作用和影响力，制定“政协常委联系委员、委员联系界别群众”制度，明确每名委员全年联系所在界别群众30人次以上，增强对本界别群众的思想引领和团结引导，提升联系服务的针对性、目标性。每年设置“界别服务月”载体，让委员发挥个人作用、专业优势为群众提供服务，增进与本界别群众的常态化联系，更好收集民情民意、倾听群众呼声。

二是注重联系本单位群众，助力关系和谐稳定。在委员所在单位内探索

---

* 作者简介：郑坤法，宁波市鄞州区政协主席

“跨界别联系”和“三亮明”机制，鼓励委员主动打破界别限制，积极“亮明委员身份、亮明模范作用、亮明责任使命”，以加强界别内外联动，带动各方融合交流。少数民族界委员粟新远所在的企业中，瑶族、苗族、壮族、畲族员工占总数的 30% 以上。他积极发挥政协委员和商会会长优势，联合总工会、社会福利和社会保障界等界别，为民族群众尤其是困难群众就业发声献力，密切了单位内多民族群众关系。

三是注重联系行业人士，助力纾解发展困难。以行业领域为主阵地，以解决问题为落脚点，依托“委员会客厅”等载体，定向开展“两进两访”活动：即进领域内专业人士、行业内优秀代表，既访因问计、访困问需，又及时掌握界别群众所在行业领域的动态和焦点诉求，为党委政府科学决策、助企纾困提供参考。如宁波和丰创意委员会客厅立足委员创意设计专长，积极联动园区内 3100 余名设计领域人才专家，为促进“和丰未来社区”场景设计、“海丝之源 • 十里江丰”项目优化等建真言、汇众智。

四是注重联系社会公众，助力解决治理难题。结合界别特点和镇街发展需求，建立“界别对口联系镇街、村社制度”，由界别“点对点”结对镇街、村社，用好“民生议事堂”、委员工作室、社情民意信息联系点“三位一体”协商平台，带动委员下沉基层一线，在协商中有效联系服务界别群众。充分运用“浙江数字政协”建设成果，设置“协商驿站”专属二维码、开展线上“云协商”等，推动委员与群众实现由“单向联系”向“双向联络”转变，更好感知民情民意、推动诉求解决。

在近些年的实践中，“四联四助”机制发挥了较好的作用：一是拓展了委员履职参与面，增强了责任担当。“四联四助”机制，拓宽了委员联系界别群众的层次和路径，推进委员联系界别群众制度化、常态化发展，更有利于释放委员专长和潜力优势。今年以来，区政协委员联系服务群众累计超 1.1 万人次，帮助解决或直接推动“鹂西走廊”二期项目改造、老旧小区电梯加装等问题 210 余个。二是畅通了群众利益表达通道，密切了党群关系。“四联四助”机制，畅通了纵向到基层一线、横向到多元主体的利益表达，为更广泛反映群众诉求创造便利条件，搭建起党委政府与群众联系的“连心桥”。在

9 月份开展的“民生议事堂专题协商议事月”活动中，我们共搜集基层群众、企业组织等反映的各类建议 720 余条，切实把各界别群众心声收集反映上来。三是扩大了政协工作影响力，厚植了履职基础。“四联四助”机制，突出了政协委员的牵引作用，串联起了委员联系服务群众和履职尽责的链条，有效增强政协内部工作合力，提升了政协在群众中的“见面率”、协调矛盾的“见行率”、解决问题的“见效率”，延伸了政协履职触角，拉近了政协与各界群众的距离。四是更广范围增进了社会互动，凝聚了共识合力。“四联四助”机制，让委员既能站稳联系本界别群众的“原点”，又延伸联系其他界别群众的“半径”，进而影响带动更多身边群众，实现助推联系服务界别群众聚“点”发力、多“线”联动、扩“面”覆盖，最大范围促进多方互动交流和信任理解，起到“一根头发”影响“一把头发”乘数效应。

党的二十大报告中强调，要“完善人民政协民主监督和委员联系界别群众制度机制”。“四联四助”机制探索，对于完善委员联系界别群众制度机制有以下几点启示：

一要把握好政协履职与日常生活的关系，强化委员责任担当。既要积极拓宽视野和途径，将委员联系界别群众工作与政协其他履职联动起来、统筹起来考虑，串成履职链条；也要把该项工作自觉融入、主动嵌入委员日常工作生活中，鼓励和支持委员深入基层、深入界别群众，在潜移默化中深化对界别群众、身边群众的联系引领，做到“春风化雨、润物无声”。

二要把握好思想引领与服务解难的关系，更好团结界别群众跟党走。联系界别群众，既要把强化思想政治引领同经常性思想政治工作结合起来，积极宣传党和国家方针政策，推动各界别群众在思想上实现共同进步；又要突出服务意识，把反映社情民意信息、参与基层治理、服务群众需求作为主攻方向，深入做好反映诉求、排忧解难的工作，团结凝聚人心跟党走。

三要把握好扩大联系面与提高联系度的关系，确保实现高质量的联系。既要积极适应统一战线内部结构变化，引导委员不仅联系自己所在界别的群众，还要联系引领自己身边的群众，发挥在本界别、本领域、本单位的影响力和示范作用，不断扩大联系范围和覆盖面；又要注意改进联系的方式方法，找准情感共鸣点，常走访、多联系、勤沟通，倾听民情民心民忧。

四要把握好整体推动与因群施策的关系，着眼实效突出特色。既要继承政协组织在长期实践中形成的有效做法和有益经验，从整体上予以谋划推动，形成工作合力；又要适应新形势新任务新要求，把握地域特色、界别特点和实际需求，积极探索创新联系界别群众的方式载体，因地制宜、因群施策地开展工作，推动委员联系界别群众工作做深做实。

数字赋能“民生议事堂”的实践思考

陈利众*

党的二十大作出了加快建设网络强国、数字中国的重大部署。嘉兴是世界互联网大会永久举办地，也是“民生议事堂”发源地。近年来，嘉兴市政协认真贯彻落实省政协部署要求，按照全流程全方位全系统全媒体理念建设“数字政协”，以数字赋能“民生议事堂”，努力把互联网这个“最大变量”转化为广集众智、广聚共识的“最大增量”，有力推进了协商民主在基层的发展。

一、数字赋能“民生议事堂”的探索实践

一是把握发展大势，做到“一盘棋”系统布局。把嘉兴“数字政协”建设纳入总体工作布局，体系架构通盘谋划，对准“浙江数字政协”跑道，构建“1632”嘉兴数字政协架构，对应省里“162”架构，突出“民生议事堂”等3个特色应用。应用场景率先开发，去年完成“民生议事堂”应用上线，今年结合全省推广情况完成第四次迭代。线上线下统筹建设，修订实施细则，明确“民生议事堂”数字化建设要求，线上线下已覆盖全市72个“民生议事堂”。

二是突出实战实效，打造“一站式”集成应用。从协商民主实践出发，激活“民生议事堂”数字赋能放大效应。通过网络征集议题，开设“码上商”等应用，广泛收集群众关心的热点问题，推动普遍性问题转化为协商议题。通过网络扩大互动，委员和群众通过“码上商”参与“云协商”，形成会上会下实时互动、线上线下广泛建言的协商格局。通过网络促进成果落实，增强

---

* 作者简介：陈利众，嘉兴市政协主席

对委员和群众反馈信息的及时性、有效性。

三是注重共建共享，实现“一张网”互联互通。践行“开放、融合、共享”理念，推动“民生议事堂”与有关方面互联互通。承接好省级应用，加快落地六大综合应用，并结合嘉兴实际优化提升。衔接好市级改革，率先在市级层面完成数据资源纵向贯通、横向联通，打通社会端、委员端、党政端全链路。对接好各级端口，对省市县三级相关数据应归尽归，助推全省政协系统实现履职可视可查，数据一张图总揽、一本账管理、一平台调度。

四是强化扩面提质，推进“一体化”迭代升级。借力数字赋能，持续推动政协协商民主向基层延伸。向更宽界面功能拓展，不断完善应用场景界面功能，提升实战实效水平。向“三位一体”融合，浙江数字政协·协商在线子场景“三位一体”在海宁成功上线基础上，迅速向全市推开。向村（社区）延伸，把“民生议事堂”数字赋能理念导入村（社区）协商驿站建设，有效解决政协协商民主向基层延伸的“最后一公里”问题。

通过数字赋能，进一步拓展“民生议事堂”协商平台功能，激发了群众诉求表达的活跃度，去年以来，全市“民生议事堂”开展线上线下融合协商270多场、参与12万多人次，助力解决了一批群众身边事；扩大了利益主体参与的开放度，每一位委员、每一位群众都能通过“端对端”“键对键”“屏对屏”等途径参与到政协协商中来，让“永不落幕”的协商成为真实场景；提高了协商渠道之间的融合度，政协协商、其他协商渠道间相互突破平台界限成为可能，拓宽协商主体参与协商渠道，更好凝聚了多元主体的共识。

二、数字赋能“民生议事堂”的实践启示

一是必须注重群众性，畅通民意传递渠道。民意充分表达是全过程人民民主的生动注脚，只有倾听人民心声，满足人民群众美好生活需要，方能得到人民的大力支持，为政协协商提供强大动力。“民生议事堂”是政协搭建在基层的协商平台，要始终“以百姓之心为心”，在场景设计、网络应用等方面坚持为群众而建、为群众而用，从便于建立各利益主体间情感信任联结出发，开发老百姓真正好用易用、喜闻乐见的应用场景，通过设立专属二维码、网

上议题征集、委员信箱、委员轮值等功能，广泛听取群众意见，了解社情民意，打通各个利益主体之间诉求交互传递的路径，让基层群众在家门口有地方说、说了有人听、听了有反馈。

二是必须注重开放性，打开协商时空场景。党的二十大指出，要健全人民当家作主制度体系，扩大人民有序政治参与。要打破政协开展协商活动主要集中在上层、局限在办公大楼内、停留在会场的现状，搭建好“线上＋线下”“场内＋场外”协商平台，既做到“有序”，在一些与基层群众利益相关，涉及面广、带有普遍性的议题上，通过网络组织“民生议事堂”参与省市政协重要协商活动，拓展协商议事的广度、深度和效度；又做到“扩大”，调动多元主体参与的广泛性和主动性，为不同阶层、不同身份的人参与政协协商议政提供更加便捷的通道，使参与者不受地位与权力的约束和限制，能够平等参与其中，使协商的优势和能力在更高价值上得到彰显。

三是必须注重协同性，打破履职平台界限。党的二十大指出，要“统筹推进政党协商、人大协商、政府协商、政协协商、人民团体协商、基层协商以及社会组织协商，健全各种制度化协商平台”。当前，政协协商、其他协商渠道不同程度存在着各自为战的现象，有些议题具有交叉性，有些利益主体也碰到多头参与协商等问题。要坚持开放、共享、融合，推进“民生议事堂”与其他协商渠道有机配合，与“三位一体”、协商驿站等履职平台有机衔接，扩大“民生议事堂”平台效应，推进协商民主广泛多层制度化发展。

四是必须注重实效性，放大协商议事成果。习近平总书记指出，“民主不是装饰品，不是用来做摆设的，而是用来解决人民要解决的问题的”。基层群众参与政协协商议事，更多关心的是自己的诉求能否得到解决。要坚持把“群众满意不满意”作为“民生议事堂”平台运行成效的标尺，着力在增强协商选题“精准度”、增进协商议事“共识度”、提升排忧解难“满意度”上下功夫，通过网络构建集社情民意信息反映和分析、协商议题选择、协商会议举办、协商结果转化和反馈等于一体的高效、闭环、全流程协商体系，让群众真正感到“民主看得见、摸得着、很有用”。

“民生议事堂”与基层治理体系的优化

余逊达*

党的二十大开启了全面建设社会主义现代化国家、全面推进中华民族伟大复兴的新征程。在中国式现代化建设中，必须通过各种渠道、各种方式发展全过程人民民主，包括既要把各个民主制度的功能发挥好，又要实现不同民主制度之间的相互促进，构建民主实现形式新样态，把人民当家作主具体地、现实地体现到党治理国家的政策措施上来，具体地、现实地体现到党和国家机关各个方面各个层级工作上来，具体地、现实地体现到实现人民对美好生活向往的工作上来。

基层民主是人民群众依法管理国家和社会事务的政治生活过程。我国1982年宪法规定在基层社会设立居民委员会或村民委员会，实行居民或村民自治，由此开启了我国基层社会民主治理的历程。经过几十年的实践、改进和创新，我国基层民主获得长足发展，形成了多样化的制度形式，覆盖了选举、协商、决策、执行和监督等基层治理的各个环节。但是，基层民主是一种直接民主，它的运行主体是基层民众自己，因此在实际治理中受到基层民众自身条件的局限，存在着成员法治素养低、眼界狭窄、现代意识薄弱、可用资源匮乏、沟通渠道不畅、技术水准低、缺少平台、工作负担重、动力不足、自治权与行政权关系难以妥善把握等问题。这些问题单靠基层民众自身一时难以解决，从而妨碍了基层民主治理能力和绩效的提升。

人民政协是具有中国特色的制度安排，是从中国历史文化土壤和近代政

* 作者简介：余逊达，浙江大学公共管理学院教授

治发展进程中生长起来的组织，在发展中形成了鲜明的特点和优势。对政协的特点和优势，习近平总书记从多种角度做过阐述。他说：政协有着“集协商、监督、参与、合作于一体”的特点和优势，具有“协调关系、汇聚力量、建言献策、服务大局”的特点和优势，有“位置超脱”“寓官方与民间为一体”的特点和优势，有“代表性强、联系面广、包容性大”的优势等等。习近平总书记指出，政协的这些特点和优势，对政协广泛团结各方力量，帮助党委政府广集良策促进决策优化，广聚共识推动决策实施，都能发挥重要作用，它们是政协围绕中心、服务大局、做好工作的重要条件和保障。

长期以来，人民政协的基本职能是政治协商、民主监督、参政议政。党的十八大以后，我们党强调要准确把握人民政协性质定位，在原有基础上，进一步明确了人民政协作为专门协商机构的职能定位，以及作为国家治理体系重要组成部分的职能定位，要求人民政协把协商民主贯穿于履职全过程，把凝聚共识作为重要职能，借助民主程序找到全社会意愿和要求的最大公约数，凝聚各方力量，为国家治理和社会治理奠定深厚基础。为适应党对政协工作的新要求，各地政协进行了认真探索。省政协通过搭建“请你来协商”平台，推动市县政协更好聚焦协商主责主业；又创建“民生议事堂”这个新平台，打破政协协商原来主要在县以上层级开展的做法，把政协的协商民主扩展到每个镇街和相当一部分村庄或社区。“民生议事堂”的创建，把人民政协的制度特点和优势与基层原有的开展协商民主的体制机制结合起来，与解决基层治理中的具体问题结合起来，成为我国人民政协职能安排和体制机制设置的重大突破，也为优化我国基层民主治理提供了一条新的有效路径。从已经取得的初步成果来看，这种优化作用主要表现在以下六个方面：

第一，增强了基层协商治理的规范性。“民生议事堂”在组织开展协商活动时，在协商主题的确定、会议方案的制订、事先调研、展开协商、成果形成和报送、建议办理、结果跟踪反馈等协商治理全过程，都形成了明确、有约束力的流程，改变了过去基层协商中很难完全避免的随意性，显著提升了基层协商治理的制度化、规范化、程序化水平。

第二，增强了基层协商治理的开放性。“民生议事堂”在组织开展协商活动时，根据议题性质和有效协商的需要，广泛邀请相关部门党政干部、专业人士和界别群众参加，注重参与议事成员的广泛性、代表性、专业性。除在会场开展协商外，还通过线上、线下结合，开展网络议政和远程协商，改变了过去基层协商主要在本社区成员中进行的做法，努力在寻求解决问题方案时真正做到集思广益，探寻民众意愿最大公约数，提升了议事质量。

第三，增加了基层协商治理的公平性。政协组织是外在于基层社区的组织，参与基层协商的政协委员有些生活在所在社区，但工作单位一般不与社区治理发生利益关联，也不会与协商事项产生情感冲突。这种相对超脱的身份，使政协组织协商活动时能较好保持公平公正，发挥思想政治引领、凝聚共识作用，改变了过去基层协商中常常出现的“公说公有理、婆说婆有理”现象，促进了各种社会矛盾的调节与消解。

第四，增强了基层协商治理中资源动员和获得的可及性。政协委员来自社会各界，相对基层社会成员，他们拥有更多的信息、社会关系、沟通渠道和社会声望，能够把基层治理中十分需要但自身又难以保障的资源需求及时反映到政府部门，也能有效动员组织社会资源供给，从而为基层组织落实协商方案提供重要条件，改变了过去基层协商中虽能想到解决办法却由于资源匮乏而难有作为的窘境，促进了问题的解决。

第五，增强了基层协商治理的有效性。由政协组织开展的协商活动，由于政协在中国政治体制中的地位、党政部门的介入，以及参与成员的广泛性、代表性、专业性，达成的协商意见虽然只是供决策部门参考，却具有显著的权威性和可执行性；加上政协在协商中形成的相对完善的程序和地方政府自身对协商成果落实情况的监督与考核，改变了过去基层协商中议而难决、决而难行的状况，为通过协商真正解决问题提供了有效保障。

第六，更好推动基层治理共建共治共享格局的形成。“民生议事堂”的创设和运行，增强了党对基层社会发展与治理的领导，提升了协商民主的吸引力和活力，促进了政府治理和社会调节、居民自治的良性互动，提高了社会治理社会化、法治化、专业化水平，展现了旺盛的生命力，为建设人人有责、人人尽责、人人享有的社会治理共同体，实现社会治理体系现代化提供了有力支撑。

“民生议事堂”的实践和经验，对人民政协发挥自身特点和优势，更好履行“发扬社会主义民主的重要形式”“专门协商机构”和作为“国家治理体系重要组成部分”的职能定位具有重要启示。首先，政协凭借自身特点和优势，完全能够在践行习近平总书记提出的“人民政协要把不断满足人民对美好生活的需要、促进民生改善作为重要着力点，倾听群众呼声，反映群众愿望，抓住民生领域实际问题做好工作，协助党和政府增进人民福祉”方面大有作为。其次，人民政协作为具有中国特色的制度安排，是一种具有科学程序设置和极大开放性的带有平台性质的制度。政协通过推进协商民主、参与国家和社会治理，就能在我国社会主义民主制度体系形成和运行中发挥更大节点和纽带作用。再次，人民政协在推进民主协商过程中要能够加强思想政治引领、广泛凝聚共识，找到最大公约数，强化委员责任担当是取得成功的关键环节。政协委员要有历史主动精神，把事业放在突出位置，全面增强履职能力，不辜负时代与人民的重托，在全面建设中国式现代化、把“中国之治”推向新境界的历史进程中发挥更大作用。

关于提升“民生议事堂”价值功能的探索研究

王仲林*

“民生议事堂”是省政协率先推进政协协商民主体系建设、服务打造全过程人民民主实践高地的创新载体。实践生动证明，这一平台联动广大委员，影响万千受众，衔接基层协商，结合社会治理，契合“全链条、全方位、全覆盖”的本质要求，彰显社会主义民主“最广泛、最真实、最管用”的特点和优势。近年来，新昌县政协围绕更好提升“民生议事堂”价值功能，开展了积极实践探索。

一、围绕“民生议事堂”怎么“组好队”，探索建立市县政协领导联系指导、履职小组合理“扩容”的机制

在实践中，我们发现委员履职小组的组建和运行还存在一些问题。一是履职的节点性导致主体参与受限。政协委员虽然是责任委员，但不少也是“安排性委员、荣誉性委员”，社会职务较多、本职工作繁忙，其履职往往与政协重要会议活动紧密相连，呈现较强“节点性”，在“民生议事堂”工作中投入的时间、精力都相对受限，导致履职没有真正沉下去。二是空间的分离性导致基层工作疏离。由于委员主要来自界别、定居城市，在空间上多属于“城市委员”，在职业上多属于“非农委员”，其日常工作和生活游离于乡村之

* 作者简介：王仲林，新昌县政协主席

外。和“委员会客厅”不同的是，“民生议事堂”在空间上更深入基层一线，距离上更接近人民群众，天然带有“泥土气”“人情味”。如果对基层情况了解不多，和基层干部群众接触较少，就很难真正参与其中、发挥作用。三是成员的多元性导致小组管理复杂。履职小组的委员来自方方面面，都是所在领域的优秀人才，其人员身份职位多元、隶属关系不一、年资能力有别，仅仅依靠在制度上明确由镇街党（工）委副书记担任组长还有所欠缺，工作的合力需进一步形成。

推进“民生议事堂”建设，既要坚持以“编内”的委员为主体，也要适当“扩容”，合理纳入“编外”的市县政协领导、政协机关干部、基层干部群众以及专家学者等群体。新昌县政协立足队伍一体化，通过政协领导联系镇街、政协委员联系村社、成立工作专班等机制性安排，将政协主席会议成员、政协机关干部和236名政协委员按照相关要求、兼顾自身意愿全部分配到12个镇街履职小组，以制度文件明确各层面责任要求，有力推动全员上跑道、全部跑起来。同时，因地制宜合理吸纳政协协商智库成员等进入履职小组，进一步提升履职能力水平。

二、围绕“民生议事堂”怎么“选好题”，探索建立活动议题公开产生、重大议题集成联动的机制

“选好题”是“议好事”的前提和关键，而部分“民生议事堂”在选题方面存在一些薄弱环节。一是选题的认识有误区。“民生议事堂”重点在“民生”，需要重点关注与基层发展和群众利益息息相关的身边事。但实践中，一些“民生议事堂”在选题上有些容易“过小”，局限于事务性工作和基层自身可以解决的事情，有些又容易“过大”，过多考虑相对宏观的议题，而对顺应群众期盼、回应民意表达的力度有所不足，导致群众参与意愿不强。二是选题的机制有欠缺。“民生议事堂”协商议题的提出、程序的确定以及活动的安排等尚未形成统一的指导性意见，实际开展中协商随意性较大、程序严密性不够等问题或有发生，一些地方还存在随意协商、以通报代协商、临时突击性协商等问题。三是选题的保障有差别。“民生议事堂”作为一项创新工作，

立足镇街，依托委员履职小组，在工作基础和人员力量上相对薄弱。不少委员参与前期调研的深度、广度、力度不够，协商过程中深层次、普遍性、制度化的建议较少，导致协商效果不够理想。

推进“民生议事堂”建设，必须确保选题为群众所选、受群众欢迎，真正做到协商于民、协商为民。一方面，坚持问需于民。创新议题的征集和公开方式，每个“民生议事堂”可以通过“线上＋线下”相结合的方式，提前向辖区群众、履职小组委员和全体政协委员公开征集议题，缩短公共议题生成的时间，丰富协商议题的选项，创造条件让群众主动“点题”、共同“答题”。另一方面，坚持实战实效。选取切口小、关联广、针对性强、与群众利益密切相关，最好能推动工作、推不动工作也能更好形成共识的事项来开展协商，以议事“小场景”撬动民生大幸福。对具有面上共性意义、单个“民生议事堂”难以协调的重大议题，由县级政协统筹，各“民生议事堂”共同参与发力，形成强大声势效能。比如，我们结合省政协“助力共同富裕示范区建设专题协商议事月”活动，以“民生议事堂”为枢纽，选取“老年人理发”这一“牵一发而动全身”的议题，9 个镇街的“民生议事堂”、183 个村的村干部和村民代表共同协商。目前，已完成 183 个村“乡理乡亲”服务硬件建设，未来可为全县 5 万多名 60 周岁以上农村老人提供理发等便民服务，让农村群众也能和城区群众一样，享受到“家门口的便捷服务”。

三、围绕“民生议事堂”怎么“搭好台”，探索建立政协组织“专业”搭台、创新协商平台形式的机制

政协主要工作是协商，主要工作方式是“搭台”。“民生议事堂”是政协组织在镇街创设的新平台，其运行机理是以政协平台为媒介，以委员履职小组为依托，制度化、常态化邀请基层党委政府、有关部门单位和人民群众“到”“民生议事堂”协商。在这个过程中，“民生议事堂”主要起到的是平台作用，履职小组主要起到的是主持人、智囊团的作用。

推进“民生议事堂”建设，必须把准性质定位，创新协商载体形式，灵活多样开展协商活动，协商地点体现现场性，不局限于会议协商等传统形式，

努力以平台的开放性拓展政协协商覆盖范围、扩大公民有序政治参与，充分发挥政协在践行全过程人民民主中的优势作用。比如，新昌县政协注重以数字化变革赋能“民生议事堂”建设，以数字化理念丰富载体手段更好架起联系服务“连心桥”。坚持平台联动，设置“百村联商”县级主会场和镇街“民生议事堂”分会场，邀请各方代表共同开展“云协商”；坚持场地联建，“不建机构建机制”“不求占用求使用”，全县 12 个镇街利用原有场地设施开展“三位一体”建设，在 30 天内全面建成并全部完成首场议事活动；坚持线上联商，群众只要能够上网就可以通过“协商在线”等充分合理地表达各种意见、建议、愿望、诉求，从而将民主还原成一种日用日新、自觉自为的日常生活形态。

全过程人民民主视域下政协协商与其他协商的衔接配合研究

杭州市政协理论研究课题组*

党的二十大指出“协商民主是实践全过程人民民主的重要形式”，强调统筹推进政党协商、人大协商、政府协商、政协协商、人民团体协商、基层协商以及社会组织协商，推进协商民主广泛多层制度化发展。推动政协协商与其他协商有效衔接配合，对于践行全过程人民民主、构建协商民主体系、提升国家治理效能、发挥政协专门协商机构作用都具有重要意义。

一、政协协商与其他协商衔接配合的现实逻辑

（一）衔接前提：政协协商与其他协商的独特优势

协商主体不同。政协协商的主要参与主体是参加人民政协的各党派团体及各族各界代表人士。可以说，政协协商的参与主体较为多元，覆盖面较广，涵盖了其他协商参与主体。此外，各协商渠道之间的参与主体存在重叠与交叉，不乏存在多重参与身份。

协商范围不同。在社会主义协商体系中，协商民主渠道是多样的，其协商范围涵盖不同层级和不同领域。而作为专门协商机构和重要渠道，人民政协有自上而下四级组织机构，有众多的履职平台，其协商覆盖面较广，涵盖国家、政党、基层、社会等层面。

---

* 本文执笔：毛慧，中共临海市委党校科研室干部

性质功能不同。政党协商、政协协商、社会组织和人民团体为咨询型协商；人大协商与政府协商为决策型协商；基层协商是自治型协商。三种不同的协商形式承担着不同的功能作用，虽然方式不大相同，但都为人民群众参与协商活动提供了相应渠道。

（二）衔接基础：政协协商与其他协商的耦合共进

政协协商在国家、政党、社会群体、基层群众之间的互动交流，为其他协商发展提供支持配合。凭借完备的组织、丰富的经验、健全的制度，政协协商把国家、政党、社会及个人连接起来，广泛凝聚社会共识，寻找最大公约数。

政协协商与其他协商在提升协商能力、加强制度化建设方面相互推动、相互促进。一方面，政协协商为其他协商提供组织、制度、资源等方面的支持配合。人民政协作为专门协商机构和最早制度化的协商渠道，在制度建设和能力提升方面能为其他协商提供可供参考的经验。另一方面，其他协商为政协协商提供丰富的信息来源。不同协商渠道针对覆盖的群体层级各不相同，其中承载的信息也各不相同。

二、政协协商与其他协商衔接配合的内容架构

（一）衔接理念：全过程人民民主

在全过程人民民主理念的指引下，构建社会主义协商民主体系，推动政协协商与其他协商有效衔接配合：通过形式多样的协商渠道，各党派、各界别、各团体围绕经济社会发展和人民群众急难愁盼问题开展沟通协商，表达主张诉求，最大范围内凝聚共识。在制度化安排之下，政协协商与其他协商有效衔接，涵盖协商民主发展的各个环节，形成纵横贯通的协商链条，建立系统完整的协商民主体系。此外，实现政协协商与其他协商的有效衔接，能为更多群众提供有序参与政治生活的渠道。社会大众通过多层参与协商活动，培养起良好的政治素养，从而提升协商民主发展水平，这也是全过程人民民主的应有之义。

（二）衔接规范：坚持各展所长、协调发展的原则

在实现政协协商与其他协商衔接过程中，要注意各协商渠道的差异性和独特性，使其各展所长、协同发展，才能统筹形成协商合力。一方面，各协商民主渠道都是平等的。七大协商渠道都满足人民当家作主、参与政治生活的需求，其协商程序、协商机会都是平等的，本质上没有任何一种协商渠道具有优先性。另一方面，在实践中根据具体情况，各协商民主渠道存在先后顺序。虽然在本质上都是平等的，但根据我国的基本国情、现实需求和发展状况等因素，七大协商渠道在实际落实过程中存在推进的优先顺序。

（三）衔接内容：协商人员、协商议题及协商成果的有机整合

政协协商与其他协商的衔接，需要找到不同协商之间的衔接点，明确政协协商与其他协商之间的衔接内容。首先，有效整合协商议题。人民政协作为重要协商渠道和专门协商机构，在议题选择方面有着比较丰富的经验，形成“党政交题、委员荐题、各方征题、政协选题”机制。因此，各协商渠道议题的整合可借助人民政协的组织经验优势，寻找其他协商渠道与政协协商相同的议题，开展共同协商活动。此外，针对不同的协商场所和不同的协商对象，协商议题要有所侧重。协商议题的有效整合能充分体现全过程人民民主理念，使协商民主真正实现不同角度、不同主体、不同层级的充分协商，提高社会主义协商民主的质效。其次，精准选择协商人员。实现政协协商与其他协商衔接，在协商人员确定方面需坚持适当原则，注意边界和限度。推进政协协商与其他协商衔接配合，要充分发挥人民政协协商的人员优势，针对不同层级、不同议题、不同环境的协商活动，灵活机动确定协商人员。最后，互通共享协商成果。推进政协协商与其他协商衔接配合，实现协商成果的交流共享，最大范围内发挥协商成果的作用。政协协商与其他协商在协商议题上存在重合交叉，在围绕相似议题开展协商所产生协商成果上也有共通之处。

（四）衔接载体：丰富制度化的协商平台

相比其他协商渠道，政协协商拥有形式多样、流程完备、规范标准的协商平台。当前，浙江省政协搭建了多种协商平台，如委员会客厅、委员工作

室、请你来协商、民生议事堂等，且出台了相关协商平台的指导意见，平台建设较为规范化且能常态化运行。这些协商平台为政协协商与其他协商的衔接提供了重要载体。以“请你来协商”平台为例，浙江省政协已在全省范围内进行推广，并逐步实现制度化建设。“请你来协商”平台建设就是构建各协商渠道衔接配合机制的创新尝试，充分发挥政协示范引领作用，整合自身各种协商资源，吸收散见于其他协商渠道的协商资源，构建集成式常态化的基层协商平台，实现协商渠道之间的相互衔接和整体联动，充分发挥协商民主的治理效能。

（五）衔接目标：构建广泛多层、程序合理、环节完整的协商民主体系

实现纵横联动、广泛多层是政协协商与其他协商衔接的重要目标。人民政协拥有从中央、省到市县的四级制度体系，在推动形成纵向联动的协商布局方面具有天然优势，以人民政协组织为依托建立起与其他不同层级协商渠道之间的联系沟通机制，实现跨层级之间的联动衔接。随着协商议题多样化及协商主体多元化，单一协商渠道已难以解决复合型的治理难题，倾向运用多种协商渠道实现横向联合，建立协商联通机制。通过政协协商与其他协商的衔接配合，建立纵横联动的协商布局层级体系，提高各协商主体的参与积极性，形成上下互联互通、统筹协调的一体化发展格局。程序合理、环节完整是全过程人民民主理念指引下政协协商与其他协商衔接的另一个目标。全过程人民民主注重构建全链条式的民主发展模式，而程序合理、环节完整也要求形成全链条式的协商模式。协商民主环节主要包括制定协商计划、选择协商议题、确定协商主体、明确协商内容流程及落实协商成果等。从整体流程来说，以问题导向开启协商议程，通过有序组织协商活动以及运用目标管理模式，推动协商成果落地，不断完善协商程序、丰富协商环节。

三、政协协商与其他协商衔接配合的实现路径

（一）发挥政协专门协商机构的功能优势

政协协商与其他协商衔接配合，要注重发挥人民政协的专门协商机构作用。当前，各协商渠道衔接配合有所开展，也取得一定成效，但也存在制度

化规范化建设滞后、衔接配合形式过于单一、发展状况极不平衡等问题。因此，需要进一步发挥人民政协的专业优势，推动各协商渠道之间协作配合，满足全过程人民民主的发展需求。

（二）创新政协协商与其他协商衔接的实践模式

一是拓展“政协协商+”模式。在规范现有政协协商与其他协商衔接模式基础上，需要根据时代发展需求，不断拓展“政协协商+”的衔接模式，最大限度地发挥协商民主作用。二是探索“数字化+协商”模式。利用数字化改革技术，推动“数字政协”建设，把网络议政、远程议政作为重要衔接模式。三是打造“引进来”+“走出去”模式。通过组织开展政协协商活动、搭建常态化平台，将散见于其他协商的资源引入政协协商之中。此外，人民政协还需将协商活动延伸到其他场所领域，设立委员会客厅、民生议事堂等实体化平台，让协商活动走出去，加强与其他协商的深度融合，形成协同发展局面。

（三）完善政协协商与其他协商衔接的保障机制

一是加强顶层设计。为了从全局性角度推进政协协商与其他协商的衔接，可由国家或者省级层面出台相关规范性文件，明确政协协商与其他协商相衔接的基本要求、基本内容、基本形式、基本职能等，为工作推进提供制度保障。但国家或省级层面出台的指导意见只做原则性、方向性的规范，具体内容留给各地根据地方实际情况再做细化。二是建立统筹协调机制。党委政府要依据实际发展情况构建统筹协调机制，开展信息情况交流，密切联系合作，做到政协协商与其他协商有层次、有重点地发展，既能各展所长，又能协同发展。三是坚持适时退出机制。在政协协商与其他协商衔接过程中，要坚持“政协搭台不唱戏”原则，政协协商不能过多介入其他协商，如过多介入会影响其他协商的效果。当协商取得既定效果之后，政协协商应从某个方面或者某个层面、某个问题的协商活动中退出，为其他协商提供更多发展空间。

（四）加强协商民主文化建设

一是重视协商民主理论研究与学习。各级领导干部要加强对协商民主理论的学习，掌握协商民主的工作方法，把握协商民主的工作规律，不断提高工作本领。重视教育培训，将协商民主理论课程纳入当地党校、社院教育培训计划。二是培育公民参与协商活动的意识与能力。党委政府相关部门通过各种形式全方面、多角度地宣传协商民主理论及实践成效，提升民众参与意识，强化社会大众协商观念。此外，要进一步畅通和拓宽人民群众利益表达渠道，积极探索有序扩大群众参与政协协商议政活动的方式，使协商民主飞入寻常百姓家。

政协协商民主向基层延伸的实践路径与理论思考

——以杭州市西湖区推动政协协商民主向基层延伸为例

杭州市西湖区政协课题组*

作为“中国社会主义民主政治的特有形式和独特优势”，协商民主在发展全过程人民民主中又具有独特的功能和不可替代的制度优势。基层协商是全过程人民民主的重要体现，是“多层”协商民主的基础和根基。杭州市西湖区从工作机制、平台载体、数字赋能等方面系统谋划和初步构建政协协商民主向基层延伸的工作框架，与中央精神和省委部署高度契合，是对政协协商民主的实践与发展。

一、西湖区政协协商民主向基层延伸的实践探索

（一）探索构建根系式分布的组织形态

构建科学的组织形态是全面推进政协协商民主向基层延伸的逻辑起点和根本前提。在突出党对政协领导上，西湖区对协商平台的管理实行“双重”领导，即乡镇、街道平台实行区政协党组和乡镇党委（街道党工委）领导，社区（村）平台实行镇街政协委员履职小组和社区（村）党委领导，园

* 课题组成员：叶泽、方鸿卿、陈凯、胡为、李文辉、梁法明、沈佳音、袁斌、郭笑启、胡地良、高哲韵

本文执笔：袁斌

区（楼宇、商圈）平台实行专委会党支部和园区党组织领导。社区（村）平台和园区（楼宇、商圈）平台也实行双责任人制，平台的站长由社区（村）、园区（楼宇、商圈）的党组织负责人担任，政协委员履职小组派出委员担任轮值站长，站长与轮值站长责任明确，共同负责平台的运行。同时，区委将镇街的协商平台纳入区级目标考核，社区（村）的协商平台纳入镇街目标考核等举措，强化党对政协协商平台建设的领导。在纵向架构上，采取在镇街设立政协委员履职小组，镇街的党委（党工委）副书记作为制度安排任政协委员职务，并担任政协委员履职小组组长。区政协委员原则上按工作辖区全部进入 12 个镇街政协委员履职小组，并在镇街建立委员工作室、民生议事堂等。镇街政协委员履职小组通过在村社设立协商驿站等平台，有组织地安排本组 2—3 名委员组团，分别到各村社协商驿站进站轮值，具体负责协商驿站工作。部分村社通过协商驿站推动政协协商向片区、小区、自然村辐射。在横向架构上，区政协 6 个专门委员会分别联系 12 个镇街，加强指导。同时，通过引导专委会委员在委员单位设立委员工作室、建立西湖政协书房，开展联系群众、收集民意、解疑释惑等工作。指导园区、楼宇建立协商驿站，委派专委会委员进站履职，间接推动专门协商机构力量下沉。

（二）探索构建制度机制体系

在区委出台“请你来协商”平台建设、推进协商驿站建设工作等专项文件基础上，区政协配套出台委员工作室建设、深化镇街“民生议事堂”平台建设等 20 多项制度措施。在工作上，进一步明确区政协党组、专门委员会、镇街政协委员履职小组和委员的职责任务。在平台建设上，进一步明确怎么建、谁来建，建成怎么用、谁主导等一系列问题。在人的问题上，进一步明确镇街政协委员履职小组的联络员制度，并给予一定的经费补助。同时结合实践，创新推出“民生议事堂”方案设计及指导范例、协商驿站操作规则等文件，对政协协商民主向基层延伸进行流程细化构建。镇街政协委员履职小组在此基础上，建立健全了定期的协商工作交流会议、委员定期走访社区（村）制度、委员担任轮值站长制度等政协协商民主向基层延伸微观制度，初步构建起程序规范、运行有序、工作有效的制度机制体系，为政协协商民主在基层的良好运转提供组织保障、实践支持、制度基础、渠道支持和精神引领。

（三）在基层打造多层次多维度协商平台

注重发挥组织效能，打造矩阵型、可复制型的西湖基层政协协商民主综合体。发挥专门委员会在政协工作的基础性作用。指导委员和界别建立委员工作室6家、西湖政协书房6家，并以委员工作站、委员工作室等为平台，广泛开展形式多样、内容丰富的协商活动。委员以平台为依托直接参与基层社会治理，基层群众以平台为入口走进政协参与协商。如卢莹委员工作室架起党政部门与群众联系桥梁，在多次协商中，解决了杭州海关周边泥洼地硬化出资、杭大路西溪路口的隔离带预留出入口等居民关切的问题。发挥镇街委员履职小组的作用。全区12个民生议事堂，自2020年5月“民生议事堂”建成以来，共成功举办协商议事活动207场，提出意见建议1035条，采纳建议908条，助推解决民生问题572项。为推动政协协商民主到百姓“家门口”，在全区225个村社建成“民呼我为”协商驿站，促进政协协商民主与基层民主协商相衔接、与基层社会治理相结合。部分村、社还将小区、片区、网格纳入“民呼我为”协商驿站网络，把基层最小的独立单元高度链接形成政协协商的基层新系统，田间地头、房前屋后、小巷里弄的政协协商，让政协协商民主在基层扎了根。强化数字赋能政协协商民主向基层延伸工作。建立西湖区数字政协驾驶舱，用数字贯通各协商平台，实现政协履职“一屏”统揽，协商指令“一键”直达，协商成果“一舱”尽现。依托数字政协“委员通道”自建应用，直接与区党政综合平台联通，委员在微民情反映的社情民意、微协商提出的意见建议等按管辖直接分转到各镇街综合平台进行办理，不属于镇街管辖权内的，则由区级平台分转相关部门进行办理，从转办到办理结果全程在数字政协驾驶舱显示。建成集委员履职项目、履职统计、履职评价等于一体的智慧履职应用场景，并与“请你来协商”“民生议事堂”“协商驿站”场景多跨协同、形成闭环，委员议事实时互动、履职绩效自动评价。

二、政协协商民主向基层延伸需加强和改进的几个问题

（一）把政协协商民主向基层延伸工作置于党的领导的理念和举措上要有所加强

基层政协组织单纯地把政协协商民主向基层延伸工作作为政协履职工作的延伸，只是从政协的角度来思考、度量这项工作，而从建设社会主义协商民主、发展全过程人民民主的战略高度来谋划、来统筹、来布局不够。

（二）政协协商民主向基层延伸工作在整体优势发挥上有待进一步提高效能

随着政协协商民主不断向下延伸，在村社、园区、楼宇等建立各类平台、载体，委员的力量像播撒种子一样分布，委员形成单兵作战态势，如果“种子”自身生存能力不够，局面很难打开，工作难以延续，这需要政协对原有工作方法和制度机制进行创新发展。

（三）政协协商民主向基层延伸工作对委员的能力、素质提出更高要求，需要委员不断提升履职本领

委员作为平台、载体领衔人，是协商活动的工作主体，其作用的发挥将直接影响政协协商民主向基层延伸工作的成效，这就对委员的履职能力提出前所未有的要求。

（四）数字赋能政协协商民主向基层延伸工作与满足基层群众参与需求还存在一定差距

当前各地政协的自建应用鉴于安全性的考虑，在委员参与端与群众参与端“两端”的开发上，还存在重委员端、弱群众端，重内部闭环、轻外部开放的现象，基层群众受限于身份，无法进入政协线上协商平台参与协商建言，而线下由于空间、时间等的局限，往往满足不了群众参与需求，在一定程度上制约了协商充分性、广泛性的实现。

三、提升政协协商民主向基层延伸质效路径的思考

（一）突出政协协商“政治属性”，进一步发挥组织优势

一是立足高站位，增强工作推进的思想自觉。浙江省委《关于加强和改

进新时代市县政协工作的实施意见》，明确要求“在乡镇、街道设立政协委员履职小组”“有条件的地方可向社区（村）延伸，建设协商驿站”，这为政协协商民主向基层延伸工作提供了制度性保证。要从履行好新时代基层政协组织所承担的新使命出发，通过组织建设创新、平台建设创新、机制建设创新，着力推动政协协商民主向基层延伸工作。二是突出党的领导，把准工作推进的方向。政协协商平台的建、管、用，必须把坚持党的领导作为一切工作的根本政治原则，努力成为坚持和加强党对各项工作领导的重要阵地。目前，西湖区政协对协商平台实行“双重领导”的做法，明晰了政协协商平台建到乡镇（街道）、设在社区（村）的政治定位，为创新实践党领导下的政协协商民主向基层延伸工作的制度架构和工作机制奠定基础。三是突出思想政治引领，广泛凝聚共识。政协协商民主向基层延伸要始终把坚持和发展中国特色社会主义作为巩固共同思想政治基础的主轴，把加强对委员的思想政治引领落到委员参与政协履职的各个方面。积极引导委员通过政协协商平台做好宣传政策、解疑释惑、引导预期等工作，面向群众、面向社会传播好声音、弘扬主旋律、传递正能量。

（二）突出政协协商“专的特质”，进一步推动机制创新

一是强化顶层制度设计。在乡镇、街道建立政协委员履职小组，设立民生议事堂、委员工作室（站），在社区（村）、园区（楼宇、商圈）设立协商驿站。同时，鉴于“请你来协商”“民生议事堂”“协商驿站”等平台建设，都是浙江在探索“推动政协协商同基层协商相衔接、同社会治理相结合”中的实践范例。应进一步理顺与平台建设相匹配的专门委员会来具体负责这项工作，使组织更通畅、运行更规范。二是全方位探索工作机制。政协协商民主向基层延伸的最大变量是参与对象等发生了变化，要求政协针对这些变化，形成一整套完整与之相匹配的履行职能的制度程序和参与实践机制。如党对这项工作领导的制度机制、政协基层协商民主制度机制、基层协商民主操作规则、协商平台规范流程、线上线下同步协商机制、意见建议闭环办理和反馈机制、平台建设质量体系评价制度机制等，都需要在实践中探索完善。三是探索激励机制。要积极探索全方位、立体化、矩阵式的政协协商民主向基

层延伸工作质量评价体系，涵盖委员履职、平台建设、镇街党（工）委领导、社区（村）和园区（楼宇、商圈）责任、办理反馈等政协协商民主向基层延伸的各个方面、各项工作，形成正向反馈、良性循环，更好体现制度优势、发挥制度效能。

（三）突出政协协商“系统集成”，进一步放大参与功能

一是注重集成建好便于基层群众参与的跑道、协商场景。通过各类数字化协商应用场景，有效放大“协商之治”与“数字之治”的叠加优势，但当前数字化协商应用场景还处于一个相对封闭的状态，或者可以称为半开放的状态。如何在确保安全性的前提下，运用互联网技术，建设一个全开放的协商平台，让更多“利益相关的群众”通过互联网从选择议题、调查研究、协商议政、建议办理反馈等全周期、全过程、全链条参与。二是注重集成扩大政协协商在基层群众中的影响力。人民政协作为专门协商机构，是实施协商民主的重要渠道，政协协商民主向基层延伸，必须调动好各党派团体、社会各界的参与积极性，推动协商资源向基层下沉，引导各方面代表人士参与政协组织的协商议题。必须动员各种力量参与政协组织的协商活动，让每位参加协商活动的代表都有表达意见建议的机会，探索建立闭环办理落实的规范性流程的系列制度机制，凸显政协协商的制度保障力。三是注重激发政协协商文化集成传导。在推进协商平台建设的同时，深化对政协协商文化在基层“扎根”“铸魂”的研究。特别是在核心内涵不变的原则下，要加强对政协协商文化的话语体系进行系统性重塑的研究，把原本“绅士”的政协协商文化话语体系转化为“布衣”的政协协商文化话语体系，以契合基层群众的“口味”。要通过制度创新、载体创新、组织创新、传播创新等，努力达到协商办成事、办好事，以协以成事、商以求同的氛围，促使基层群众主动参与、持续参与、广泛参与、深入参与，进而从思想上、心理上、情感上形成认同，并潜移默化为他们的“思维密码”和“文化基因”。

（四）突出政协协商“潜能释放”，进一步提升履职能力

一是强化针对性履职培训。运用好“数字政协”平台，探索委员常态化教育培训的路径。如西湖区政协组织力量，录制有关政协业务知识的小视频，

载入西湖数字政协的学习模块，供委员学习。委员根据需求，不受时空限制，随时随地可以进入学习模式。特别是录制的协商驿站操作教程，以情景教学的方式，直观演示协商驿站组织开展协商活动的全流程要素，让委员一学就会、一看就懂。二是强化项目化管理。项目化管理就是单位在给定的条件下确立的发展目标，根据项目的特殊性建立临时组织，有计划、有领导地充分利用有限资源的一种管理办法。西湖区政协将民生议事堂、委员工作室、西湖政协书房等平台，纳入区级政协统一管理，协商驿站纳入各镇街政协委员履职小组管理，明确推进时间节点和完成后评价。同时，对所有项目进行数字化管理，录入西湖区数字政协平台，所有项目足迹可查、进度可视、绩效可见。三是强化数据库应用建设。要探索推进具有政协特色、适应政协协商民主向基层延伸的应用型智慧型的委员履职数据库建设，发挥好委员的专业专长，通过委员数据和民生议事堂、协商驿站等平台发起的议题自动匹配、优选推荐机制，把委员资源吸纳到民生议事堂、协商驿站等平台的协商活动中，把他们的知识、经验和智慧转化为政协协商民主向基层延伸的工作优势，以基层协商民主建设助力基层社会治理。

人民政协专门协商机构在推进国家治理现代化中的作用机理、运行机制和实现路径

宁波市鄞州区政协*

进入新时代，以习近平同志为核心的党中央从完善和发展中国特色社会主义制度、推进国家治理体系和治理能力现代化的高度，把推动协商民主广泛多层制度化发展、加强人民政协专门协商机构建设，作为深化政治体制改革的重要内容。探究促进人民政协“专门协商机构”功能优势与国家治理现代化目标相统一、相赋能，实现互嵌互构，成为新时代人民政协彰显更大功能价值的时代命题。

一、国家治理现代化与人民政协专门协商机构功能发挥的作用机理和内在逻辑

（一）政协协商能够畅通党政决策渠道

人民政协经过70余年的发展，自上而下构建起了上达党政、下连各界的“参与—表达—决策”体系。通过围绕党政中心大事和改革发展要事等开展协商议政，能切实发挥平等协商的民主优势和路径畅通优势，有效拓宽党委政府决策施策渠道。

（二）政协协商能够有效实现各方利益整合

国家治理是一项系统工程，需要整合各种因素、平衡各方利益。人民政

---

* 课题组成员：郑坤法、潘敏敏、武人斐、宋晓雷
本文执笔：宋晓雷

协作为各党派、各界别表达意愿的平台，体现了国家治理中利益表达和系统整合的理念。通过民主协商和有序参与，能发挥同心同向的政治优势、协调关系的功能优势，实现各方利益诉求的柔性整合，更好地把党和国家决策部署转化为社会各界的广泛共识和自觉行动。

（三）政协协商能够拓展治理参与面、汇聚治理合力

现代国家治理更加强调治理主体的多元化。人民政协代表性强、联系面广、包容性大，体现了国家治理体系构建中参与主体多元化的基本特征。通过政协协商能够面向社会广泛联系和动员各界群众，巩固党领导人民有效治理国家的政治基础和社会基础。

（四）政协协商能够助推提升国家治理效能

人民政协在长期实践中形成了系统完备、全面规范的协商制度，能够充分保障不同主体有序参与治理的权利，推动国家治理效能不断提升。

二、各级人民政协发挥专门协商机构作用推进国家治理现代化的具体实践

（一）常态化推进协商议政，促进党政科学民主决策

全国政协形成以全体会议为龙头，以专题议政性常委会会议和专题协商会为重点，以双周协商座谈会、网络议政远程协商、提案办理协商等为常态的协商议政格局；省市县政协立足实际加强探索，创新协商议政载体，有效提升协商的计划性、延续性，最大限度发挥决策在治理中的优势作用。如浙江省政协推出“请你来协商”平台，设置“6+X”协商架构模式，保证了协商高频次，畅通了党政“一把手”、政府部门与委员、群众共商共议的渠道，助推党政科学决策、民主决策。

（二）制度化构建工作体系，促进协商与治理规范衔接

各级人民政协坚持把制度建设作为助力国家治理的重要支撑。着眼加强协商制度顶层设计，规范协商参与治理安排。全国政协和省级政协相继制定出台《政协协商工作规则》《双周协商座谈会工作规则》等综合或专项类制度，对政协协商内容、形式、组织、平台建设等作出整体性的统筹安排。着

眼优化运行实施机制，助力治理落地见效。市县政协结合社会治理工作的规律、特点和实际，着重制定操作性强的运行规则，促进协商与治理相协同。如鄞州区政协为提高协商治理工作质效，出台《“请你来协商”平台运行细则》《政协协商成果转化实施办法》《“请你来协商”平台质量评价办法》等，形成“定题—调研—协商—转化—评价”的“五步法”闭环运行机制。

（三）专业化做好建言献策，增强破解难题智力支撑

各级政协充分发挥人才荟萃、智力密集、位置超脱，以及政协委员跨学科、跨界别、跨领域等优势，为国家治理提供智力支持。深化专题性的协商活动，汇聚专业建议良策。针对相关领域重要问题组织专题式深度协商。如全国政协推出“专家协商会”，宁波市政协优化“委员月谈会”形式等，聚焦某一专门领域、某方面“小而专”议题，邀请领域内专家学者、委员等协商讨论，为更好解决问题把脉支招。构建专长性的协商通道，盘活专业治理资源。强化多层次、专业性协商力量和治理资源整合。各地政协建立“委员会客厅”“界别委员工作室（站）”等平台，将相近行业和知识背景的各方人才集聚起来，开展专题协商交流活动。

（四）体系化延伸协商触角，扩大群众参与治理层次

各地政协不断创新方式载体，为扩大社会各界政治参与创造条件。在基层广泛建立协商平台，拓宽群众融入广度。加强阵地建设，让政协协商助力基层治理有长效触角。如浙江省政协创设“民生议事堂”“协商驿站”，江苏省政协开设“有事好商量”协商议事室。创新协商实践形式，提升各方参与深度。各地政协明确规定相关协商活动要邀请一定比例的群众代表参加等，增强党政和各界群众对协商的支持。大力推广应用“网络议政”“远程协商”等新手段，扩大群众参与度。进一步推动委员力量和多元的社会资源下沉基层、向专业领域集聚。宁波市鄞州区政协创新“大联组”机制，打破界别组委员行业、地域界限，增进工作联动和治理合力。拓展协商履职链条，增强互动融入效度。各级政协广泛应用协商式监督模式，将协商议政、视察调研、民主监督等职能相融合，带动政协“走进一线”，吸纳群众“走进政协”。

三、当前各级政协在国家治理现代化中发挥作用面临的问题

（一）参与基层小治理力量支撑还欠缺

对最基层的县级政协而言，“两个薄弱”问题还不同程度存在。与上级政协相比，专业的协商力量配备不足且分布不均，社会治理资源缺乏的现象较为突出。

（二）协商成果转化还有差距

由于部分协商活动议题针对性还不够强，建议精准性、实际操作性还不够高，加之缺乏硬性制度约束，意见建议的总体“采纳率”还不理想。

（三）针对促进国家治理的制度建设有待进一步完善

针对国家治理现代化的特点和需求而进行的制度建设还缺乏系统性谋划，尤其是促进政协协商参与国家治理的整体衔接机制，政协协商与基层协商的实践边界与联动机制等方面，还需作出更为具体的安排。

（四）发挥委员在治理中的作用尚不充分

委员参与治理的深度和广度还不足，存在重“提想法”、轻“办成事”的误区。部分委员履职平台存在功能单一、利用率不高的问题。

四、更好发挥专门协商机构作用促进国家治理现代化的实现路径

（一）坚持和加强党的全面领导，增强治理领导力、引领力

人民政协作为党领导的政治组织，在国家治理现代化中发挥更大作用，要始终坚持把党的领导贯穿到政协全部工作之中。以党的政治建设为统领，不断优化组织体系，以增强党建引领协商治理效力。建议政协加大功能型党支部、临时履职党支部建设力度。通过构建“党建联建”等形式，依托专委会成立履职党支部，吸纳非政协委员的党内知识分子、党员非公有制经济人士、党员新的社会阶层人士等加入。加大政协履职与国家治理重大事项的对接，促进精准助力治理。建议探索建立每年初“党政点题布置、政协落实议题”机制。各级党委可于年中、年末至少两次专门听取政协协商落实情况，

委托政协开展重大课题调研。加强与各协商民主渠道、各党派团体的协同协作，打造“治理共同体”。着眼践行全过程人民民主，进一步明确政协协商与基层协商的边界，通过找准“党政所需”“群众所盼”和“政协所能”结合点，明确政协协商在基层治理中的实践范围；构建各民主党派、无党派人士与政协的信息共享、联动履职机制。

（二）着眼增强“治理属性”，增强破解实际问题能力

人民政协要在强化“协商属性”基础上，增强“治理属性”，加强破难能力建设。加强“专业性”智囊团建设。制定出台统一的“政协委员智库”“参政议政人才库”建设等指导性意见，指导省级以下政协加强“应用型智库”建设。加强专委会联动履职能力建设。针对当下治理问题各方利益交错现状，建议进一步调整优化专委会职能设置，提高专委会间联合调研、协商、监督工作的安排比重。注重加强委员破题能力建设。安排治理领域专家、基层调解员等群体走进“政协讲堂”。结合社会新业态发展变化，优化委员产生方式、构成和界别设置，适当增加网络直播、灵活就业等领域优秀人士。

（三）深化“共商理念”植入，完善各方参与的国家治理格局

人民政协应在践行“以人民为中心”理念，推动协商民主上发挥更强的引领带动作用，让“共商”成为国家治理的重要理念。立足“主体”维度，系统性扩大社会各方协同参与。各级政协要从扩大各界群众有序政治参与的角度开展系统性考虑，建立政社互动、政企互动、政民互动的联动模式，注重吸纳社会组织、企业等多元主体参与。立足“客体”维度，推进各类履职平台集成融合建设。各级政协要着重推进“协商平台”“委员履职平台”“社情民意信息联系点”等平台融合发展。根据国家治理对象和范围变化实际，创设政企协商会等。立足“效度”维度，健全政协协商嵌入治理运行机制。从党政、委员、群众等多角度考虑，建立完备的政协协商工作成效评价机制，协商成果采纳落实的反馈衔接机制等，促进协商闭环推进、有质有效。

（四）不断加大工作倾斜力度，增强基层工作基础

人民政协应顺应社会治理重心向基层下移的趋势，创新履职手段，夯实工作基础。进一步增强政协基层工作力量配备，夯实工作基础。选调有经验、

有专业素养的干部充实机关力量；从事业编制上寻求突破，优化干部年龄结构；在乡镇（街道）政协履职小组负责人或联络员的配备标准等方面给予适当倾斜。加强力量整合，促进多元的协商治理资源下沉。省市级以上政协建立明确的考核激励导向，引导本级委员积极参与基层政协履职。健全各级政协履职“衔接联动”机制，带动多元的治理资源、社会力量融入基层。强化数字赋能，拓展政协联系服务群众渠道。把握数字化趋势，完善“网上群众工作”阵地建设，优化政协与群众互动交流场景的功能设置。在镇街、村社通过设立专属二维码等形式，促进委员与群众实时“码上议”“码上见”“码上商”，拓宽委员联系界别群众、身边群众的基础。

发展全过程人民民主视野下政协工作向基层延伸的“范式创新”研究

——浙江省政协“三位一体”构建之路

舟山市政协办公室研究室*

人类民主政治发展道路具有多样性与适应性，在全面推进社会主义现代化建设新征程上，发展全过程人民民主将为人民政协工作向基层延伸的实践提供广阔舞台，同时基层政协的创新实践也将在践行全过程人民民主中彰显更加鲜活的时代价值。当前，浙江省各地政协构建的“民生议事堂”、委员工作室、社情民意信息联系点“三位一体”，已从探索推进、抓点示范向全面铺开、提质增效的深化阶段迈进，相伴而生的是对这一平台实践质效与影响力要求的提升。笔者认为，作为一种范式创新，要将“三位一体”集成打造为落实“三个重要”的前沿哨所，推动政协工作向基层延伸的“桥头堡”、实践基层协商民主的“标杆品牌”、展示协商文化的“重要窗口”，在打造全过程人民民主实践高地中更好彰显专门协商机构优势作用。

一、贯彻落实“全链条”的要求，疏通向基层延伸的“堵点”

一要把坚持党的领导贯穿始终。要把党的领导贯穿“三位一体”建设全过程各方面，坚持党建与年度履职计划、平台实践深度融合，特别要通过“三位一体”的民主程序和有效运作，把党的群众路线贯彻到实现全过程人民

* 本文执笔：戴瑜含，舟山市政协办公室研究室主任

民主赋能政协协商的全部实践活动之中，把党的主张转化为社会各界的共识和行动。各级政协党组要发挥搭台、指导、推进的作用，当好群众智慧的集成者、群众利益的维护者、群众有序政治参与的引导者。地方政协要积极争取地方党委支持“三位一体”工作建设，统筹部署推进工作扎实开展，推动党委政府有效解决政协工作向基层延伸过程中的矛盾困难和问题。要进一步健全乡镇（街道）政协工作联络机制，在政治待遇上给予关照。此外，还要推动将“三位一体”工作经费纳入当地财政预算，对于提供服务咨询工作量大的、深受群众欢迎、社会影响力大、组织活动经常的，每年给予一定的经费补助。

二要把发挥委员主体作用贯穿始终。如果说“三位一体”是一个有机体，那么委员就是构成这个有机体的细胞，每个细胞激活了，政协机体就“丰润”了。县级政协普遍存在民主党派成员不多、界别设置少的情况，针对这种情况，在开展政协工作向基层延伸过程中，要更加发挥政协委员的全员作用，让委员在协商活动中被基层群众“需要”，体现价值感和成就感。要发挥政协委员的全程作用，把参与政协履职实践贯穿于年度工作、本职工作和界别群众工作的全过程，不断增强参与和服务基层社会治理创新的自觉意识、能力水平。发挥政协委员的全域作用，按照委员的岗位专业、兴趣爱好、居住地等情况，分类别有意识地设置个性化的“履职菜单”，让委员就近参加“三位一体”活动，避免由于距离产生疲倦感，对一些自带“流量”的“明星”委员，更要鼓励他们深入基层一线，使政协委员的作用在服务群众中实起来。

三要把“不建机构建机制”原则贯穿始终。通过顶层设计，在政协委员和人民群众之间搭建起实质性的工作机制，使基层政协工作更具程序化、规范化和制度化。如建立市级抓统筹谋划、县区抓牵引推进、镇街抓协调推进工作机制，建立乡镇（街道）领导每年至少参加 1 次所联系的协商议事平台机制，建立一个规范系统的评价体系，建立群众现场评议机制等；又如建立完善成果采纳、落实和反馈机制，加强与党政部门沟通联系，探索将协商成果办理纳入党政部门的目标管理考核体系等。通过有效的制度运行，延展政协工作向基层延伸的空间链条、协商链条、组织链条。

二、贯彻落实“全方位”的要求，解决政协工作在基层承接的“难点”

一要注重履职统筹融合。实践表明，越是在基层，涉及党政工作的大事、社会治理的难事、民生改善的实事，越是与群众自身利益密切相关的要事，就越需要发挥好人民政协作为专门协商机构的作用。“三位一体”在乡镇（街道）的落地，既是助力地方党政民主决策的平台，也是推动党政决策部署落地落实的平台；既是建言资政的平台，也是凝聚共识的平台；既是反映民声的平台，也是引导民意的平台。要注重统筹安排，与专题协商、对口协商、界别协商、提案办理协商等有机结合，与专项集体民主监督、委员视察、课题调研等有机结合，与基层社会治理“县乡一体、条抓块统”工作结合，更好发挥协同集成的优势。立足界别特色，进一步拓展界别履职渠道、发出界别声音、扩大界别影响，并依托界别调动更多资源、更好推动工作。

二要切实增强平台辨识度。推动政协工作向基层，把政协形象持续地“带”到群众心中，很重要的一方面就是增强直观性和辨识度。“三位一体”建设坚持“一套人马、三块牌子”，除了要有显著的静态显示标示，还要把握好标准化场景设计和设施配置，嵌入固定的、政协标识鲜明的元素，增强外化支撑，使场所职能、作用一目了然，如将下沉的委员照片、个人信息等全部上墙等，突出影响力、视觉感。还要注重结合人文特色和产业发展实际，将政协协商文化导入平台之中，体现“众”性和“草根”性，让各方参与主体在“三位一体”平台中真切感受到求真务实的浓厚氛围以及兼容并蓄、开放包容的协商文化，使平台本身更具有张力。

三要彰显政协的独特话语权。政协的话语权，根植于中国特色社会主义民主政治的制度设计，本身就被赋予了一定的影响力和代表性。但党委、政府一些部门协商意识不强，认为政治协商和民意表达只是“软任务”。基层群众对协商民主缺乏足够的认识，认为相比党委、人大、政府，政协不是权力部门，无法帮助他们解决实际问题，对政协密切联系各界群众的优势仍未达成高度共识。因此，有必要通过建立以“三位一体”为范式的政协在基层的组织形式，构建一个开放轻松的“说话”环境，提升委员个体话语权的影响力，让政协的话语权进一步成为好声音、亮声音、有效的声音。

三、贯彻落实“全覆盖”的要求，去除人民群众参与基层政协工作的“痛点”

一要强调人民的实质参与。人民群众政治参与实践越深入越广泛，就意味着政协的平台越真实越有效。群众参加政协组织的活动，是冲着能够通过政协组织的协商，解决涉及当下切身利益的操心事、烦心事、揪心事等实际问题。作为政协组织，一方面，要把枯燥的理论、政策、法规掰开了、揉碎了，以群众“听得懂”的语言耐心传达出去，另一方面，要梳理好意见建议，以党委政府的语言反映上来，真正服务界别群众，久而久之，取得信任，让“有事找委员”“有意见去‘三位一体’”成为群众习惯，让“有事多商量、众人的事情由众人商量”理念深入人心，在知情权、表达权、参与权、监督权等各环节的实现上体现民主。

二要将“在”政协协商理念深植基层。要注重将协商民主这根红线贯穿始终，发挥协商民主的系统性、完整性与贴近性的实践优势，凸显“协商民主”的主责主业，把“协”的纽带拉得更紧，把“商”的氛围搞得更浓，彰显“我有你没有、我能你不能”的制度优势，使“阶段性协商”转变为全过程的“常态性协商”。同时，也要与基层协商有所区别，既不能代替一般的基层协商，更不能包打天下，把基层需要协商的事项都拿到政协平台来协商。要加强有效衔接，以协商主体衔接为基础，以协商议题衔接为纽带，以协商平台衔接为依托，视情组织开展联动协商。从协商过程来看，一般而言，其他协商渠道主要表现为自己内部的程序性安排，而政协协商则主要表现为制度性安排，是功能衔接而不是功能替代。

三要放大“政治平台”与“网络平台”的叠加优势。对政协来说，网络民意与社会现实息息相关，网络热点也是政协委员重点关注的议题。近几年，全省政协大力推行数字化改革，目前大力打造的“协商在线”，运用数字化手段，推进全省所有乡镇（街道）民生议事堂、委员工作室、社情民意信息联系点“三位一体”子场景建设。围绕数字化带来的变革，政协工作正迈入“快车道”，下一步要继续加大资金、人才和其他资源的投入，进一步完善网络信息技术平台，打通底层数据、优化业务流程。既要关注到现实生活中人民的所思所想，也要关注到虚拟网络中人民的想法意见，通过线上线下相结合，打破传统联系人民面对面的单一形式，灵活运用网络，通过互联网收集更多真实有效的民情民意，进一步密切与人民的联系。如将传统的实体工作室升级改造为集政策咨询、工作交流、民情收集、民生服务及信息发布、网上预约等功能为一体的多媒体工作室，实现履职在线“全天候”；把政协协商议政、视察调研、社情民意信息上线晾晒，实现过程可溯、结果可查、督办到点；建立委员专长信息库和群众需求信息库等，整体放大“政治平台”与“网络平台”的叠加优势。

论全过程人民民主的丰富内涵、基本特征和运行逻辑

——兼论人民政协在全过程人民民主中的重要作用

丁芳芳*

习近平总书记强调，要“践行以人民为中心的发展思想，发展全过程人民民主”。全过程人民民主，是对当代中国民主理念和民主实践的高度概括，是全链条、全方位、全覆盖的民主，是最广泛、最真实、最管用的社会主义民主。

一、全过程人民民主的丰富内涵

（一）民主：全过程人民民主的主题

进入新时代，实现人民对美好生活的向往和中华民族的伟大复兴，必须更加鲜明地高举“民主”的旗帜，充分彰显“人民民主是社会主义的生命”的亮色和成色。全过程人民民主命题的提出，就是要在我国社会主义民主建设已有基础上，在中国特色社会主义新时代历史条件下，在当今世界两种民主制度历史竞争中，解决好“民主如何做”这一重大课题，为当今世界民主政治提供更多中国元素、中国经验和中国模式。

---

* 作者简介：丁芳芳，湖州市吴兴区政协主席

（二）人民：全过程人民民主的主体

“江山就是人民，人民就是江山。”全过程人民民主命题的提出，就是要把民主概念所包含的“人民至上”价值理念，进一步贯穿社会生活全过程。这鲜明回答了“依靠谁”“为了谁”的根本性、原则性问题，高度契合了坚持人民主体地位的内在要求，切实遵循了马克思主义唯物史观的核心要义。

（三）过程：全过程人民民主的主线

恩格斯说过：“世界不是既成事物的集合体，而是过程的集合体。”过程，首先强调相对于静态的动态性。但要注意保持其在一定时期或阶段上的相对稳定性。过程，其次强调相对于空间的时间性。但其时间性并不能排斥空间性，过程必然包含着多个方面、多个维度的延续过程。过程，再次强调相对于结果的过程性。发展人民民主，既要关注结果民主，更要关注过程民主，使民主权利在过程中得到落实保障。综上，以动态为主、动静结合的运动趋势，以时序为主、时空统一的时空走向，以过程为主、“过程—结果”交替的运行路径，构成了全过程人民民主的总体线路。

（四）全面：全过程人民民主的主旨

用联系和发展的辩证观点看待人民民主，最根本就是要把握其全面性。一是时间顺序上的全链条性，即将人民民主各阶段、各环节有机串连形成完整链条。二是空间系列上的全方位性，即将人民民主各方面、各维度有机整合在一起。三是民主主体上的全覆盖性，保证全体公民的民主权利，包容各界民众的利益诉求。强调人民民主是全过程民主，根本意旨就是要将人民当家作主全面贯彻落实到社会生活整个过程。

二、全过程人民民主的基本特征

（一）全过程人民民主是立足民族特色的中国式民主

首先，我国传统文化中的民本思想可提供价值观念上的重要借鉴。其次，我国传统文化中的辩证思维，与现代逻辑思维和科学方法相结合，可提供思维方法上的丰厚资源。再次，我国现实国情，特别是中国特色社会主义的伟大实践，既是全过程人民民主发展的坚实基础，又是其重要依据。推进全过程人民民主，必须走中国特色社会主义政治发展道路。

（二）全过程人民民主是面向当今时代的现代性民主

传统的直接民主和间接民主日益显示出片面性和局限性，全过程人民民主是将两者相结合的积极探索。公民通过选举出代表管理国家事务，具有间接民主的特点；公民通过各种方式参与国家事务的讨论、协商和管理，具有直接民主的特点。两者结合的必要性在于可更好地适应社会生活变化和民主政治发展；其可能性在于科技特别是信息技术的支撑。因此，全过程人民民主是面向时代的现代性民主。

（三）全过程人民民主是兼容各界民众的共享型民主

马克思认为："人们为之奋斗的一切，都同他们的利益有关。"资本主义民主是为资产阶级利益服务的，我国的人民民主是为最广大人民群众的利益服务的。在我国，人民群众在根本利益上是一致的，但具体利益上存在差异。因此，人民民主要既着眼于程序民主，又致力于实质民主，在坚持人民群众根本利益同时，兼顾各界民众的具体利益。

（四）全过程人民民主是整合各项要素的系统化民主

人民民主过程是相互结合的有机系统。一个系统功能强弱，既取决于其中各要素的优劣，更取决于将各要素组合起来的结构优劣。发展全过程人民民主，必须优化其中各要素，更须优化各要素之间的结构关系，使各要素既各就其位又相互协调。如此，由时间顺序所构成的纵轴、由空间系列所构成的横轴、由主体活动所构成的无数的点，组成一幅既生动又和谐的有机图景。

三、全过程人民民主的运行逻辑

（一）"输入—输出"相互转换的运行节律

有学者提出，政治过程就是："要求和支持的输入通过一个转换过程变成了权威性的政策输出。"全过程人民民主，就要将人民群众的"要求和支持"，转化成代表人民群众意愿和要求的"权威性政策"。但其转换过程是梯次展开、逐步推进的。推进全过程人民民主，必须科学把握运行节律，在"输入"时广泛汇集民智和民意，在"转换"时完整凝聚民智和民意，在"输出"时有效实现民智和民意。

（二）“票决—协商”相互补充的运行机制

全过程人民民主，要将民众多元性输入转换为统一性输出，主要依靠票决机制和协商机制。前者优点是程序明确、操作简便、结论清晰；不足是只能作非此即彼的选择，易忽略少数人意愿。后者优点是能广泛听取并兼顾不同诉求，不足是操作过程繁复，统一结论不易。全过程人民民主统一多种民主机制，使之相互补充，使政策实施更科学化、人性化。

（三）“制度—文化”相互促进的运行结构

全过程人民民主运行离不开民主制度的规范和民主文化的引导。民主制度将全过程人民民主运行掌握在秩序框架和轨道之内，为进一步发挥规范作用，需要强化其系统性和开放性。民主文化为全体公民和其他各政治主体提供了价值观念和思想方法，为更好地发挥引导作用，应进一步倡导价值观念的共识化和思想方法的理性化。要用制度规范文化，用文化引导制度，实现制度与文化的有机统一。

（四）“国家—社会”相互结合的运行格局

全过程人民民主之过程，既包括国家政权层面上的民主，也包括社会生活层面上的民主。前者是全过程人民民主的主体和核心，后者是全过程人民民主的外围和枝节。要发展全过程人民民主，需要以国家政权层面上的民主引领社会生活层面上的民主，以社会生活层面上的民主支撑国家政权层面上的民主，实现两者的顺畅流通和良性互动。

四、充分发挥人民政协在全过程人民民主中的重要作用

（一）把握性质定位，让人民政协在全过程人民民主中的独特地位体现得“更优”

一要坚持党的领导。加强党对人民政协工作的领导，深入学习贯彻习近平新时代中国特色社会主义思想，增强“四个意识”、坚定“四个自信”、做到“两个维护”。二要体现制度安排。人民政协是中国共产党领导中国人民发展社会主义民主的重要制度设计和重要制度安排，在践行全过程人民民主中承

担着重要的责任使命、发挥着不可替代的作用、彰显着独特的制度优势。三要突出两大主题。人民政协坚持团结和民主两大主题，善于用商量的办法找到最大公约数，让各界人士都能畅通表达利益要求，凝聚起共同团结奋斗的强大力量。这也是践行全过程人民民主的必要前提和归宿所在。

（二）彰显结构特色，让人民政协在全过程人民民主中的联系渠道体现得“更全”

一要发挥党派的重要作用。为民主党派参政议政和协商民主充分搭建平台，健全完善与民主党派的沟通交流、履职联动和意见落实机制。二要发挥专门委员会的基础作用。聚焦专门领域，充分发挥熟悉本领域、本行业的优势。用好专家队伍，善于吸纳各方面专家学者。体现专业水平，确保建之有方、言之有理、资之有效。三要发挥界别的特色作用。及时对界别设置进行科学合理地调整，使委员结构更趋合理，最大限度把新的社会阶层和各方面代表人士吸纳到政协组织中来。四要发挥委员的主体作用。按照“懂政协、会协商、善议政，守纪律、讲规矩、重品行”的要求，加强政协委员学习培训，提高履职能力水平，充分展现政协委员主体作用。

（三）创新履职载体，让人民政协在全过程人民民主中的覆盖范围体现得“更广”

一要高层协商强引领。建立完善党委政府主要领导同政协就重要议题协商的机制，为各类协商起好示范引领作用。如近年来，湖州市吴兴区政协形成了政协委员与区长、局长、镇长“三长面对面协商”特色，有效促成各方面意见建议进入党政决策视野。二要向下延伸广拓展。推进政协工作重心下移、载体延伸、手臂拓展。在引导政协委员密切联系服务界别群众同时，扎实推进“三位一体”建设，推动政协协商和基层社会治理有机结合、与基层协商有效衔接。三要网上议政聚民意。做好“互联网 + 政协工作”的文章，依托数字化平台，创建开放性民意征集网络平台，使人民有序政治参与更加便捷的目标得以实现。

（四）完善制度机制，让人民政协在全过程人民民主中的工作基础体现得“更实”

一要制定关于全过程人民民主的总体实施意见。建议在中央层面制定印发意见，对加强全过程人民民主系统谋划和总体部署，完善政协与党委政府相衔接的配套制度，并完善政协自身工作的制度规范。二要完善政协与党委政府相衔接的配套制度。修订完善协商议事规则等，构建形成权责清晰、制度完备、程序规范、关系顺畅、运行有序、落实有效的制度体系。三要建立督查评估机制。在政协组织层面和党政部门层面，创新研究建立督查评估机制，打通政协组织在落实全过程人民民主中的“最后一公里”。

协商驿站——打通政协协商向基层延伸的“最后一公里”：机理、实证与行动逻辑

罗新阳　陈先标*

协商驿站是“民生议事堂”协商平台向村（社）拓展的重要阵地，是推动政协工作重心下移，促进政协协商与基层协商相衔接、与社会治理相结合的有力举措，打通了政协协商向基层延伸的“最后一公里”。

一、理论逻辑

政协协商与基层协商衔接有天然的联系和坚实的基础，两者有共同的理念与价值，有共同的政治制度框架，有相同或相似的协商方式以及趋同的基本程序，而且两者相互依存，相互完善，共同前进。

（一）基层协商需要专业支持

新时代，经济社会的多样化态势，使基层治理面临诸多的新挑战与新问题，需要各方面的支持。人民政协具有自身独特的优势，可以为基层协商开展提供支持。其一，丰富的协商经验与资源。作为专门协商机构，与其他协商渠道等相比，政协协商具有更为丰富的经验，更为畅通的渠道，更加专业的组织体系以及更多人才优势。尤其是政协协商有着十分完善成熟的体制机制，由于人民政协的指导参与，将有效提高基层协商的制度化水平和规范化程度。其二，支持基层协商的坚实基础。进入新时代，各地政协为推进政协

* 作者简介：罗新阳，绍兴市委党校教授；陈先标，绍兴市政协研究室副主任

协商向基层延伸进行了诸多探索实践，在推进基层协商民主方面取得显著成效。加上参与基层协商的政协委员和政协协商智库成员很多来自基层各条战线，了解群众利益诉求，更能就地直接开展协商工作，助力解决现实问题。

（二）政协协商需要拓展空间

其一，人民政协事业高质量发展，不仅需要接天线，更要接地气，向基层延伸。人民政协要把不断满足人民对美好生活的需要、促进民生改善作为重要着力点，倾听群众呼声，反映群众愿望，抓住民生领域实际问题做好工作，协助党和政府增进人民福祉。其二，基层社会是建设协商民主最广阔的舞台。政协协商要有生命力，绝对不能忽视这一舞台。政协协商必须面向基层、扎根基层、服务基层，才能发挥更大的力量和作用。

二、实践做法

2022年以来绍兴市政协在实现“民生议事堂”乡镇（街道）全覆盖基础上，积极探索并有序推进村（社区）“协商驿站”建设。共建成村级“协商驿站”2028个，开展协商活动2643场，提出意见建议4121条、被采纳3342条。

（一）从组织层面：统筹推进“协商驿站”建设

一是党政高度重视。绍兴市委常委会会议专题研究中办《关于加强和改进新时代市县政协工作的意见》和省委办《实施意见》贯彻落实工作，要求对标对表抓好落实，进一步推进政协协商向基层延伸，加强“民生议事堂”“协商驿站”建设，更好破解“两个薄弱”问题。市政府连续三年安排奖补资金，支持“民生议事堂”“协商驿站”建设；各县（市、区）财政配套安排资金。二是政协积极有为。明确“协商驿站”作为“民生议事堂”向村（社区）延伸的议事点，推动“协商驿站”全覆盖。市政协认真研究工作方案，召开现场观摩会，成立工作专班，全力推进“协商驿站”建设。注重体现协商议事功能，鼓励有条件的“协商驿站”按每季度不少于1次、全年不少于4次的频次开展协商活动。三是工作责任明确。市政协加强统筹协调、联系指导；明确县（市、区）政协为“协商驿站”建设责任主体，实行主席会议成员分工负责机制，由提案委承担平台建设、运行、维护等具体工作。

建立由乡镇（街道）党工委副书记任组长的委员履职小组，按照“就近就地、综合搭配、便于履职”原则，将省市县三级 1783 名政协委员全部编入，切实让委员履职小组唱主角、政协委员当先锋。

（二）从标准层面：因地制宜彰显“协商驿站”特色

一是统一建设规范。市政协制订“协商驿站”建设运行规则，明确功能定位、建设标准、标识标志、调研协商、成果转化等，推动各地按照“六个有”（有场所、有人员、有计划、有活动、有保障、有成效）要求，统一建设标准，统一工作流程，统一设计标识，规范“协商驿站”平台运行。各县（市、区）积极探索，形成具体工作机制。二是丰富实践形式。按基本型、阶段型、移动型三种类型，采用“固定 + 流动”“集中 + 分散”“线上 + 线下”等方式，鼓励各地“协商驿站”因地制宜开展活动。如基本型“协商驿站”建在村（社区），就村（社区）有关事项开展协商活动；阶段型“协商驿站”以区域阶段性重点工作为依托，因某一事项需要解决而存，以事项解决而终；移动型“协商驿站”没有固定场所，哪里需要协商，就把“协商驿站”搬到哪里。三是打造特色驿站。引导各地结合文化、产业、旅游等特色资源，借势借力打造具有鲜明辨识度的特色“协商驿站”。

（三）从功能层面：充分发挥“协商驿站”作用

一是广泛凝聚共识。坚持把双向发力贯穿“协商驿站”建设全过程，落实到议题征集、调查研究、协商活动、成果反映等各方面。组织委员聚焦农民增收、村级集体经济发展等开展协商，既为乡村振兴、村民共富建言献策，又在履职活动中加强思想政治引领，做好宣传政策、解疑释惑、协调关系、增进团结工作。二是主动服务民生。引导委员履职小组通过“协商驿站”，密切与基层群众联系，在走访调研、“微协商”中，主动问需于民、问计于民，让群众参与到政协协商中来，为群众排忧解难。三是助力基层治理。融合新时代“枫桥经验”“民情日记”等基层治理经验做法，在助推基层治理中发挥政协独特作用。

三、经验启示

（一）理念：小平台、大协商

坚持在党的领导下，充分发挥政协专门协商机构作用，以推进协商民主为纽带，形成上下互通的组织体系，保障协商履职有效有序开展。“协商驿站”将履职触角延至最基层，协商平台建到家门口，打通政协协商体系“最后一公里”，充分彰显中国特色社会主义民主政治的政治优势。将协商民主的重心下沉，赋能基层治理，在解决人民群众民生问题的同时，也在群众中提升政协形象。

（二）选题：小切口、大民生

聚焦民生实事、治理难事，努力增强基层协商民主的针对性、实效性。在议题选择上，坚持高站位、低视角，大课题、小切口，突出问题和需求导向确定协商议题，聚焦群众最急最忧最盼的民生问题开展协商，建立完善自下而上和自上而下有机结合的议题产生机制。重点围绕党委政府工作重点、社会治理的焦点、群众生活的难点开展协商。注重选择切口小、关注广、与群众利益密切相关的议题作为协商重要内容，通过“小切口”选题，协商解决民生大难题。

（三）机制：小措施、大作用

发挥“协商驿站”平台作用，建立健全分工负责机制、委员履职机制、民情联络机制、统筹联动机制、成果转化机制等，创新协商议事的形式，丰富协商议事的内容。注重把凝聚共识贯穿协商全过程，坚持协商就要真协商，协商就要有成果，积极协助党委政府处理好基层治理各类事项，广聚共识推动决策实施。注重协商成果落实、转化，对协商成果落实情况开展再监督，努力推动协商成果进入党委政府决策环节，转化为社会各界共识和促进相关工作落实的具体举措。

（四）能力：小事情、大能力

政协委员的能力素质关系到政协优势的发挥与提升。必须加强委员队伍建设，通过培训、教育、履职实践等提升素质和能力。一是提高调查研究能力。深入群众、深入基层，在广泛深入调研的基础上，掌握协商议题的情况、成因、对策，做到摸实情、察实情、求实效，真正做到协商有理、协商有据、协商有底。二是提高凝聚共识能力。注重建言资政和凝聚共识双向发力，多为党委政府工作提供民意支撑、民利协调、民智参考，发挥服务大局的重要作用。三是提高建言献策能力。支持委员“多发声”，引导委员“发好声”，在协商中不讲外行话、不讲无用话、不讲片面话，力求做到在协商中不求全责备、不以偏概全，以精准务实的态度协助党委政府及相关部门解决问题。四是提高民主监督能力。增强个人责任意识，提高政协民主监督专业化水平，积极推动协商成果落地、落实、落细，使协商式监督更有成效、更有分量、更有影响。

（五）特点：小角度、大视野

坚持不调研不协商，围绕议题组织委员走进社区、走进企业，贴近百姓，了解群众诉求。同时为营造良好协商氛围，协商地点采取会场和现场相结合。如综合运用手机 APP、短视频、微信等，拓展网上参政议政的渠道。在协商过程中采取发言、讨论、提问、解答、辩论等方式，做到调研在一线开展、情况在一线了解、平台在一线搭建、问题在一线协商、共识在一线形成。

（六）文化：小活动、大氛围

把协商文化作为“协商驿站”开展活动的基本价值观，把“微协商”赋能“善治理”作为基本实践目标。一是注重平等意识。参与协商各方要以诚待人、真诚互动，不强迫对方接受自己的意见建议，同等对待协商各方提出的观点见解，通过平等议事、民主协商，形成共识。二是注重包容意识。对于各种意见和建议，只要是有利于推动经济社会高质量发展、提升民生福祉的，都应该得到尊重和包容，形成有事多商量、遇事多商量、做事多商量的浓厚氛围。三是注重理性意识。秉承于法有据，倡导合法依章协商，不主观臆造；秉承于民有济，真诚倾听群众声音，真实反映群众愿望；秉承于己有为，传递好各界民意，努力提出真知灼见。四是注重广泛意识。充分调动各界代表人士特别是人民群众参与协商的积极性，切实将政协制度优势转化为基层治理效能。

走向精准：人民政协协商民主助推基层协商治理的机制研究

钱　牧*

一、政协协商与基层协商有序衔接的全过程人民民主价值

政协协商与基层协商的有序衔接从协商主体、协商议题、协商程序三个层面彰显全过程人民民主属性：1. 协商主体：精英民主与大众民主。政协协商具有浓厚的精英性互动的色彩。协商参与者的主要动机是出于履行职责的考虑，从而导致了“弱激励”倾向。基层协商主体主要是基于“社会性”角色，是特定政策主题的利益攸关方。2. 协商议题：宏观民主与微观民主。政协协商所涉及的是公共治理中的宏观性、全局性和战略性问题。其利益博弈程度相对较低，易于达成共识。基层协商所关注的是与基层群众切身利益密切相关的具体问题，或迫于现实困境的倒逼，或基于考量利益得失的驱使，其现实性和紧迫性程度较高。3. 协商程序：制度化民主和灵活性民主。政协协商已经形成了完备的制度体系，协商活动都能按部就班地进行。这当中虽然不乏尖锐的观点交锋，但协商仍然会平稳有序地进行。基层协商形式灵活多样，以“即时性”为显著特征，其发起方也不拘一格。基层协商治理领域的情况和问题瞬息万变，也很难事先做好规划和布置，协商过程中有可能充斥各种不可知因素。

---

* 作者简介：钱牧，嘉兴学院讲师

二、精准介入：政协协商助推基层协商治理的路径选择

（一）“碎片化”：政协协商助推基层协商治理现代化的主要梗阻

当前政协助推基层协商治理的实践仍然以传统管理体制下的碎片式参与为主。这既不能有效整合政协的专业、技术和人才智力优势，也无法有效介入政治国家与市民社会之间的“中间地带”角色，吸纳整合这两个层面的有益资源，而这又反过来进一步加剧了参与的碎片化。造成上述困境的具体原因大致包括：

针对政协委员个体的激励机制不足。政协委员参与基层协商治理的激励机制相应地表现为三种导向：一是任务导向。即上级政协组织、统战部门和党派对于政协基层组织有考核，属于政治任务范畴，是必须完成的。二是激励导向。政协基层组织对委员的考核，强调的是表彰先进，鞭策落后，将竞争性因素嵌入日常工作中。三是团结导向。政协作为实行新型政党制度的重要政治形式和组织形式，既是联结政治国家和基层社会的桥梁，也是执政党团结与联合党外中高级知识分子和社会代表人士的纽带。因此，政协委员很少基于个人的利益关切参与基层协商治理，这种与利益关系的分离在一定程度上弱化了其履职尽责的积极性。

基层多元化协商平台整合的困境：一是政协、党派等作为以协商为主要职能的主体，但它们在基层单位一般都没有专门的工作机构，因此基于平台联合开展协商的空间比较有限。二是直属于基层党政机构的各级部门。此类组织的数量较多，而且也能为协商民主体系中各类协商的开展提供平台，但由于其权责法定的特征，协商往往称为一种被倡导的工作作风，这又在很大程度上弱化了这些组织与其他协商平台整合的可行性。

“运动式治理”逻辑导致政协界别基层活动的同质化倾向增强。政协参与基层协商的运动式治理痕迹主要体现在各级党委政府的中心工作成为各政协基层组织集中关注的焦点。这导致政协界别特色弱化，在基层协商治理中所扮演的角色功能趋同。

（二）精准思维何以可为

应对政协基层组织的碎片化参与。有必要立足精准思维改革和完善政协参与基层协商治理的路径，将碎片化参与升级为整体性、协同性介入，提升其参与基层协商治理的效能。精准介入不仅是“一种治理技术，也是一种公共管理方式，还是一种治理体制。人民政协的精准介入是政协履行政治协商、参政议政和民主监督的技术工具，也是政协参与公共治理的方式和治理体制”。

近年来，新技术和新媒体的广泛应用，新的国家和社会治理理念的不断发展，为政协精准参与基层社会治理提供了丰富的平台和载体。精准治理则正是由政党、政府和社会组织等多元化的治理主体，基于整体治理、合作治理、系统治理等理念，所实施的新型治理方案。

（三）政协协商精准介入基层协商治理的基本特征

首先，政协的精准参与是类似于智库式参与模式，即致力于精准地发现问题，分析问题和提出相应的对策方案。至于方案的选择确定以及具体应对则属于党政机关的职能范畴。政协具有充裕的人才和治理资源优势，而且政协“亦官亦民、非官非民”，在国家治理体系中处在国家政权与市民社会的中间方位。这种独特的专业性和超脱性有助于其形成精准的问题意识，并有针对性地提出对策方案。但是政协不具备党政机关所具有的决策权和政策执行权。这也是其所应恪守的边界。

其次，政协的精准参与离不开党政机构的支持与协同，否则就谈不上所谓精准。政协能否获得，如何获得党政机构的支持，这包括应然与实然两个范畴：从应然上看，各级政协的领导人属于党政领导人序列，特别是作为统战组织和多党合作重要机构的政协，属于和党委、人大和政府并列的“四套班子”之一。这意味着政协能够且应当获得党政机构必要的支持。从实然上看，政协能否取得党政机构的充分支持还取决于政协自身的履职效能。特别是在协商民主成为当前民主政治建设重点的背景下，政协作为专门性协商平台能否充分利用好政党协商、政协协商等渠道协助执政党推进协商治理现代化，这既是机遇，也是挑战。

再次，政协在基层协商治理中可以扮演“润滑剂”的角色。政协所“润滑”的对象既包括党政机关的公共权力，也包括社会利益结构中的各种矛盾和冲突。基层社会利益格局复杂多样，既是国家治理体系中活力最强的领域，也是最容易产生利益矛盾和冲突的场域。对于这些矛盾和冲突，如果单纯地依靠公共权力介入和干预的话，往往会使其进一步激化。而政协主要依靠政治影响力来保障其履行职能，这种柔性权力或权威的行使可以将矛盾冲突化解在萌芽状态，钝化公权力的运行，降低维护社会稳定的成本。

三、政协协商精准助推基层协商治理的基本模式

（一）以政协为枢纽串联若干治理主体的合作治理模式

我国协商体系中的各治理主体和治理形态之间同样存在着相互影响和相互贯通的关系。具体到基层协商治理场域，以政协和党派为主角的，以政党协商和政协协商为主要形式的政治性协商、以人大协商和政府协商为主体的国家机构协商、以基层协商、人民团体协商和社会组织协商为主的社会性协商，在基层协商治理领域中的角色虽各有差异，但也存在着衔接联动的空间。政协作为专门性协商平台在这当中可以扮演“纽带”或“枢纽”角色，从而牵引精英民主与大众民主之间的良性互动。同时，政协作为兼具国家机构与社会组织双重属性的“超脱性”组织，以其为纽带所形成的合作治理必然具有松散性与包容性。

合作治理能否达到精准性程度，受以下几重因素影响：一是合作双方的互补程度。合作的价值和意义之一就在于双方各有其特色和优势，通过彼此之间的互补互动达到取长补短，实现互利共赢，共同发展。在党委政府和政协的合作互动中，党委政府作为治国理政的主干力量，可以为政协履行好政治协商、民主监督和参政议政基本职能，提供宝贵的政治资源支持；政协作为以中高级知识分子和社会代表人士为主的“精英型”组织，可以从专业化的理性视角思考问题，促进执政党科学民主决策。二是合作过程的运转状况。首先，各方要在平等的基础上开展合作。其次，各方要以充分的协商开展合作。中共执政党要主导营造良好的协商氛围和协商环境，要充分认识到协商是实现党的领导的重要方式，要在具体的沟通、说服、交友过程中实现党的

政治引领。各民主党派则应秉持公共利益最大化原则，做到知无不言，言无不尽，做好执政党的“诤友”。

在这种合作治理的格局中，政协可以利用自身的专业优势，与相关政府部门、社会组织合作，与行业、社区等领域的基层协商平台合作。譬如在社区层面，基层政协可以与社区党政机关、自治组织、社会组织和律师等多元力量共同参与社区的民主议事、民主协商的治理平台。在这方面，温州市政协自2022年开始主办了近20年的开放性形式与政策谈话栏目“政情民意中间站”比较有代表性。

（二）执政党主导政协参与的紧密协同模式

从治理手段的视角来看，紧密协同与前述的合作治理既有联系又有区别，比如二者都具备结构的多元化和功能的多样化，且这些多元或多样的要素之间存在着相互作用、相互影响的互动空间。但是，紧密协同模式在此基础上，更强调通过整合相关的治理资源，凝聚合力。因此，如果说前述的合作治理模式是政协主动为之的话，那么紧密协同模式则不限于此，也可在执政党的主导下进行。同时，在制度运行过程中，紧密协同模式更注重建立制度化、科学化的合作规范和监督机制，以此打破科层化治理结构所形成的各种“壁垒”，实现政协对于基层协商治理的深度介入。

紧密协同模式具体包括两种形式：一是政协系统内部的整合。比如上海市青浦区政协以“合并同类项”为基本原则整合协商议题、协商形式或协商主体。二是更为普遍的，政协与外部治理主体，主要是执政党的紧密协同。在这方面，温岭市将政协协商纳入党委决策过程的制度创新比较有代表性。

紧密协同能否实现对于治理的精准参与，很大程度上取决于公权力部门干预的有效性和持续性。这当中，掌握决策权的党组织要通过必要干预将碎片化的协商平台整合起来，并主导其发展方向。各政协基层组织要与基层党政机关精准对接，多方联动，确保相关调研成果进入政策议程，并力争使其产生预期效果；要改革和完善基层协商治理领域政协协商调研成果转化机制，并将其作为评估基层协商治理状况的重要指标。

发挥人民政协在打造全过程人民民主实践高地中的独特作用研究

陈　伟*

在全面建设社会主义现代化国家新征程上，深入挖掘人民政协在打造全过程人民民主实践高地中的独特作用，设计相应的目标体系，对于浙江奋力推进“两个先行”，具有重要的现实意义。

一、打造全过程人民民主实践高地中的政协作用

习近平总书记强调，民主不是装饰品更不是摆设。打造全过程人民民主实践高地更不是抽象和空洞的代名词，它强调理论与实践的深度融合，它要求在深入践行全过程人民民主的过程中让人民群众真切地感受到民主。因此，人民政协在打造全过程人民民主中要发挥好独特作用，必须深入结合浙江实际，在深刻理解全过程人民民主实践高地目标方向基础上，采用系统论方法，指标化推进，切实将全过程人民民主的要求落到实处。

（一）打造全过程人民民主实践高地的目的指向

全过程人民民主是全链条、全方位、全覆盖的民主。浙江作为中国革命红船起航地、改革开放先行地、习近平新时代中国特色社会主义思想重要萌发地。打造全过程人民民主实践高地，最终是为了实现省域内全过程人民民主得到深入发展，构建起程序合理、环节完整的人民当家做主民主政治体系，

* 作者简介：陈伟，浙大宁波理工学院讲师

根本政治制度、基本政治制度和统一战线优势充分彰显，人民群众美好生活的民主需要得到充分满足，把浙江省打造成为国内全过程人民民主实践高地。

（二）人民政协在打造全过程人民民主实践高地的独特作用及指标体系

发挥政协在打造全过程人民民主实践高地的作用主要还是深度挖掘、充分发挥政协本身的作用和功能。具体来看，主要表现为三点：第一，在打造全过程人民民主实践高地中切实维护党的领导，主动将党的要求、理论、政策化作政协组织履职要求，成为坚持和加强党对各项工作领导的重要阵地，夯实共同思想政治基础。第二，在打造全过程人民民主实践高地中保证人民当家作主，通过协商民主，各界人民群众能够与党政有关部门进行沟通，畅通表达自身利益诉求，在此基础上统一各方意见，持续激发社会活力。第三，在打造全过程人民民主实践高地中成为化解矛盾和凝聚共识的重要渠道，把不断满足人民对美好生活的需要、促进民生改善作为重要着力点，协助党和政府收集群众意见、发现社会问题、凝聚各方共识，把更多的人团结在党的周围。

二、人民政协践行全过程人民民主中的“浙江特色”

近年来，浙江省政协在助力打造全过程人民民主实践高地中，从协商的方式、协商的内容、协商的质量以及协商的效率着手改革创新，将全过程人民民主的理念贯彻落实到政协履职的各项工作中去，谱写全过程人民民主在浙江的精彩篇章。

（一）创建委员会客厅（室）、民生议事堂等平台载体，在推进社情民意全覆盖上走出“浙江特色”

浙江省政协根据协商为民、凝心聚力的现实需要，尊重人民群众的差异与需求，从人民群众参与便捷性、高效性、归属性等多样性体验出发，根据不同的党派、职业以及组织特点，于 2018 年开始搭建“委员会客厅”“民生议事堂”“崇学系列”“同心系列”“数字政协”等平台，既充分保障人民群众都能有序参与政治生活，又实现协商组织管理的高效性，展现了人民政协践行全过程人民民主在浙江的生动实践。

（二）"民呼我为""请你来协商"等关注人民群众"急难愁盼"现实需求，在推进政协工作履职全方位上走出"浙江特色"

浙江省各地政协根据当地经济社会需求，主动拓宽协商议题范围，把关系人民群众生计的"急难愁盼"事宜纳入协商内容，并邀请利益各方参与协商，拓展协商内容的两个全覆盖。例如杭州市政协创设的民生实事项目专题协商确保事关民生的重大决策项目，要问策于民，体现多数人意志；"民呼我为"活动、"请你来协商"、"民生议事堂"等平台确保协商议政内容关切百姓之需，助力解决人民群众的"急难愁盼"问题。

（三）专家座谈会、咨询会等关注质量，在实现协商民主全过程上走出"浙江特色"

发挥政协人才荟萃、智力密集的优势，根据不同协商议题，结合地域优势，采用"政协搭台、邀请各方""基层搭台、政协嵌入"等方式，邀请相应的专家、学者进行实地参观调研，助力形成科学的协商解决方案，已成为浙江协商民主建设的特色与典范。如针对鄞州区东吴镇天童村经济相对薄弱的情况，组织中国工程院院士及智库专家、政协委员、村干部和村民代表，为乡村发展把脉问诊；桐庐县分水镇后岩村的"后岩共富路"协商议事活动邀请分水乡贤、中科院院士、中国水稻研究所所长胡培松院士参与其中，探索推行"技能指导＋村企带动＋乡贤结对"模式，不仅提高了协商内容的科学性，更推动了协商结果的落地生根。

（四）"数字政协""提案在线"等数字政协建设，在推进政协工作全链条上走出"浙江特色"

浙江省政协以数字化理念推进政协工作全流程全方位全系统全媒体重塑，三级政协协同推进，项目化管理＋专班化运作，精心打造协商在线、提案在线、同心在线、社情民意在线、学习在线、委员履职在线这六大综合应用，大力发展"指尖上的协商民主"，以数字化手段实现三级政协履职高效协同，不断增强政协履职开放度、融合度、活跃度。全省各地政协把数字化改革作为优化履职链条重要手段，杭州市政协打造线上"民呼我应"平台，宁波市政协打造委员履职全周期全过程全链条服务管理跨场景应用"履职印记”，湖州市政协打造多场景应用“社情民意图谱”，金华市政协“民情一点通”应用，温州市政协“提案 e 办”应用，清晰构建履职任务链，实现了政协履职多跨协同，有效激励委员履职担当，“数字政协”成为具有鲜明辨识度的浙江政协工作“金名片”。

三、发挥政协打造全过程人民民主实践高地中独特作用的对策建议

（一）强化党建引领，增强作用发挥原动力

一方面，加强理论学习强化引领功能，开展形式有效的学习、宣传和实践活动，坚持不懈用习近平新时代中国特色社会主义思想凝心铸魂。另一方面，完善组织覆盖增强带动功能，把支部建在履职链上，在“民生议事堂”“请你来协商”等协商平台中融入党建元素，充分发挥政协党组织动员作用和党员政协委员“关键少数”作用，充分调动广大政协委员的履职积极性和界别群众的政治参与热情。

（二）强化数字赋能，提高协商成果贯通力

一是把互联网贯通共享的属性和各级政协协同联动的需求结合起来，着眼以数字化改革继续推动省市县三级联动、上下贯通，实现倍增效应和乘数效应。建立学习联动、履职联系、信息联通等机制，结合课题调研、民主监督、视察考察、提案办理协商等开展线上联动履职，形成“线上线下三级联动”履职态势。二是充分发挥浙江省政协的数字化平台枢纽性功能，推动省内统一标准与管理流程，构建全时在线、渠道多元、省内通用、集成便捷的政协工作在线模式，提高政协工作质量。三是培育提高政协委员的数字素养，提高政协履职的数字化效能，推动“指尖上的协商民主”，化互联网变量为政协发展的增量，提高政协协商民主的广度、深度和效度。

（三）衔接基层，提高开放履职亲和力

一是搭建基层协商平台，拓宽基层协商渠道，强化基层政协的“开放性”，扎实推进“民生议事堂”、委员工作室、社情民意信息联系点“三位一体”建设，鼓励有条件的村（社区）建设“协商驿站”，全方位了解、收集民

意需求。二是探索政协协商同基层协商相衔接、同社会治理相结合，强化基层政协的“黏着性”，利用地方政协的资源、渠道和平台进行协商，通过制度的有效运行和民主程序，更好地把政协平台优势转化为基层治理效能。

（四）完善制度，提高示范带动执行力

一是加强顶层设计，建议以省委名义出台专项文件，明确全过程人民民主实践高地的具体指标体系，以及政协组织在打造全过程人民民主实践高地中的主要职责和具体任务。二是建立联动机制，清单化、条目式分层分类梳理人民政协在打造全过程人民民主实践高地中发挥作用的具体内容和实现形式，既确保权责清晰，又能够形成合力。

提升专门协商机构在发展全过程人民民主中的制度效能研究

——以“请你来协商”平台为例

民建省委会、金华市政协联合课题组*

全过程人民民主是中国共产党带领中国人民在实践探索中形成的智慧结晶，是人类社会民主形态的新发展，丰富和发展了人类政治文明新形态。人民政协作为社会主义协商民主的重要渠道和专门协商机构，是全过程人民民主的重要实践载体。浙江省政协围绕发挥专门协商机构的作用，推进了“请你来协商”平台建设，成为践行全过程人民民主、提升政协制度效能的积极探索。

一、“请你来协商”平台概况

为促进政协更好聚焦“协商”主责主业，充分发挥专门协商机构作用，浙江省政协搭建了“请你来协商”平台，设计了全省统一的平台标识，发布了“请你来协商”主题歌，制定了平台操作手册。在协商内容上，聚焦党政中心工作大事、改革发展要事、民生改善实事、社会治理难事，采取党政点题、委员荐题、社会征题等方式选择议题。在协商频次上，采取“6+X”模式，其中“6”为每年6次的主协商，“X”则是各地根据情况，开展灵活多

* 本文执笔：林燕，浙江师范大学行知学院教授

样、针对性强的“小微”协商活动，突出质量导向，以活动推进探索更有效的协商模式。

据统计，2019年，全省市县政协共组织开展639场“请你来协商”活动，提出意见建议7500多条，近4600条意见建议得到采纳落实，意见建议采纳率为61%；2020年，全省市县政协组织开展了3100多场“请你来协商”活动，提出2.5万条具体建议，意见建议采纳率超65%；2021年，全省市县政协组织开展了2433场“请你来协商”活动，提出意见建议12978条，政协委员参与协商活动超过2.16万人次。11地市党委政府主要领导参加的场次占总场次的平均比率高达49%，即近一半的协商均有主要党委政府领导的积极参与。简单的回归结果显示，11地市政协协商活动的意见建议条数、领导批签条数与区域GDP发展有正相关关系。

二、“请你来协商”活动践行全过程人民民主的要求

“请你来协商”平台在落实全过程人民民主的可操作性、提升协商主体的行动能力、促使协商主题聚焦、推进协商成果落实方面做出了有效的创新，有助于政协协商在协商主体、协商内容、协商方法上实现全过程有机贯通和系统集成，从而提升人民政协践行全过程人民民主的制度效能。

（一）以建章立制落实全过程人民民主的可操作性

一项新的制度或规则成败得失的关键是该项制度和规则的可操作性，而政协作为专门协商机构，其地位和作用，从相关制度的可操作性角度来看，还较为模糊，政协协商缺少具体的操作细节。2019年3月，省委办公厅印发《县（市、区）政协开展“请你来协商”平台建设工作的指导意见》，标志着“请你来协商”平台建设被纳入党委总体工作布局。省政协制定了具体平台的操作手册，政协协商的意见提交、办理、持续跟踪和问责机制逐渐完善。在此基础上，全省多个县市区党委相继出台了配套措施，各地“请你来协商”活动创新做法不断涌现。如金华市政协建立了“1+N”建言体系，每次协商围绕主题形成1份综合性调研报告，“N”份委员发言。通过建章立制，“请你来协商”活动呈现规范化、程序化、常态化发展态势，全过程人民民主在

政协协商活动中日益鲜活。

（二）以组织化参与方式提升全过程人民民主参与主体的行动能力

“请你来协商”活动通过组织化参与，有效提高了政协协商民主的参与主体的行动能力，优化了行动质量，凸显了政协协商作为全过程人民民主实践形式的有效性。在传统政协协商模式下，政协委员大多以个人方式进行参政议政、民主监督，由于个人时间精力和专业能力受限，个人对参与内容、参与方式也不熟悉，导致参与协商民主的深度和广度不足。“请你来协商”活动通过组织化参与，由各党派、团体、界别与党政一起提前议定选题，再组织各行各业精英进行系统调研，在意见建议稿撰写中实现优势互补。以 2022 年 7 月金华政协举行的“推进公共服务共建共享，加快金义一体化进程”专门协商活动为例，选题紧密围绕市委市政府中心工作，由市政协领导带队，组织不同领域近 20 名政协委员，前后为期 3 个月，赴金东区、义乌市、市交通运输局、市教育局等多部门开展调研，共召开 8 次座谈会，形成一份调研报告，多份意见建议。这种政协组织下的多元参与、系统调研、部门配合的工作模式，确保了协商前期信息收集和问题提炼的质量；现场协商当天市委书记到场，相关政府部门当场回应委员问题，相关部门在当月底对协商意见回应解决措施，政协则制定相应的“回头看”清单，“按单销号”。各地“请你来协商”活动中，均表现为政协高效组织、党政主要领导重视、各部门积极解决问题的发展趋势。通过组织化参与，以高效的行动确保协商问题具备针对性，意见建议有建设性，同时也确保政府部门重视协商问题的解决和反馈，实现良性循环。

（三）以“主题聚焦”避免民主协商内容碎片化、表达无序性和协商工具随意性

近年来，在全过程人民民主理念下，各类基层协商、市长热线、网络意见箱、电视议政等方式频现，对区域治理现代化起到了很好的推进作用。但受限于参与方式和参与主体，部分参政议政和基层协商渠道所反映的问题较为零碎，偏向于个人事务，信息冗杂，难成体系。在“请你来协商”活动中，制度设计要求协商活动主题聚焦，一般采用党政点题、委员荐题、向社会公

开征集选题等形式，主题选定后组织各行各业专家，汇同各部门，经细致调研，最后形成文字稿，实现议政主题的专业化、系统化、理论化，有效避免协商内容的碎片化、表达的无序性和协商工具的随意性。

（四）以“闭环式”运作提高民主协商成果的落实

协商成果的落实问题是政协协商民主发展的关键点和难点。在全省各地“请你来协商”活动中，各地涌现出很多创新做法以促进协商成果的有效落地。如2021年8月台州市政协组织“推进营商环境迭代优化”为主题的“请你来协商”现场会，市委主要领导当场要求有关部门制定《“请你来协商”——推进营商环境迭代优化协商会任务分解清单》，会后清单任务被分解落实到市委宣传部、统战部、编办等23个市直部门，最后促进了统筹协调全市行政执法工作的专门机构“台州市综合行政执法指导办公室”挂牌成立。

三、提升政协在发展全过程人民民主中制度效能的建议

（一）细化政协作为专门协商机构的制度建设

制度是全过程人民民主运行的基础，制度建设水平直接影响全过程人民民主运行的效果。只有完善制度机制，将政治协商纳入民主选举、民主决策、民主管理、民主监督的全过程，将政协协商民主夯实为一种制度化、规范化和程序性的政治参与，才能有效地发挥专门协商机构的制度效能。如前所述，“请你来协商”活动通过建章立制，有效地保障了协商活动的可操作性，使政协协商成为落实全过程人民民主的有力工具，推进了地方治理的完善。各地要逐渐将政协协商程序、协商成果的落实和监督办法加以细化，使各级政协协商民主工作可以按照制度规范开展。

（二）提高政协组织民主协商活动的主体能力

政协协商民主的质量和水平与政协的有力组织分不开。协商活动耗时耗力，需要资金、人才以及权威组织的支持。为保障政协作为专门协商机构在践行全过程人民民主中发挥其制度效能，应适当增加政协协商工作的专项经费；为政协工作人员提供晋升通道，强化竞争和激励机制以提升其政协活动组织水平；加强政协专委会建设，发挥好专委会中的专家作用；增强政协委员

的代表性、包容性，扩大专家人才的参与，优化政协委员的构成。增加党外干部在各级政府中的任职，试点探索设置专职政协常委，提高政协协商民主的专业程度。优先留用协商能力强的委员，吸引更多人才加入民主协商工作。

（三）扩大政协协商活动的参与基础

应扩大政协协商活动的参与基础，提高社会公众和相关政府部门的参与范围和参与深度，以全过程人民民主的发展为区域经济发展提供驱动力。我省三级政协开展的“请你来协商”活动效果比较好，很大程度上得到党政主要领导重视和人民群众的认可。加大媒体宣传和跟踪报道力度，拓宽向群众征集意见建议的途径，增加公众参与政协协商的方式。

数字赋能政协提案工作的实践与思考

——以温州市政协“提案 e 办”改革为例

温州市政协课题组*

随着新一代信息技术的普及和发展，数字赋能为新时代政协提案工作提质增效、扎实践行全过程人民民主带来了新思路新手段新突破。2019 年以来，温州市政协加快提案工作数字界面迭代升级步伐，推出“提案 e 办”集成应用，为深化提案工作信息化智能化建设和数字赋能全过程人民民主提供借鉴。

一、“提案 e 办”改革实践：展示了温州市政协以全过程人民民主为目标，以数字赋能推动界面重构并迭代升级的发展历程

人民政协作为专门协商机构，是国家治理结构中进行政治协商的重要界面：提案者通过这一界面，代表各领域、各界别的广大民众向党政部门提出意见和建议；党政部门通过这一界面，回应提案者及其所代表的广大民众诉求。温州市政协“提案 e 办”改革，即对提案工作界面进行数字化重构，赋能上述流程，实现提案工作提质增效，更好服务于全过程人民民主。根据接触对象的不同，提案工作界面可细分为监督和服务承会办单位的承办者界面、服务提案者的提案者界面、便利提办双方开展协商的提办界面和服务属地党政领导的决策者界面等四大子界面。“提案 e 办”改革是上述界面相继数字化

* 课题组成员：夏择民、范月穹、叶海景、马国庆
本文执笔：夏择民

重构并迭代升级的历程：

（一）从物理界面到数字界面

"提案 e 办"的探索始于数字界面对承办者界面涉及的提案交办、办理、办复等流程进行整合重构，突破传统的物理界面碎片化、难以标准化的问题。

（二）从简单界面到复合界面

在单一的承办者数字界面基础上，温州市政协秉持先易后难的原则，首先整合提案提交功能，再依次整合提案者界面中与承办者界面存在交互关系的诸流程，完成从简单界面到复合界面的转变。

（三）从线性界面到多维界面

温州市政协进一步将提办界面打造为"虚拟空间"，提办双方在其间以即时通讯方式开展高效的协商办理，还可开启视频"当面"协商。以线性流程、非即时交互为特征的线性界面，迭代为叠加了虚拟空间的多维界面。

（四）从人工界面到智能界面

通过人工智能汇总、挖掘提案信息，实时呈现于城市大脑数字驾驶舱界面，提案工作数字界面将由人工界面升级为智能界面，为市委市政府领导决策提供全面性、科学性、即时性的参考。

二、"提案 e 办"改革成效：有力支持了全过程人民民主"四个相统一"在温州市政协提案界面运行中的生动实践

"提案 e 办"改革后温州市政协日均审查提案数提升了 43.5%，但更为重要的是改革为"四个相统一"做了生动注脚，有助于各党派团体和各族各界人士在这一人民民主和国家意志的互动场域，自发凝聚共识，形成契合国家意志的理性表达与实践。

（一）推进协商全程化，以过程民主温养成果民主的良好土壤

数字界面为协商营造了虚拟场所，提案各方可在提案提出、提案交办、提案办理等诸环节进行错时或实时的协商沟通，使协商全程化成为可能，为高质量民主协商成果的达成温养了良性土壤。

（二）贯彻流程标准化，以程序民主夯实实质民主的制度基础

数字界面以信息化代码的方式保证流程标准化，即提案工作全流程所有重复性概念和操作前后统一，为协商民主提供了制度化、规范化、程序化保障。2022 年 10 月，温州市政协基于“提案 e 办”经验出台的《数字政协提案工作规范》入选浙江省数字化改革标准规范类“最优规则”成果。

（三）探索监督实时化，以民主监督规范间接民主的权力行使

各级党政机关代表人民行使权力，需要接受人民政协民主监督，提案工作是民主监督的重要方式。承办单位行使人民所赋予的权力、对提案中所关切的人民利益进行保障的过程被更细致、清晰、及时地展示在数字界面上，民主监督的即时性、穿透性、有效性得到强化。

（四）追求共识内生化，以协商民主融入国家意志的理性言说

提案工作数字界面经过系统改进后，呈现出一系列优化特征：用户界面友好有利于充分表达诉求，界面布局有利于思想政治引领，全程协商有利于跨越信任鸿沟，参与式民主有利于构建提案者主体责任感。

三、“提案 e 办”改革经验与展望：“提案 e 办”践行全过程人民民主之所以能为，是因为理顺“三个关系”；之所以行远，要扎实推进“三大穿透”

（一）理顺“三个关系”是“提案 e 办”改革取得初步成效的秘诀

一是理顺主动作为与适应环境的关系。外部环境演进是“提案 e 办”改革的重要动因，但外因通过内因起作用，其背后的根本性动力源泉，还在于温州市政协为适应全过程人民民主的要求和新时代政协的新使命新定位，以改革思维、创新理念、务实举措，推进提案工作的信息化智能化建设。二是理顺价值理性与工具理性的关系。数字技术为提案工作的改革创新提供了工具理性上的强大支持，但代码逻辑减少了人际直接接触，容易与用户的真实需求相脱离。温州市政协始终坚持在党的领导下广泛凝聚人心、展现全过程人民民主独特优势的定位，坚持价值理性的主导地位。三是理顺改革目标与改革策略的关系。“提案 e 办”改革的目标，是在展现全过程人民民主优越性

和先进性、汇聚起实现民族复兴伟大力量的进程中，体现温州市政协的使命担当。这一目标固然宏大，但在改革策略上却不能急于求成、一步到位，应稳扎稳打、步步为营。实践中，温州市政协采用迭代升级的策略，由易向难、由简入繁，逐步改进数字界面。

（二）坚持“三大穿透”是“提案 e 办”改革继续深化发展的法宝

一是坚持上下穿透，做好跨层级上下联动。提案工作要做到“跨部门、跨层级、跨领域”的多跨协同，跨层级上下联动需要进一步加强。“提案 e 办”向上要做好与上级政协对接或应用贯通的准备，向下要加强与县级政协的联动，从人力物力上支持“提案 e 办”向县级政协复制推广和对接贯通。二是坚持横向穿透，促进与政协其他履职方式和数字化应用的协作融通。例如加强与“协商在线”应用的融合，在提办双方线上协商中引入更多的协商主体（如智库专家等）；加强与“知情明政”应用的协作，方便提案者在提案撰写过程中查阅相关资料；加强与社情民意的对接渠道，帮助提案者从社会公众的迫切需求中找准提案线索。三是坚持向基层协商穿透。将提案者界面延伸为基层民众界面，承办者界面延伸为属地党政机关界面，则“提案 e 办”改革的经验可向基层协商延伸穿透，为“共建共治共享”社会治理格局的构建提供良好范本。基层协商所面对的民众构成更复杂、需求更多元，探索通过数字界面高效收集、汇总基层民众的意见和建议，通过虚拟空间促进更加充分、透明的基层协商，在广大人民群众中广泛凝聚共识、形成共圆中国梦强大合力，有望成为践行全过程人民民主中的一项突破性工作。

论政党协商和政协协商的互动效应

农工党嘉兴市委会*

一、推动意见表达的“权威性”和“贴近性”有机统一

社会整合功能是政党制度的主要功能，这一点在我国的多党合作制度中体现得尤为明显。社会整合的前提和基础是意见诉求的表达。

政党协商在协商民主体系中居于高位：首先，政党协商是居于首要地位的协商形态，对于其他协商民主形式能够起到引领效应，具有示范性。其次，政党协商是在各政党党派的领导层之间展开的，以集体性政治行为实践形式的，政治集团之间的互动和沟通。作为具体参与者的各政党党派和工商联的主要负责人，都以组织名义而非个人名义履行职能，具有组织性。再次，政党协商所涉及的范围主要是国家和地方治理中的宏观性、全局性和战略性议题。“它不局限在某个特定领域，而是立足于广泛了解、深刻掌握各种社会心理、思想动向、利益诉求及潜在矛盾的基础上，具有综合性优势。”这种综合性优势就是政党协商的政治性。

与之相对应的是，政党协商的治理效能在从高层向基层延伸的过程中呈逐渐弱化的趋势。特别是在基层治理中，政党协商存在的必要性都值得商榷。因为各党派在基层区域中基本没有领导机构；基层治理的范围以微观性事务为主。这些都与顶层制度设计存在冲突。

人民政协则是以界别为履职载体的最广泛的爱国统一战线组织形式。目

---

* 本文执笔：钱牧，嘉兴学院讲师

前人民政协共 34 个界别，基本涵盖了我国各政党、人民团体、各主要行业、民族、宗教等。此结构体系实现了包容性、代表性、全面性的有机统一。界别划分的依据是社会阶层和群体所属的政治或社会组织的性质、所从事的行业，或者所拥有的特定身份等，从而打破了地域分割和行政束缚。而政协组织与党政机关相对应的层级分布，构成了一个包含 3000 多个独立组织和 60 余万政协委员的庞大的组织系统。因此，政协协商的效能以利益结构最复杂的基层治理为起点，经层层加工过滤，以其最精华部分汇入最高决策层。

我国的政党协商主要是在执政党与参政党的领导层之间进行，属于典型的精英协商或精英互动。政治权威在这当中扮演关键性角色。政策诉求通过基于多党合作关系所形成的统战工作渠道输入各党派领导层，再通过其与执政党领导层之间的协商沟通，对政策诉求加以进一步整合，凝聚升华为政策共识，从而成为决策过程的有机组成部分，并为党政机关的科学民主决策提供专业性和技术性支撑，增强其执行力。在政协协商过程中，基于民意所形成的政策诉求通过政协渠道，逐层汇聚，加工和整合，从而成为党政机关的决策参考。政党协商与政协协商虽然都存在自下而上的意见汇聚过程和共识达成，但前者更注重政治精英的作用和影响力；后者则依靠科层化政协组织的制度化平台，将执政党的决策构想通过政协的各种履职媒介，转化为政协各组成单位的共识，是一个自下而上自然的意见整合过程。

综上所述，“高层权威性意见表达”和“基层贴近性意见表达”有机结合的过程就是一个有效整合的过程。党派和政协一方面处于国家机器和市民社会的中间位置，另一方面又以协商沟通为主要途径。这种兼具“权威性”和“贴近性”的协商平台有助于整合多元化的意见诉求。

二、推动政治决策的“效率性”和“正当性”的有机统一

政党协商的一个重要特征就是其直接性或直通性，即它是“中国共产党和各民主党派进行的直接的政治协商”。因此，政党协商的成果一般会以“建议直通车”的形式直接进入决策环节。根据《关于加强政党协商的实施意见》的相关规定：政党协商会议一般由中共中央的主要负责人主持；在约谈协商

中，民主党派中央的主要领导可以约请中共中央领导沟通交谈；民主党派中央的书面报告或建议可不必经中央统战部而直接提交给中共中央和国务院。

政党协商的这种直通性源自其高层次性和权威性。政党协商属于典型的政治精英之间的人际互动。在改革开放前，毛泽东就经常以书信或个别谈话的形式与民主党派人士交流看法。改革开放后，这种人格化的痕迹虽明显淡化，但仍然存在。而且这种人际互动也有其显著的优势，由于执政党或参政党的高层直接介入了协商前的跟踪调研、协商中的意见沟通，以及协商后的成果反馈，这使得各类协商资源能得以最迅速充分的调动，大大畅通了从意见建议到政策共识，再到正式决策的运转流程。

政协协商的人民性在政协履职尽责中的重要体现就是“发挥政协委员主体作用”的原则。政协委员来自不同社会阶层和社会群体，担负着代表本界别群众利益、反映本界别群众诉求的责任，通过政协委员，基层群众“分散的无系统”的意见得到归纳和整合，便于党和政府“充分了解民情、深入把握民意、广泛吸纳民智”。因此，政协委员能较快捷灵敏地回应社会关切和民生热点，如有些地方的政协提案就细化到公交站台变更、菜市场的位置设置等事项。

综上所述，政党协商的直通、直联核心决策层的便利条件赋予了其很高的效率性。否则协商就会成为“议而不决，决而不行”的“清谈馆”，丧失其应有的价值和意义。而政协协商深厚扎实的民意基础赋予了协商以“正当性”。否则，广泛的社情民意就失去了进入核心决策层的合法渠道，多元化的意见诉求无法得到有效的表达和整合，最终使得公共决策丧失合法性基础。

三、推动“协商素材”与“协商成果”的有机统一

就协商治理所涉及的领域而言，政党协商“关注大局”，而政协协商“侧重细节”。

需要特别指出的是，大局也好，细节也罢，都是相对而言的。政党协商与政协协商在内容和范围上存在一定的交叉。协商民主体系产生前，政党协商与政协协商都统合于政治协商的范畴中，交叉性程度很高，于是就有了

“重复协商”的问题。党的十八大以来，特别是随着协商民主体系的初步建立，政党协商与政协协商成为相对独立的协商形态。二者在协商内容和范围上也有了区分。政党协商实质是党际协商民主，其所涉及的主要是执政党所主导，以及各民主党派所参与的事关国家发展全局的宏观性战略性问题，基本属于“政党政治”范畴，体现新型政党制度实践逻辑。而人民政协除了是多党合作的重要机构和统一战线的组织形式外，还是发扬社会主义民主的重要形式。政协协商范围较政党协商要广阔得多，涉及国家和地方的大政方针性事务，以及重要的政治、经济、文化和社会问题，且主要聚焦于“公共行政”范畴内的相关事务。从中央和地方各级政协组织的履职情况来看，大多数的政协提案，以及意见建议等都是针对各级国家行政机关的工作。当然，这种区分仍然是相对而言的，彼此之间仍还存在一定交叉。

但我们同样应该看到，政党协商的这种角色和地位，并不是凭空产生或与生俱来的，而是在推进国家与社会治理中逐步累积起来的。如无论是各级党代会的文件，还是国家和地方的中长期发展规划，以及制定修改规范性文件，都是由中共执政党领导机构系统总结了国家或地方各层次、各领域改革发展的实践成果，并加以整合完善而形成的。所以高质量的政党协商离不开高品质的素材来源，而政党协商的内容则是对这些素材加以提炼、改造和升华的成果。

政协协商则是协商民主体系中影响力范围最广，辐射面最大的协商形态之一。这就为政党协商提供了丰富的素材。以政协提案工作为例。政协提案工作既是人民政协最重要、最根本的履职形式，也是政协协商的主要实施途径。近年来，各党派界别的政协集体提案涉及经济发展、民生保障、教科文卫、生态环保等领域，体现出政协协商的全方位、宽领域特征。

综上所述，产生“成果”的政党协商与提供“素材”的政协协商，二者的互动互补实现了政党制度和协商民主对于国家和社会治理各个层面和领域的全面覆盖（除了国防、国安等极少数领域外），从而凸显出中国特色社会主义协商民主的特殊价值和优势。

四、推动“协商成效检验”与“协商能力培育”的有机统一

政党协商的前瞻性、全局性和战略性建构了政协协商的准则，为之奠定了运行框架，有助于提升政协协商的精准度；政协协商则依托专门性协商平台所凝聚的资源优势，提供了协商主体能力培育的空间，为政党协商的“肌体”注入了“养料”。

在我国的政治体制中，中共执政党作为领导核心，其牵引整个国家政治生活的发展主要是通过两条主线来完成。一条是选举民主，主要涉及人民代表大会制度以及由此产生的国家机构体系；还有一条是协商民主，贯穿起了三个既相互交叠，但又有所区别的关联性范畴，即统一战线、人民政协和多党合作。统一战线的基本定位是政治联盟，是中共执政党巩固领导，联谊交友，凝聚共识，谋求共赢的法宝；人民政协则既是统一战线的组织形式，又是多党合作和政治协商的重要机构。多党合作作为区别于“一党制”或“多党竞争制”的新型政党制度，关键在于其建构起了一党领导下的，多党派参政、合作与协商的体制。这一制度在尊重差异的前提下，求同存异，聚同化异，依托统一战线和政协等平台，将代表不同阶层、群体利益的政治力量和社会力量聚合在一起，建构成一种兼具包容性和一致性的政党制度。在这一制度框架下，不同党派、界别之间的矛盾分歧可以通过协商的手段来化解或协调，从而团结尽可能广泛的力量来推动治理。

而在这三个范畴中，中国共产党都是唯一的领导力量，而民主党派则既是最重要的统战对象，又是政党制度中的两大主体之一，同时还是人民政协的主要界别。也就是说，这三个范畴的交汇点铸成了中共和各党派之间政治协商，即政党协商在协商民主体系中的特殊重要地位。因此，政党协商重在各政党党派就执政党重大决策部署的科学性、合理性，进行平等交流、良性互动。这本身就是社会主义民主治理的应有之义。较之于政协协商而言，政党协商是典型的宏观性政治协商，体现了我国多党合作团结、合作、民主的本质特征，体现了国家治理体系和治理能力现代化的要求。

从这个意义上说，政党协商既是整个社会主义协商治理体系的“标杆”，

也是检验各协商主体能力高低的试金石，但政党协商其“小范围、高层次、人格化”的精英互动特性，决定了它在培育协商主体能力的空间方面比较有限。

与政党协商相比，政协协商依托唯一的专门性协商平台，有着最全面的协商资源优势。这种优势体现为：一是经验优势，从历史缘起来看，中国共产党与民主党派以及社会贤达的民主协商从民主革命时期就已开始，某种意义上新中国国家政权的建立就是这种协商的成果，即“协商建国”。二是专业优势，人民政协以协商民主贯穿于其履职尽责的全过程，必然以协商民主为主线建立制度体系、组织体系和人力资源体系。三是地位优势，政协协商是唯一的可与其他协商产生直接联系的协商形态，在协商民主体系中扮演枢纽角色。除了与政党协商的互动以外，政协协商通过参与立法协商等途径与人大协商形成互动；通过专题研讨协商、对口合作协商和提案协商等途径与政府协商产生互动；通过政协基层组织、基层工作单位，以及政协委员等与社会基层协商产生互动。四是制度优势，在制度基础上，政协协商已经形成了以宪法、政协章程和相关政策为依据，包括一系列指导性意见、条例、规则、办法等在内的相对完善的制度体系。

综上所述，政协丰富的协商资源，为协商主体的能力培育提供了足够的场域，而政党协商有了政协协商的平台和资源支持，也就有了规范性基础和动力活力。

政协协商与基层协商的工作边界研究

孙勤明　施伟榴*

准确把握政协协商与基层协商的工作边界，发挥各自优势，强化衔接配合，对于健全和完善社会主义协商民主制度，推进国家治理体系和治理能力现代化，有着重要的现实和指导意义。

一、政策分析

（一）关于政协协商

政协协商民主是在中国共产党领导下，参加人民政协的各党派团体、各族各界人士履行政治协商、民主监督、参政议政职能，围绕改革发展稳定重大问题和涉及群众切身利益的实际问题，在决策之前和决策实施之中广泛协商、凝聚共识的重要民主形式。协商的主体，一方是参加人民政协的各党派团体、各族各界人士，一方是同级党委、政府及部门等。协商的内容是改革发展稳定重大问题和涉及群众切身利益的实际问题，主要包括国家和地方的大政方针以及政治、经济、文化、社会和生态文明中的重要问题，各党派参加人民政协工作的共同性事务，政协内部的重要事务，以及有关爱国统一战线的其他重要问题等。协商的形式主要有政协全体会议、专题议政性常委会会议、专题协商会、双周协商座谈会、对口协商和界别协商、提案办理协商等。协商的组织者是各级政协。协商的场域是各级政协及其相关平台载体。

* 作者简介：孙勤明，浙江省政协农业和农村委员会专职副主任；施伟榴，浙江省政协办公厅综合处副处长

（二）关于基层协商

中共中央《关于加强社会主义协商民主建设的意见》明确，将基层协商分为乡镇（街道）的协商、行政村（社区）的协商、企事业单位的协商三种类型。《中共中央国务院关于加强基层治理体系和治理能力现代化建设的意见》也作了相关阐述。一是乡镇（街道）的协商。协商的主体，一方是乡镇（街道）党（工）委、政府（办事处），一方是协商内容的利益相关方。协商的内容是本地城乡规划、工程项目、征地拆迁以及群众反映强烈的民生问题等，协商重点由县级党委政府确定。乡镇（街道）协商的形式包括座谈会、听证会等。协商的组织者、主导者一般是乡镇（街道）党（工）委，跨行政村或跨社区的重要决策事项根据需要可以由县（市、区、旗）组织开展协商。二是行政村（社区）的协商。协商的主体，主要是村（居）民，根据协商内容可以吸纳利益相关方、社会组织、外来务工人员、驻村（社区）单位。协商的内容是行政村（社区）公共事务和公益事业中群众关心的民生实事和重要事项。协商的形式包括村（居）民会议、村（居）民代表会议，村（居）民议事会、村（居）民理事会、恳谈会等。协商的组织者、主导者一般是村（居）党组织、村（居）民委员会。三是企事业单位的协商。协商的主体，一方是企事业单位，一方是职工。协商的内容涵盖职工对企事业单位实行民主管理、表达合理诉求等，包括调整和规范劳动关系等重要决策事项。协商的形式包括职工代表大会、工会集体协商等。协商的组织者、主导者可以是企事业单位，也可以是职工代表大会、工会等。

（三）关于政协协商与基层协商的关系

政协协商与基层协商有交互关系，主要发生在政协协商与乡镇（街道）的协商、行政村（社区）的协商之间，而企事业单位协商的场域、主体、内容等较为明晰、闭环开展，与政协协商的关联性相对不强。下文主要对政协协商与乡镇（街道）的协商、行政村（社区）的协商关系作分析。

一是从协商场域看：政协协商主要发生在县级以上，基层协商主要发生在乡镇（街道）和行政村（社区）。这是政协协商与基层协商在传统意义上的主要分界线。二是从协商组织者看：政协协商由各级政协组织和主导，基层协商主要由乡镇（街道）党（工）委和村（居）党组织、村（居）民委员会组织和主导。这是区分在基层开展的政协协商和基层协商的关键要素。三是从协商主体看：政协协商中，可以根据协商内容，邀请相关的基层协商主体参加，包括乡镇（街道）党（工）委和政府（办事处）、村（居）党组织和村（居）民委员会、村（居）民、企事业单位及职工等。基层协商中，政协委员可作为第三方参与议事协商，发挥其引领作用。四是从协商内容看：政协协商与基层协商在协商内容上存在的交集主要是两方面，一是地方改革发展稳定重大问题中关于乡镇（街道）的城乡规划、工程项目、征地拆迁等部分，二是基层公共事务和公益事业中涉及群众切身利益、群众反映强烈的民生问题。五是从协商形式看：乡镇（街道）的协商采取的座谈会、听证会形式，行政村（社区）的协商采取的村（居）民议事会、村（居）民理事会、恳谈会形式，与政协协商中的各种会议协商形式都有相似性。

在政协协商与基层协商交互关系中，应当厘清以下情形：一是“政协走进基层”，是指政协参与、助力基层治理，服务基层、服务群众；二是“基层走进政协”，是指政协打开大门，让基层组织和群众了解、参与政协相关工作，扩大公民有序政治参与；三是“政协参与基层协商”，是指在基层协商中发挥政协作用；四是“基层协商助力政协工作”，是指基层协商对政协工作包括调查研究、建言资政、凝聚共识等产生直接或间接作用；五是“政协协商走进基层”，这是“政协走进基层”的子集，是指在基层开展的政协协商；六是“基层参与政协协商”，这是“基层走进政协”的子集，是指基层组织和群众参与政协协商。这种情形主客体不同，内容存在交叉，在处理政协协商与基层协商的工作边界中，应重点把握“政协协商走进基层”与“政协参与基层协商”两者之间的关系。

二、实践分析

近年来，各地方政协不断提高协商民主工作科学化、制度化、规范化水平，正确把握协商民主重要渠道和专门协商机构的定位，按照协商于民、协商为民的要求，主动对政协协商与基层协商相衔接作了探索实践。如，上海市政协在街道（镇）设立“协商于民”政协委员工作站，打造“家门口协商”“零距离协商”“协商在一线”“协商议事厅”“亮就亮吧”等工作品牌；江苏省政协在全省所有乡镇（街道）和省级以上产业园区建立“有事好商量”协商议事室，开展会场协商、广场协商、工厂协商、农场协商和网络协商；浙江省政协推进“民生议事堂”、委员工作室、社情民意信息联系点“三位一体”建设，“民生议事堂”实现乡镇（街道）全覆盖，并积极推进行政村（社区）“协商驿站”建设；湖南省政协实现全省乡镇（街道）委员工作室全覆盖、省市县三级委员进驻委员工作室全覆盖等。

纵观各地政协的普遍做法，已基本做到了把政协协商的平台载体建到乡镇（街道）和行政村（社区），实现了政协协商到基层，也就是“政协协商走进基层”。协商活动的组织由各级政协授权给委员工作室（站）或委员履职联络组的委员团队承担。协商的主体不再局限于政协的参加单位和政协委员，吸纳了乡镇（街道）党（工）委和政府（办事处）、村（居）党组织和村（居）民委员会、村（居）民，与基层协商的主体产生了重叠。协商内容主要是乡镇（街道）和行政村（社区）层面的经济社会发展以及民生实事，这些内容同样也属于基层协商的内容。

在具体实践中，各地政协也普遍遇到了政协协商与基层协商的工作边界相对模糊、难以把握的问题。有的简单地把政协协商放到基层，按照政协原有的做法组织开展，对结合基层实际、讲求协商实效不够重视；有的用政协协商对基层协商进行了直接替代，协商的内容往往都是基层协商本身可以完成的议题；有的在基层协商的基础上，简单添加若干政协元素，没有有效切换为政协协商的场景；有的更多关注如何做好“政协协商走进基层”，相对忽视了如何做好“政协参与基层协商”。

三、对策建议

把握政协协商与基层协商的工作边界，关键在于坚持目标（政策）导向、问题导向、质效导向，在做好“各美其美”基础上实现“美美与共”。

（一）厘清政协协商、基层协商的内涵外延

不应混淆两者的区别，更不能简单画上等号。是政协协商的就按照政协协商的程序、要求开展，是基层协商的就按照基层协商的程序、要求开展。在“政协协商走进基层”中，要发挥政协作为专门协商机构的独特优势，突出政协委员的主体地位，综合运用并展示政治协商、民主监督、参政议政职能和提案、社情民意信息等履职载体，推动政协协商助力基层治理。在“政协参与基层协商”中，要发挥政协作为专门协商机构的指导作用，既用好政协人才库和智囊团，又不越俎代庖，注重支持培育基层协商更加成熟、更有活力。

（二）把握政协协商、基层协商的工作边界

基层协商量大面广，主要靠基层政权主导，引导群众广泛参与，众人的事情由众人商量，政协协商不应该也不可能去替代它。基层协商可以解决的，政协协商不需要重复进行或介入主导。但基层协商存在组织化程度不高、参与方地位不对等、协商成果转化不佳等问题，政协有能力、有责任在同级党委领导下对基层协商进行指导、帮助，并支持政协委员积极参与基层协商。政协要注重把推进党委政府中心工作中遇到的民生实事和基层协商中遇到的普遍性、共通性、跨区域的问题，上升为政协协商的议题，将这些议题作为在基层开展政协协商的主要内容，同时积极吸纳相关的基层协商主体参加。对于中共中央《关于加强社会主义协商民主建设的意见》提出的“跨行政村或跨社区的重要决策事项，根据需要由乡镇、街道乃至县（市、区、旗）组织开展协商”，县级政协可主动争取承接该类基层协商。

（三）做实在基层开展政协协商的方法路径

一是政协协商载体有效延伸基层。可以省域为单位，统一搭建在基层开展政协协商的平台载体，规范机制程序，注重实际实效，避免重复建设，防止流于形式。二是引导政协委员有序参与协商。根据委员常住地、工作领域、专业特长，将委员编入乡镇（街道）委员履职活动组，经常性参与在基层开展的政协协商。三是吸引基层群众走进政协协商。政协只有打开大门、走进基层真协商，群众才会真欢迎，政协协商才能有效服务基层治理，从而形成

良性循环、螺旋上升。基层组织和群众越来越多地走进政协、参与协商，在基层开展政协协商就会越来越有吸引力和影响力，最终达成政协工作向基层延伸、政协协商与基层协商互促共益的实际功效。

遇事多同群众商量是全过程人民民主的本义所在

——浙江推进全过程人民民主的实践探索

郑利军 *

浙江是习近平新时代中国特色社会主义思想重要萌发地，也是全过程人民民主重大理念的率先实践地。2002 年 12 月，习近平同志担任浙江省委书记伊始，就明确提出：遇事多同群众商量，充分调动广大群众的积极性和创造性；从制度和程序上保证人民群众充分反映自己意愿，体现大多数群众的意志和利益，保证人民群众各项民主权利真正得到落实。每次下基层调研，他都会叮嘱当地干部要拜群众为师，同群众多商量，集思广益、群策群力，共同把好事办好、实事办实。习近平同志主政浙江 6 年间，创造性地把民主协商融入人民民主各环节，贯通人民当家作主全链条，融入治理现代化各方面，实现人民民主与群众路线有机融合，有力证明有事好商量是人民民主的真谛。

一

遇事多同群众商量是全过程人民民主本义所在，主要基于两个方面：其一，这是我们党的重要执政方式和显著政治优势。人民民主鲜明镌刻在中国

---

* 作者简介：郑利军，浙江省政协研究室综合处处长

共产党百年奋斗的旗帜上，我们党历来有“每逢大事，必相咨访”的好传统、好作风。毛泽东同志曾形象地说，我们政府的性格，是跟人民商量办事，可以叫它是个商量政府。民主和协商是实现党的领导的重要方式。商量出办法、出共识、出感情、出团结，商量得越广泛越深入越好。这与全过程人民民主在党领导下，主体最广泛、内容最真实、功能最管用、运行全覆盖的特征是契合的。其二，在人民内部各方面广泛商量的过程，实质就是践行全过程人民民主的过程。从本意上看，商量就是民事众议、民事众决、民事众办，它虽然不是解决问题的唯一方式，但不失为照顾多数、兼顾少数、找到全社会最大公约数的有效途径。从本体上看，遇事多同群众商量具有人民性、开放性、包容性、全程性特点，商以求同是目的也是手段，协以成事是原则也是艺术。从本质上看，遇事多同群众商量的过程，就是走群众路线的过程，是让最广大人民的意愿得到充分反映、权利得到充分实现、利益得到充分保障的过程。一言以蔽之，遇事多同群众商量既着眼宏大叙事又着力微观事务，既秉持历史传统又反映时代特征，是有根有源有“烟火气”的真民主、好民主，凸显协商民主是实践全过程人民民主的重要形式，打破了“讲民主=讲选举”的迷思，是区别于西方民主的重要标识。

在习近平同志的谋篇布局和亲自推动下，浙江大地形成温岭“民主恳谈”、武义“后陈经验”、浦江“下访接访”、乐清“人民听证”、桐乡“三治融合”等鲜活经验，极大丰富了民主内涵，完善了民主体系。一是商有方向，把牢党的领导这一政治属性。把坚持党的领导、人民当家作主和依法治国有机统一贯穿始终，坚定不移践行“人民当家作主离不开党的领导，人民的民主事业要靠党来推动”，坚决防止搞漫无目的的协商。二是商有活力，把准以民为本这一核心属性。把共创共建共享贯穿始终，建立“民有所呼、我有所应”机制，积极推进政务公开，首创领导干部下访接访等制度，突出“请群众当主角、让百姓说话、由人民评判”定位。三是商有效果，把握服务治理这一目标属性。把以商量促善治增和谐贯穿始终，善于运用民主协商的方式解决人民内部的矛盾和问题，完善村民自治和城市居民自治，重心下移抓基层，提升服务治理现代化水平。四是商有艺术，把好策略运用这一实践属性。

把调动一切积极因素、激发一切创造力量贯穿始终，练就协商议政的基本功，掌握求同存异、聚同化异的方法论，全方位多角度推动“有事好商量”运行成熟、功能成型、工作成势。

二

人民当家作主是具体的、实践的，必须经由一定的途径和形式才能实现。遇事多同群众商量，就是实现全过程人民民主的“桥”和“船”。这种建立在人人平等、时时参与、事事可议基础之上的民主形式，彰显人民民主独特优势，昭示民主政治发展方向，具有强大生命力和远大前景。

人民既是社会发展的决定性力量，也是全过程人民民主的参与者和受益者。遇事多同群众商量，站在人民创造历史的高度，体现对人民主体地位和基层首创精神的尊重，体现我们党的初心使命。比如，武义县后陈村首创的村务监督委员会制度，于2010年写入《村民委员会组织法》，2019年写入中国共产党《农村基层组织工作条例》和《农村工作条例》，一步一步从治村之计上升为治国之策。再如，嵊州市八郑村建立村务决策、民主管理、项目招投标等八项制度和与之相配套的八大工作流程，有力促进村级管理由“为民作主”向“由民作主”、村级民主由“实体民主”向“程序民主”、村级权力由“暗箱操作”向“阳光工程”、村级矛盾由“事后调解”向“事前调解”转变。这些实践都是以人民为中心发展思想的具体践行，启示我们必须始终站稳群众立场，用“一把钥匙开一把锁”解开群众心中的疙瘩。将心比心、以心换心，才能换取真心。这正是遇事多同群众商量的关键所在。

全过程人民民主是党团结带领人民追求民主、发展民主、实现民主的伟大创造。遇事多同群众商量，谋在以党内民主带动人民民主的深度，统一于党内民主与人民民主的良性互动之中。这方面的实践，浙江起步早、力度大、成色足。省委在作出“八八战略”重大决策，部署建设平安浙江、法治浙江、文化大省等过程中，都紧密地把党的主张、集体意志、人民意愿融合在一起。从建立“一个党委、三个党组、几个口子”的领导体制到“领导干部下去多了、信访群众上来少了”，从党务公开、政府职能转变到扩大和疏通民情反映渠道、保证群众在平时生活中享受到应有的民主权利，从党员领导干部带头树立好的民主作风到引导群众商量办事、依法办事，都体现了对人民民主真谛认识的一以贯之、接续发展。党内民主与人民民主相辅相成、互为一体，齐奏悦耳动听的交响乐，发出同心同向的最强音。这种辩证统一，有力推动人民当家作主落实到高质量民主运行中，正是遇事多同群众商量的精髓所系。

民主不是装饰品，不是用来做摆设的，而是要用来解决人民需要解决的问题的。遇事多同群众商量，优在激发中国式民主的效能效度，始于群众意愿表达，成于群众意愿实现，由始至终、从头到尾，串起全过程人民民主完整链条。这方面，浙江既做到位又不过位。“做到位”，就是紧盯时代之问，聚焦实践所需，坚持自下而上与自上而下相结合，把遇事多同群众商量作为民主政治建设的关键性抓手，切实把中国式民主制度优势转化为治理效能。“不过位”，就是从中国国情出发，不逾越阶段性去搞基层民主，不允许偏离方向脱离跑道。

三

在新时代新征程，商量不是过时了、不重要了，而是更重要了。要用好同群众商量这把“金钥匙”，守正创新，深耕特色，与时俱进赋予新内涵，推动全过程人民民主在浙江的实践更加生动更富实效。

增强制度自信，树立正确的“民主观”。民主一词源于希腊，是个舶来品。遇事多同群众商量，是地地道道、实实在在的中国式民主。浙江实践表明，全过程人民民主具有西方国家以投票为标志的“少数人民主”“一次性民主”“消费性民主”所无法比拟的优势。国体决定政体。要坚定不移走中国特色社会主义民主政治发展道路，充分运用“红色根脉”的资源和优势，研究阐释坚持和发展中国特色社会主义民主政治的历史逻辑、理论逻辑、实践逻辑，教育引导各党派、各团体和各界群众增强政治意识、民主意识、法治意识，旗帜鲜明反对所谓的“大民主”“泛民主”，进一步拓宽民主领域，健全民主体系，弘扬民主文化。

坚持凝心聚力，践行科学的“团结观”。寓团结引领于民主协商之中，把思想政治工作触角延伸到社会各个领域、渗透到各个层次，改变同新社会群体说话“说不下去、说不进去”的状况，润物无声地扩大团结面、巩固基本盘。提高做群众工作的本领，面对面解决问题、心连心说服教育、实打实示范引导，进一步形成天时、地利、人和的局面。

勇担历史使命，落实系统的“履职观”。全过程人民民主是完整的制度程序和完整的参与实践有机结合的民主。人民政协是党领导的政治组织和专门协商机构，要坚持党的领导、统一战线、协商民主相结合，发挥专事其责、专业水准、专注实效的独特优势，不断丰富有事好商量的制度化实践。首要的是政治协商聚焦大事，以一线意识助力中心大局；关键是加强制度化、规范化、程序化等功能建设，提高深度协商互动、意见充分表达、广泛凝聚共识水平；立足点是做足“搭台、唱戏”两篇大文章，营造有事好商量、协商找政协的环境，切实发挥党治国理政、实现领导的阵地作用。

尚崇学之风　建书香政协

——以浙江政协为例探究委员读书活动的深化

费晓燕*

崇尚学习是人民政协的优良传统。浙江省政协深入学习贯彻落实习近平总书记关于政协委员学习读书的重要指示精神，把牢加强思想政治引领、广泛凝聚共识这一中心环节，将读书工作作为政协意识形态工作的基础性工程来抓，积极探索创新，建设书香政协，努力树立新时代人民政协崇学新风尚。

一、人民政协与读书的不解之缘

多年来，人民政协始终坚持建设学习型组织，学习读书已成为人民政协的深刻基因、政协委员的优秀品质。

（一）人民政协的性质决定了人民政协对学习读书与生俱来的需求

《中国人民政治协商会议章程》规定：中国人民政治协商会议全国委员会和地方委员会推动委员自觉学习马克思列宁主义、毛泽东思想、邓小平理论、“三个代表”重要思想、科学发展观、习近平新时代中国特色社会主义思想，组织学习时事政治，学习交流业务和科学技术知识，增强政治把握能力、调查研究能力、联系群众能力、合作共事能力。作为中国人民爱国统一战线的组织，推动政协委员和各界人士在自愿的基础上进行学习，重点开展好政治学习，是政协日常工作中的一项重要任务。

* 作者简介：费晓燕，浙江省政协文化文史和学习委员会办公室主任

（二）学习工作的历史证明了人民政协对学习读书不懈追求

政协学习工作是适应形势发展起来的。1949 年中国人民革命的胜利，引起了中国社会各方面的深刻变革，各民主党派成员、无党派民主人士和各族各界人士都深切感到需要有新的观点来认识问题。1950 年 3 月，在各民主党派总部发起和提议下，政协全国委员会工作会议决定成立高级学习组。同年，成立全国政协学习座谈会。1955 年 4 月改为学习委员会。1955 年与文史资料委员会合并为文史和学习委员会。2018 年机构改革后改为文化文史和学习委员会。浙江省政协从 1955 年第一届开始就设置了学习委员会，直到九届将学习工作改由办公厅、委员工作委分别负责相关职能，2018 年机构改革后设立文化文史和学习委员会，负责牵头落实习近平新时代中国特色社会主义思想学习座谈会制度和委员读书活动两项职能。人民政协一直把学习读书作为基础性工作开展，浙江省政协以多部门组织的形式进行。

（三）新时代对人民政协提出了传承创新学习读书工作的新要求

当前，中华民族伟大复兴正处于关键时期，新时代新征程人民政协的责任十分重大。这要求人民政协以学习读书为重要经验、制胜密码，学好政治之书，学精“五位一体”建设之书，推动经济社会发展。全国各级政协大力加强学习工作，于 2020 年 2 月开始全面推开委员读书活动。当年 4 月 22 日，习近平总书记对读书活动作出重要指示。全国政协系统深入学习贯彻习近平总书记指示精神，省政协认真开展并不断完善富有浙江特色的委员读书实践。

二、浙江政协探索特色委员读书工作之路

在 2020 年 4 月“学习重要讲话精神、助力‘重要窗口’建设”省政协委员网上学习会的探索基础上，全省各级政协不断完善读书工作，寻求特色发展之路。

（一）以科学态度完善制度建设

无规矩不成方圆，建立健全制度是做好工作的基础。2020 年，省政协制定出台《关于开展“崇学书院·书香政协”省政协委员读书活动的实施意见（试行）》，全面启动省政协“崇学系列·书香政协”委员读书活动。为推进委

员读书工作进一步走深走实，研究出台了《“崇学系列•书香政协”省政协委员读书活动优化完善方案》《政协浙江省委员会关于深入开展委员读书工作的指导意见》。在全国政协传达习近平总书记重要批示精神，深入开展委员读书活动座谈会后，省政协党组会议研究制定《政协浙江省委员会关于进一步深入开展委员读书活动加快建设书香政协的意见》。

（二）以求实精神设计崇学体系

最初，浙江省政协构建了融崇学讲坛、崇学书院、崇学沙龙、崇学书房四位一体的委员读书体系，简称“崇学系列”。整个体系强调线上线下融通，打破读书学习的时空限制，创新委员交流思想、凝聚共识、建言献策的载体途径。2022 年，进一步调整线上崇学书院结构，把习近平新时代中国特色社会主义思想学习座谈会放在首要版块。同时，加大线下省政协崇学书房建设，并指导委员会客厅建设崇学书房，向全体省政协委员赠阅政治理论书籍。

（三）以闭环流程组织读书活动

委员读书活动的流程逐渐厘清，走向规范化。一个是大流程：由读书办制定省政协年度读书工作安排、每期主题群方案、每期牵头群安排，然后通知布置，最后是汇总总结。另一个是小流程，即每个读书群的流程：明确主题、制定方案、报送审核、组织实施、线上讲座、线下沙龙、总结经验、及时宣传。其中，主题群设置了以省政协主席领读、省政协主席会议成员、专委会主任、各设区市政协主席重点发言为内容的“之江夜读”。整个读书活动，强调 2 个清单：目标清单即明确主题内容，责任清单即明确责任分工。通过清晰的责任分工，组织实施一个阶段的读书任务，以促进每个专题学习助推凝聚共识、高效履职。

（四）以数字赋能打造学习在线

结合浙江数字政协工作，建设“1+5+N”场景的“学习在线”应用体系。“1”是学习在线驾驶舱。“5”是“委员网上读书主题群”“崇学书院”“崇学讲坛”“崇学书库”“崇学沙龙”5 个一级应用场景。崇学书院包括“习近平新时代中国特色社会主义思想学习座谈会专栏”“委员读书群”“读书指导”“书院通告”“服务管理”5 个应用子场景。“学习在线”综合应用的建设，增强了政协学习读书工作的开放度、融合度、活跃度。

三、委员读书工作的经验启示

浙江省政协委员读书活动整体组织有计划、有节奏、有成效，委员读书学习有广度、有深度、有质量，呈现出委员参与面不断扩大、活动方式不断丰富、线上线下协同推进、读书履职互促互进的良好态势，委员书卷气渐足、政协书香味渐浓。

一要以政治高度布局，上下协力统筹。学习读书对于政协来说是深化思想凝聚共识的工作，意义重大。要把学习读书明确为一把手工程，统筹规划推进。浙江省政协党组、主席会议高度重视，主题群读书由省政协主席亲自部署、亲自担任群主，从主题确定、书目选取到内容导读、委员互动全过程，都切实把牢政治方向、充分体现政治要求。各市县政协主题群读书也按此进行。

二要与学习工作结合，互相融通推进。学习读书两者同步推进，有助于议题集中、成效倍增。浙江省政协一直坚持习近平新时代中国特色社会主义学习座谈会的学习与省政协委员主题群读书活动有机统一，以“一盘棋”的理念，制定年度计划，统筹开展工作。同时，坚持学习读书工作与学习教育活动紧密结合。

三要以线上线下并行，丰富学习载体。要在线上读书的同时，充分补充线下讲座、考察等形式，增强委员感性认识、促进深度交流。浙江省政协每次配合常委会会议主题都会安排崇学讲坛，每次读书群也要求设置至少一次的线下交流会。在省政协委员会客厅、崇学书房里，经常组织线下读书活动。

四要与履职实践互促，实现知行合一。注重做好学用相长的文章，与省政协重点履职课题、专委会履职工作、政协委员会客厅活动统筹结合，把学习读书成效体现在履职全过程和各方面，转化为履职尽责的动力和能力，实现学习读书和履职两结合、两促进。省政协在履职工作中，学习读书先行，履职中看到的问题在读书中讨论，读书中的建议指导实践，向省委省政府报送了不少建设性建议。

四、深化委员读书活动的几点思考

政协委员作为社会各界的精英和政协工作的主体，作为“最喜欢读书、最有条件读书、最能够把书读好”的群体，理应成为全社会的读书楷模，在读书活动中走在前、做示范。随着委员读书活动的推进，读书已逐渐成为委员的一种生活方式和精神追求。但我们也看到，还有种关系需要进一步正视。

第一，职责与任务的关系。作为新的履职方式，委员们的习惯养成还是需要一个过程，把读书作为额外负担的观念、认为政协读“政治之书”不是读书本义的观念还有一定程度的存在，影响了委员读书的主观能动性。

第二，数量与质量的关系。在实际操作中，组织方通常会给予部门、界别、委员个人发言数量指标，对质量评价有原则性的要求，但缺乏有效的评估手段，以至于容易出现重数量、轻质量的现象。

第三，统筹与自主的关系。为了规模效应，有些牵头方通常会组织条线的多级联动，有时几个牵头方同时启动联动，一定程度造成了基层政协的工作压力，也影响了它们的工作自主权。

以上三种关系是一环扣一环、密切相连的。要破局，一定要树立正确的委员读书理念，创新方式方法激发读书兴趣，才能迎来委员读书活动数量质量双丰收的新局面，使委员真正把读书当作履职工作新常态、日常生活新内容、跨界交流新渠道。第一，要坚持政治学习是委员读书的根本任务。人民政协的政治性决定了学好政治之书是政协委员读书的根本任务。可以通过委员个人年度读书计划、读书总结等制度设置，强化读书履职理念，促成政协读书文化。第二，要坚持形式创新激发委员读书兴趣。提升“学习在线”数字化读书场景建设，采取“荐书＋赠书”“普刊＋专刊”“优享＋优惠”等实践，有效加强与社会群众的互动合作，让委员读书有更多获得感、成就感。第三，要坚持百花齐放的读书格局理顺读书体系。借助线上学习平台建立起全系统有分有合的立体式读书构架，分级分层根据特色开展读书活动，充分激发基层政协创造性。

推动政协协商与基层协商有效衔接的实践路径研究

吴政仲*

习近平总书记强调要“按照协商于民、协商为民的要求，大力发展基层协商民主，重点在基层群众中展开协商”。推动政协协商与基层协商有效衔接，是推动我国协商民主制度不断发展完善、促进协商民主持续深入基层的有效途径。本文创新提出运用聚类分析、德尔菲法与AHP层次分析法结合，从协商制度、协商形式以及协商意识等角度梳理政协协商与基层协商之间的关系，从而为本文的论证建立理论依据，以期为相关研究提供一定理论参考和思路借鉴。

一、主要内容

政协协商主要从机制完善化、形式创新化和意识普及化三方面，不断提高政协协商的规范性和实效性，基层协商则主要通过参与协商与质效评价践行协商民主。完善协商民主机制。政协协商与基层协商相互贯通，应强化二者的协同联动机制加强联系沟通，在联动中形成合力，不断提高整体协商水平；把协商民主实践中形成的创新经验转化为制度机制固化下来，予以制度保障。协商民主离不开密切联系群众，需要完善基层群众参与民主协商后的评价反馈机制，确保从群众中来到群众中去的路线落实。创新协商民主形式。

* 作者简介：吴政仲，嘉兴南湖学院副教授

搭建协商议政平台，灵活运用互联网技术，通过线上平台，及时获取民众意见，筛选信息并分类，合理高效地进行协商。同时，不断提高信息化建设水平，为协商提供广泛而有效的信息服务。普及协商民主意识。深化对加强协商民主建设重大意义、丰富内涵和实践要求的理解把握，强化党建引领作用，秉持协商于民、协商为民理念，优化内部组织结构。深刻认识基层群众参与协商的积极性亦是协商意识普及度的重要表现，切实重视群众反映的各类信息，通过创新宣传形式，增进群众对协商民主的了解和参与的积极性，促进政协协商民主工作提质增效。

二、研究结果分析

层次结构模型构建：本文可分为制度完善化、形式创新化、意识普及化和参与协商与质效评价五大构面层，其中制度完善化包含落实反馈机制、协同联动机制和成果转化机制；形式创新化包含搭建议政平台、引介网络媒体和推进信息建设；意识普及化包含强化党建指引、提升配置能力和创新宣传方式三项衡量准则。

构面层之层次项目权重：各构面层中以制度完善化的权重最高，其次为参与协商与意识普及化。即专家认为，在推动政协协商与基层协商有效衔接的实践路径准则衡量项目评价目标下，以构建有效衔接的协商制度为首要条件，其 C.I. 值是 0.0052，C.R. 值是 0.0046，因 C.I. ≤ 0.1 且 C.R. ≤ 0.1 表示构面层之层级项目一致性程度为可接受水准。

各构面层与准则层权重：据分析结果显示，五项评价构面中，制度完善化、形式创新化、意识普及化、参与协商与质效评价的相对权重分别为 20.62%、19.06%、20.40%、20.55% 与 19.37%，其中制度完善化权重最高，即专家认为建立健全其衔接机制对推动政协协商与基层协商有效衔接的实践最为重要；而形式创新化的重要性相对较低。在整层级权重下，准则权重较高的前三项为“强化党建指引 15.06%”“协同联动机制 14.27%”和“推进信息建设 12.27%”。即准则衡量项目中，应首要考虑“意识普及化”中的强化党建指引，及“制度完善化”与“形式创新化”中的协同联动机制和推进信息建设，而制度完善化构面下的成果转化机制权重值为4.21%，重要性相对较低。

三、结语

（一）完善有效衔接机制，保障政协协商与基层协商对接配合

健全资源整合机制。政协协商民主形式更多样、主体更多元、协商渠道与协商范围也更广泛，建立健全协商民主的资源整合机制以统筹二者有效衔接，能使政协在开展协商活动中依托现有民主政治体系并结合自身特点，科学合理地整合资源以发展协商民主。建立共商共建机制。引导政协协商融入基层实践，发挥示范引领作用，鼓励、支持和引导基层群众广泛参与协商民主。同时，基层协商也在其支持、引导和帮助下积极响应，积极参与各类形式的协商民主。从而不断推进二者深度融合，实现政协协商“接地气、亲民化、实效化”与基层协商“制度化、规范化、常态化”的双向转化与互动。坚持适时退出机制，以群众所需之民主为根本出发点，以政协协商已解决基层协商所不能及、不能胜之问题为其退出基层协商的基本原则，细化政协协商介入与退出基层协商规范要求与程序细则，使政协协商在二者衔接过程中可高效、精准介入与适时退出。

（二）创新协商民主形式，强化政协协商与基层协商深度融合

打造协商民主服务基层治理的新形式。政协协商应秉持“众人的事情由众人商量”的原则，渐进推动政协协商走向基层协商，基层协商民主深入群众，形成政协协商联结基层协商，基层协商联结人民群众的环环相扣之势，稳步推进实现协商民主服务基层治理之实。积极开展互联网+协商的新模式，发挥“互联网+”实力，加速政协协商与基层协商有效衔接的进程。利用“网上议政、网上评政”等群众参与议政评政之平台的载体作用，或有关部门在网络平台开设“参政议政窗口”使群众参与协商民主更便捷高效。

（三）提高全民协商意识，促进政协协商与基层协商提质增效

强化党政领导干部的协商意识，各级党委组织可将协商民主建设之内容和要求列入党内教育与学习的课程，并酌情将该理论学习与党政干部在协商

民主方面的实践活动结合，建立相应激励机制，以期推动协商民主在党政领导干部中的高水平建设。提升政协委员的担当意识和履职能力，在现有政协委员遴选条件基础上，进一步完善其实施细则，高度重视政协委员的遴选。在现有的政协委员队伍建设上，强化委员意识和责任意识，增强履职能力。加强协商民主宣传工作，提高群众参与协商的积极性。政协委员可通过网络媒体等传播媒介加强对人民政协工作的宣传力度，以群众喜闻乐见的形式，让群众了解“政协是什么、政协干什么”的同时也倾听群众的声音，了解其真实诉求。拉近距离的同时引导其有序参与协商民主，增进对协商民主的了解与认同，营造良好的协商民主氛围。

（四）落实成果反馈评价，实现政协协商与基层协商双向互动

健全协商成果反馈评价机制，促进政协协商与基层协商、基层协商与人民群众双向互动，及时反馈协商成果，发现、反映和解决问题，也为今后开展协商民主提供经验借鉴。细化协商成果的落实程序，明确协商成果报送、受理、落实的各个环节，并形成书面文件形式，推进协商民主成果反馈制度的规范化和常态化。

民主协商赋能“亲”“清”政商关系构建的机制与机理

——以义乌“请你来协商”为例

义乌市政协理论研究课题组*

一、问题缘起：政商关系不能被狭隘地“人格化”解读

在中国特色的意识形态和传统文化的语境下，对政商关系的认知往往是参照西方的价值基准来评判的，缺乏本土化的解释框架，从而导致认知结果有失公允，甚至影响到人们对政权合法性的认可。

政商关系是一套复杂的系统，学界的研究路径一般是找出关键变量，归纳出具有普遍解释力的框架。主流文献一般选择以官员与企业主之间的关系为对象着手研究，特别是强调其中的非正式关系，而有意无意地忽视了政商组织间的制度性关系。有研究团队对中国情境下政商关系相关研究开展了较为全面的综述，通过关键词频次分析，指出“政治关联”出现频次最高，国内外文献“主要围绕企业政治关联展开研究，尤其注重对民营企业的探索”。根据一般意义的理解，政治关联源于寻租理论，主要表达的是政府与企业之间资源和利益输送关系，特别是企业主获取并利用政治身份或与政治人物的往来以获取非市场性回报。有的研究人员指出，“从庇护网络、非正式关系和

---

* 课题组成员：蒋令树、汪远旺、阎智军
本文执笔：汪远旺

特殊主义互惠等角度界定中国政商关系的文献占据了主流地位”。这说明，主流文献对政商关系进行了降维处理，当作片面的“人格化”政商关系来看待，政商两大系统的关系被简化为官员和企业主的关系。

“人格化”本意是利用人格力量发挥作用，人格的要素包含很多，有情感、意志、物欲、亲社会性等等。而主流文献中的“人格化”政商关系把官员等同于权力、政府，将官员设想为理性经济人，将政商关系解读为基于利益最大化的博弈关系。循此逻辑，政府/官员是基于自身利益而维系政商关系，即便是良性的政商关系也是主观利己、客观利他的结果，而现代政商关系应该是基于法治的非人格化的关系，也就是说“人格化”政商关系显然不符合现代政商关系要求。人格既包括组织人格，也包括个体人格，仅仅将“人格化”理解为“个体自利化人格”显然有失偏颇，严重忽视了政商关系中政权组织的使命和责任。

二、民主协商：“亲”“清”政商关系建构的关键

（一）民主协商：“亲”“清”伦理建构的必然要求

回顾一下习近平总书记关于“亲”“清”政商关系的完整描述新型政商关系，概括起来说就是“亲”“清”两个字。对领导干部而言，所谓“亲”，就是要坦荡真诚同民营企业接触交往，特别是在民营企业遇到困难和问题情况下更要积极作为、靠前服务，对非公有制经济人士多关注、多谈心、多引导，帮助解决实际困难。所谓“清”，就是同民营企业家的关系要清白、纯洁，不能有贪心私心，不能以权谋私，不能搞权钱交易。对民营企业家而言，所谓“亲”，就是积极主动同各级党委和政府及部门多沟通多交流，讲真话，说实情，建诤言，满腔热情支持地方发展。所谓“清”，就是要洁身自好、走正道，做到遵纪守法办企业、光明正大搞经营。

从话语表达上看，习近平总书记提出“亲”“清”政商伦理展现了一种积极的人格，是超越“小我”的“大我”人格，是公共人格。“亲”字表达了政商之间超越私人性的情感交流，一方面，公权组织本身肩负着为民服务的使命和情怀，领导干部应本着“情理性”的行为基点，而不能只是一个基于

经济理性的官员；另一方面，民营企业家应该信任公共权力，愿意担负社会责任。“清”字则表达了高尚的政治品格和需要恪守的伦理底线，要求领导干部和民营企业家都要清正廉洁修身，彰显了法治和德治的共同底色。“领导干部”和“民营企业家”的称谓，饱含尊严和责任意蕴，远非“官员”和“商人”之谓所能比肩。“亲”“清”政商关系不仅仅是利益关系，更是一种伦理关系，政商之间不是各取所需的“政绩”和“业绩”交易过程，而是协商、对话、合作等多重关系以及多层组织的双向互动过程。

（二）请你来协商：义乌市政协助力政商关系的微观机制考察

此处以 2022 年的首场大型“请你来协商——促进市场繁荣”主题活动为例予以说明。

从协商流程看，此次“请你来协商”活动呈现出“党委出题—政协调研—协商召集—部门落实—公开述职”的完整闭环。2022 年政协换届之际，中共义乌市委点题要求政协对市场发展开展专题调研，形成调研报告，供市委市政府决策参考。市政协接到任务交办后，随即部署推进，抽调两位专委会主任，以及商务局、市场委、改革办、商城集团共 13 人组成课题组，实行集中办公。历时 3 个多月，先后共召开 29 场座谈会，以座谈、专访、现场考察、研讨等形式，听取市场各类相关主体、两代表一委员、职能部门、国企、专家学者等各方面意见建议，梳理 49 个方面的意见建议，形成一份市场发展调研报告。在充分调研基础上，市政协筹备举办“请你来协商”活动，邀请相关市场主体代表参与提问，党政领导和相关部门负责人现场回应，协商双方展开充分的“诉求—回应”互动，形成问题清单，后续由相关部门制定解决方案并跟进落实。市委督考办、市政府督查科建立联合督办机制，在协商后制定任务清单，把协商意见交办给各责任单位，要求每月底上报工作进度，办理落实、办结销号。新闻媒体定期回访，现场追踪，形成监督合力。

“请你来协商”集利益表达机制、诉求回应机制、共识整合机制于一体，充分发挥了政协协调关系、汇聚力量、建言献策、服务大局的重要作用，为建构新型政商关系搭建了重要平台，有效助推了党政工作落实。“请你来协商”整个活动过程分阶段展开，经由“发现问题、回应诉求、达成共识、精准落实”等环节。首先，政协组织围绕党委中心工作开展专题调研，并向党委进行专项汇报。其次，党委将相关问题通报给有关责任部门，责任部门根据调研报告做好相应准备，以在协商现场作出明确回应和表态。再次，召开协商现场会，主要是由协商双方代表根据前期调研反映的问题进行磋商，形成共识。最后，责任部门按照党委要求，精准落实具体任务，做好追踪协商，接受各界监督。虽然说各环节是按照时序分段展开，但是协商伴随始终，从问题调研到工作落实需要全过程的协商，不断调适决策输出与政策需求的匹配度，真正做到“大家的事大家商量”。

（三）政商共同体：超越狭隘的政治关联

习近平总书记在多个场合强调，民营经济是我国经济制度的内在要素，民营企业和民营企业家是我们自己人。所谓“自己人”“自家人”，是党和政府从命运共同体、利益共同体、事业共同体、价值共同体、责任共同体的目标和视域看待民营经济、民营企业和民营经济人士。这种共同体的内核是党和政府与民营企业和民营经济人士的共同体；其外延还可以扩展到不同所有制企业之间、民营企业与社会之间、民营企业内部、新老企业家之间；等等。共同体理念、格局已经获得政商两界的广泛认同，营造政商共同体的关键路径是民主协商，改变政商权力依附的等级关系和权力俘获的绑架关系，真正建立平等对话的协商关系。

政商对话需要建立稳定的、具有超脱性的制度化平台，基层政协发挥了重要作用。义乌市的民主协商赋能政商关系的实践表明，“党委引领—政协搭台—政府服务—企业参与”的政商共同体格局已深深扎根基层。党委统揽全局，紧扣全域发展的核心战略，服务于全域人民的根本利益；政协开展多层次、多场景的调研协商活动，承担起“智囊团”和“沟通桥”的角色；政府与企业作为直接关联的两大主体，在构建良性政商生态中共同扮演主角。

三、关系的公共化：协商赋能新型政商关系的内在机理

民主协商赋能构建新型政商关系的作用机理在于，通过民主协商过程实现了“政商关系的公共化”。

从应然层面看，“政商关系”建立在“公与私”的关系基础上，一般认为“政”是公共权力的运行空间，强调现代政治背景下权力的公共属性，它必须服务于公共利益，受公法约束。“商”属于私人领域，商事主体是基于理性经济人假设而行为的，受私法约束。“政”的公共属性对政务主体有一种政治道义论约束，“商”的行为逻辑是不能用来解释政务主体的公共人格的。

“公共人格”的现实根基在哪里？中国共产党有着“立党为公”的道义要求，但是，政党有一个抽象的组织实体，政党的一切行为最终还是要靠私的个人去完成的。虽说领导干部是具备公共人格的“公共人”，那在处理“政商关系”的问题上，如何保证“公共人”不失格呢？本文认为根本在于“政商关系的公共化”。

所谓“政商关系公共化”，即政商之间交往的公开化、公平化、公正化。而民主协商过程实现了三者的有机结合。

其一，政商关系公开化。公开就是强调透明度，要求政商关系光明正大。民主协商过程一方面保证了足够的开放性，不排斥任何商事主体的参与，不设置话题禁忌，鼓励所有参与主体畅所欲言，建诤言；另一方面保证整个协商过程的透明性，做到协商议题公开、协商方式公开、协商过程公开以及协商结果公开，实现信息共享。

其二，政商关系公平化。公平的核心是平等，而平等是有效协商的前提。一方面要求所有参与协商的商事主体是平等的，不能以大欺小，不以规模和份额论英雄，确保话语的广泛代表性；另一方面要求政商之间是对等的，政府扮演的是服务型监管角色，不能以权压人，而要积极回应市场主体诉求。

其三，政商关系公正化。公正强调的是程序正义，无偏无私地促进政商之间协商。一方面，作为平台搭建方的基层政协应提前做好充分调研，为协商议题的讨论提供科学和客观的理据，避免误判；另一方面，政协具有超脱性的地位，能够很好监督政商之间合意性共识的落实，维护法治和契约精神。

新时代基层政协反映社情民意信息工作研究

——基于浙江省基层政协反映社情民意工作实践及发展路径分析

舒勤芬*

反映社情民意信息工作是人民政协一项基础性、经常性工作，也是凝聚共识、建言资政的重要渠道。

一、我省基层政协反映社情民意信息工作的实践探索

（一）四个“强化”彰显反映社情民意信息工作的认同感

一是强化政治引领。切实把加强政治引领具体落实到反映社情民意信息工作的全过程各方面，推动反映社情民意信息工作不断向前发展。二是强化组织领导。各地基层政协把反映社情民意信息工作作为政协履行职能的重要内容，形成领导重视、委室配合、协调推进的工作局面，为做好反映社情民意信息工作提供组织保障。三是强化工作机制。各地基层政协因地制宜出台《反映社情民意信息工作实施意见》《反映社情民意信息工作评选办法》《特邀信息员管理办法》等配套制度，强化制度保障。四是强化队伍建设。重视选优配强政协机关信息工作人员，充分发挥委员主体作用、专委会和界别的重要作用。同时，通过“引进来”“走出去”等方式，提升反映社情民意信息工作水平，形成了“你追我赶、互学互促、共同进步”的良好氛围。

---

* 作者简介：舒勤芬，青田县政协办公室信息宣传科副科长

（二）四个“突出”彰显反映社情民意信息工作的价值感

一是突出聚焦中心。紧扣党政重大决策部署和工作重点，主动分析把握领导的信息需求，了解关注方向，挖掘战略性、全局性、前瞻性的信息选题，力争“参在关键处，谋在正当时”。二是突出为民服务。深入基层一线了解群众所思所想、所盼所愿，原汁原味反映基层普遍性、深层次的问题，做到“言之有情”，确保社情民意信息“沾泥土”“带露珠”“冒热气”，真正成为反映民生的“麦克风”，关注群众的“连心桥”。三是突出精准建言。各地基层政协在反映问题和建议时既紧跟当前政策要求，又重视内容的新意和可操作性，努力为党政领导提供有价值的决策参考。四是突出信息直通。坚持反映社情民意信息工作 24 小时不下线、不掉线、不“打烊”，力求以“小信息”推动“大民生”，以“小信息”推动“大发展”。

（三）四个“注重”彰显反映社情民意信息工作的使命感

一是注重向外持续借智。各地基层政协发挥平台优势，整合地方高校、科研院所、政协应用智库等人才资源，充实信息员队伍，强化社情民意信息工作的专业性和公信力。二是注重畅通神经末梢。根据省政协统一部署，全省各地基层政协积极推进“民生议事堂”“委员工作室”“社情民意信息联系点”三位一体建设，探索基层调研“访”民愿、联系点上“淘”民意、群众口中“采”民情。三是注重数字改革赋能。借助“数字政协”建设，构建“掌上履职·社情民意”平台，创新打造社情民意多跨场景应用，不断改进报送方式，提高信息报送的便捷性、信息编辑的可视性、信息反馈的及时性。四是注重区域联动合作。加强县际、市际，乃至省际交流合作、“抱团取暖”和“联动调研”，提升反映社情民意信息的厚度、高度和深度，一大批高质量的信息得到国家层级的采用或国家领导的批示，为我省反映社情民意信息工作始终走在全国前列作出了积极贡献。

二、存在的问题与不足

一是基础工作薄弱。各地普遍未设置反映社情民意信息专门机构，一些基层政协对反映社情民意信息工作重视程度不够，尚缺乏一整套较为规范和严格的操作程序。二是人员力量薄弱。从事社情民意信息工作人员多为兼职，专业性人才缺乏，专业研究力量较为薄弱。三是工作机制薄弱。部分政协出台的奖惩考核机制仅“停留在纸上”，激励机制不健全，调研视察、集体提案、大会发言、民主监督等成果转化不够。

三、对策和建议

（一）以学习为载体，凝聚信息共识

深入学习贯彻党的二十大对加强人民政协协商民主建设的新部署新要求，深入学习政协章程和反映社情民意信息工作相关规定等，深入学习“请你来协商”“三位一体”、委员会客厅建设等履职新要求，激发委员反映社情民意信息工作履职的责任感和自觉性。

（二）以制度为支撑，健全组织保障

一是健全组织保障机制。加强对反映社情民意信息工作的领导和管理，在职称评聘、职务晋升方面给予更多倾斜或特殊政策，让反映社情民意信息工作者“劳有所获、获有所得”。二是健全激励表彰机制。完善信息工作评比和奖励办法，提升特邀信息员的履职获得感和成就感。三是建立闭环管理机制。完善信息编审及通报反馈机制，严格信息稿件的登记、选稿、编辑、审批、报送和信息保密，建立起一套力求科学规范、富有生机与活力的反映社情民意信息履职主体动态履职评价机制。四是优化互通互动机制。开展社情民意沙龙、座谈会等多种形式的活动，引导各参加单位、专委会开展信息选题交流活动，提升反映社情民意信息收集的频度、广度和精准度。同时，与当地党委、政府的“两办”建立信息互通共享机制。

（三）以改革为抓手，加强队伍建设

一要发挥好信息工作者的能动作用。重视对信息工作者的培训、培养，不断完善“开门写信息”，对重点信息、约稿信息，专门组织相关委员、信息员赴基层一线或省内兄弟城市开展实地调研，了解一手情况、掌握真实数据、提高文稿质量，以使上报的信息更接地气、更有深度。二要发挥好委员的主体作用。引导委员保持同本界别群众的联系，探索用积分记录委员履职情况、

评定履职优劣，构建起激励为主、约束并重的考核管理机制，倒逼和激发委员乐于、敢于、善于反映社情民意信息。三要发挥好党派团体和专委会的基础作用。推动党派团体和专委会将日常工作与信息工作有机结合起来，在专题调研中重视收集和反映社情民意，引导界别政协委员、党派成员增强履职意识，深入开展调查研究，提升意见建议的代表性、科学性。四要发挥好特邀信息员的骨干作用。通过“传帮带”“梯队式”的模式，以老带新，逐步建立建强信息员骨干队伍。为他们知情参政创造条件，以课题形式交任务、压担子。

关于加强基层政协界别协商的实践与思考

——基于海宁市政协界别“圆桌会”协商品牌建设的工作探索

王序言*

由界别组成是人民政协组织的显著特色。基层政协具有面向基层、贴近群众的优势，如何进一步提升界别协商的质效，推进协商议政框架广泛多层制度化发展，更好发挥人民政协专门协商机构作用，是值得深入思考和研究的实践问题。

一、基层政协界别协商的功能与优势

（一）巩固夯实党的执政根基

一方面，界别协商作为扩大公民有序政治参与的途径，能够有效提升其对执政党的认同度，也有利于党政充分吸纳不同社会阶层和利益群体的观点看法，及时化解社会矛盾。另一方面，界别群众利益诉求呈现多样化、具体化、个性化的特点，需要党和政府最大限度包容考虑、协调解决利益诉求，畅通意见建议表达路径，并通过政协界别进行回应传达。

（二）反映不同界别群众的利益诉求

政协界别的广泛性基于各类社会利益群体的多样性，有利于集中碎片化的个体意见，汇总差异化的群体偏好，提升诉求表达的效率。同时，政协各界别在协商中具有平等的地位和同等权重的话语权，有力保障界别群众利益

* 作者简介：王序言，海宁市政协办公室（研究室）综合科科长

诉求得到充分表达。

（三）增强政协委员的界别意识与归属感

界别协商及其他界别活动的开展促使政协委员经常性深入界别群众，有利于强化委员界别意识，提升委员联系界别群众的责任感与积极性。以海宁市界别"圆桌会"为例，近年来医卫界牵头"完善院前急救体系建设"、文体界牵头"新建小区和房地产项目落实配建文体设施"、工会界别牵头"落实非公企业劳模待遇问题"等协商都围绕界别群众相关问题开展。

（四）提升人民政协的社会影响力

基层政协的界别协商能够以更加灵活多变的方式嵌入基层社会治理，在一定场域和互动过程中强化与界别群众的紧密联系，有效回应人民群众对美好生活的向往，形成从委员到界别群众的聚识格局。以海宁市界别"圆桌会"为例，2020 年开展"打造精品绿道，共享品质生活"协商中，委员们将日常在绿道健身中遇到的、身边群众反映的绿道标识系统不健全、配套设施不完善等问题转为协商建议，被相关部门采纳落实，得到群众广泛好评。

二、现阶段基层政协界别协商的现实困境

（一）政协界别的协商和组织能力不足

各地基层政协在界别协商开展中发挥着重要的联系、指导、服务、组织等作用，弥补了基层政协界别人员数量少、组织能力弱、调研协商精力不足等问题。然而，政协界别没有以界别名义运行的常设机构，界别协商组织化程度较低，其作为社会各界表达愿望和利益诉求的主渠道作用不强。

（二）界别协商缺乏制度与规范化建设

近年来，一些基层政协在界别协商制度化建设方面加强了探索，但基层政协界别协商流程不规范、政策依据不完善、制度保障不健全的现状依然普遍存在，特别是当缺乏明确权责规范与有效激励约束的情况下，界别委员投入界别协商的积极性有限，往往容易导致界别协商趋于随意化、形式化，难以形成规模化、体系化。

（三）界别委员多重身份导致认同模糊

随着一些行业协会、功能团体、半官方组织等群体规模逐渐增大，不同主体之间的交流互动也不断深化，不同身份的重叠交叉客观上造成了界别委员身份认同感弱化。界别协商除发挥决策参考的功能性作用外，还兼顾着象征大团结大联合的统战性作用，需要通过基层政协以界别为单位开展的履职活动、内部仪式、学习教育等方式来强化界别身份认同。

（四）界别联系服务群众有待深化

基层政协委员联系群众的常规模式是结合自身岗位工作的开展、行业的交流与界别群众进行日常接触与交流，对界别协商重视程度不足，普遍缺乏主动以协商课题为牵引走访群众、解剖麻雀、查找症结的意识，与界别群众的交流互动浮于表面，系统性和针对性不够，作为“意见领袖”的代表性不强，导致界别协商凝聚共识的效果受限。

三、加强基层政协界别协商的对策与路径

（一）丰富界别政治理论学习的形式和内容

切实找准为界别群众办实事的精准“切口”，将强化思想政治引领和理论武装放在首位。通过委员读书活动、内部专题讲座、座谈交流、线上学习、心得体会撰写等形式，定期开展政治理论学习，深入贯彻落实习近平总书记关于加强和改进人民政协工作的重要论述，将政协委员的个人优势转化为集体优势。海宁市政协通过建立习近平新时代中国特色社会主义思想学习座谈会制度、开展“品质潮城•书香政协”委员读书活动等，将政治理论学习贯穿界别“圆桌会”协商的全过程，确保履职方向不偏、焦点不散。

（二）建立健全政协界别协商工作机制

界别协商从随意化向规范化转变，需要制定统一规范的运作机制和方法。一是明确协商活动规范，如海宁市政协将18个界别分为6个联组，每个联组每年确定一个课题，组内各界别轮流牵头，按照“七步法”流程（选题定题、制订方案、组织调研、开展协商、报送意见、办理反馈、结果评价）组织开展。二是完善联系界别群众机制，在开展界别协商时以开放包容的参

与机制广泛吸收专业人士、党政干部、群众代表等参与，探索以界别为单位常态化开展联系服务群众工作。三是优化协商过程管理机制，如海宁市政协建立“交流一个群、流转一张表、结果三方评”全流程管理机制，协商前组建“协商交流群”，开展在线学习、意见建议交流；牵头界别填写协商流程记录表，记录各环节情况；协商中、协商后，组织委员、群众和专家代表、政府部门三方就意见建议“提得好”“办得好”和思想共识“聚得好”进行总体评价。

（三）强化政协界别的组织建设与力量支撑

中办印发《关于加强人民政协协商民主建设的实施意见》指出：“健全政协办公厅（室）和专门委员会服务界别协商的工作机制和保障机制。”人民政协较为完善的组织系统，为突出界别特色、完整表达界别联系群众的利益诉求、充分发挥专门协商机构作用奠定坚实的组织基础。从海宁市政协界别“圆桌会”实践看，在明确主席、副主席分工联系界别活动组工作的基础上，各专委会分工负责，确保界别协商有序高效开展；政协办统筹协调参加人员、联系部门、调研用车、会议通知、建议报送等，充分做好协商前的准备工作。同时，基层政协机关在界别协商中也要注重充分发挥界别的主体作用，避免“大包大揽”。

市县政协参与基层治理现代化的困境与对策研究

冉思伟 *

习近平总书记强调，要完善共建共治共享的社会治理制度。基层社会治理是国家治理体系和治理能力现代化的基石。浙江省第十五次党代会强调“推动社会治理重心向基层下移”。市县政协处于基层社会治理的一线，在基层社会治理当中应当发挥重要作用。因此，探讨市县政协参与基层社会治理的实施路径就显得十分迫切与必要。本文基于调研的基础上，主要探讨存在的问题与对策。

一、市县政协参与基层社会治理存在的短板与问题

虽然市县政协在参与基层社会治理的实践中取得了一些成效，但从调研情况看，仍存在不少短板，需直面问题，及时破解。

（一）市县政协参与基层社会治理的职能定位尚未明确

市县政协应参与基层社会治理已是广泛共识，但如何参与？参与到什么程度？还没有一致共识。有些人认为，在上位文件缺失的情况下，政协协商与基层协商的边界不清，履职活动在理论上和实践上处于“摸索”状态，履职尺度难以把握。基层存在大量利益诉求，哪些利益诉求政协可以参与？哪些不好参与？存在争议，对于个别地区在实践中政协委员直接成为“群众矛

* 作者简介：冉思伟，宁波大学副教授

盾调解老娘舅”的做法，也是褒贬不一。经济社会发展日新月异，基层社会治理更是纷繁复杂，新现象新问题新矛盾层出不穷，政协如何参与基层社会治理在法律和制度上存在滞后性，市县政协参与基层社会治理职能定位不明确直接影响着其效能的进一步发挥。

（二）市县政协参与基层治理的组织体系及能力有待提升

首先，履职平台向基层延伸还不够。如宁波乡镇街道虽然实现了民生议事堂全覆盖，但作用发挥不均衡，政协协商“越往基层协商民主越需要”，但恰恰“越往基层协商平台越薄弱”，在基层治理最需要的村（社）层级已经建立“协商驿站”的并不多，60% 以上的村社没有建立类似平台，这对市县政协进一步下沉基层、参与基层社会治理形成了制约。其次，市县政协在基层的人员力量不足。大部分乡镇街道虽然确定由党（工）委副书记负责联系政协工作［当前，我省 1365 个乡镇（街道）中，由党（工）委副书记负责联系政协工作的有 1248 个、占 91.43%］，但乡镇街道党（工）委副书记平时工作繁忙，客观上需要再配置一名“具体干政协活”为主的工作人员，然而电话随访宁波 10 个乡镇，没有 1 个乡镇配备了类似工作人员；在村（社）层面，多数也没有确定联系政协工作的具体人员，导致工作落实难。再次，市县政协在基层的履职能力有待提升。市县政协“基础工作薄弱、人员力量薄弱”的问题依然突出，相应的软硬件服务保障没有跟上，特别是基层政协委员和政协机关干部在社会治理方面的知识、能力、技巧还不足以支撑市县政协高质量参与基层社会治理。

（三）政协参与基层社会治理与其他基层治理体系的衔接还不够紧密

从当前制度设计看，政协参与基层治理尚处于探索阶段，政协作为专门协商机构尚未嵌入基层社会治理体系。当前政协在乡镇村社等基层社会治理中的实践也表明，还存在治理主体单一、内容不丰富、活动不常态等问题，借助其他治理主体的力度还不够，没有与党委、人大、政府连成一线，没有形成基层社会治理体系的矩阵效应，从而弱化了其参与基层社会治理的广度、深度与效度。

（四）政协协商成果转化为基层治理成效的机制还不够完善

基层社会治理以解决实际问题与化解实际矛盾为导向，涉及的事务关系到老百姓的切身利益，往往比较具体、紧急和琐碎，由此表现基层群众对基层协商的期望有两个特征，一是要能够真正解决问题，协商成果让群众看得见；二是要快速解决问题，甚至是即时解决，要立竿见影。而现有体制对政协协商结果没有硬性要求，政协作为专门协商机构，只有建言权，提出的建议在被党委政府采纳后，才能得到落实，建议提得对不对以及各地党委政府是否重视，成为影响建议能否采纳落实的两个重要因素。从调研情况看，市县政协参与基层治理民主协商的建议采纳率还偏低，而且即使有些问题在政协协商后得到解决，解决的周期也偏长。据对历年来县级政协涉及基层治理的提案来看，有些建议在若干年后才见落地，协商成果快速办理机制还不完善。

（五）基层协商民主的氛围还不够浓厚

总体上，基层还缺乏遇事好商量、遇事多商量的氛围，群众的协商意识还有待于提升，协商文化还有待于培育。根据相关调研情况来看，基层群众解决矛盾和问题的偏好，从高到低依次是信访、调解、媒体，很少想到通过政协协商来解决。协商民主的氛围不浓厚也导致群众对政协这个专门协商机构缺乏了解，基层群众对“什么是政协？身边谁是政协委员？在什么时间，什么地点，如何请政协委员协商解决问题？”等都缺乏认知。

二、提升市县政协参与基层社会治理能效的对策与建议

（一）加强党的领导，铸牢政协参与基层社会治理之“纲”

我国治理体系并非简单照抄照搬西方“多中心”治理，而是“一核多元”治理结构，这个“核”就是党的领导。市县政协参与基层社会治理必须强化党的领导。一是要在党的领导下做好顶层设计。建议出台《市县政协参与基层社会治理的指导意见》，明确市县政协参与基层社会治理的职能定位，按照“党政所需、群众所盼、政协所能”的原则，制定并不断完善“白、灰、黑”三色清单，把基层事务划分成三类，以“白、灰、黑”分别代表市县政

协“应该参与、探索参与、不能参与”的界限，为市县政协参与基层社会治理指明方向。二是要在党的领导下解决“两个薄弱”问题。县级政协“基础工作薄弱、人员力量薄弱”的问题依然比较突出，市县党委要在人员编制、财力投入、要素保障上进一步加大力度，为政协组织参与基层社会治理提供更大支持。三是要探索实践政协党组织“下基层”。政协党组及政协机关各个党支部要对接基层党建工作，探索与乡镇（街道）、村（社）、企业、社会组织等基层党组织建立结对关系，通过党课宣讲、发展指引、贫困户慰问等多种形式密切双方关系，通过“党建互动”推进“协商互动”，把政协党建汇入引领基层社会治理现代化的潮流中去。

（二）健全组织体系，铸牢政协参与基层社会治理之“要”

当前基层县域治理已经形成一套组织严密的行政体系，呈现“三”字型格局，“三”指三条横线，具体是县（市、区）层面的上线、乡镇（街道）的中线、村（社区）的下线。建议市县政协参照县域治理的三条横线，把政协工作延伸到基层，在此基础上加强力量配置，提升履职能力，更好参与基层治理。一是要建立并完善政协基层协商议事平台矩阵。健全政协基层协商体系，在县（市、区）层面推动“请你来协商”平台高质量发展；在乡镇（街道）层面，不仅要实现民生议事堂平台全覆盖，而且要推动其真正发挥作用；在村（社区）层面，提高协商驿站的覆盖率，总体上协商驿站覆盖率要达到70%以上，具有代表性典型性的村（社区）协商驿站平台建设要达到全覆盖。同时，推进委员会客厅、委员工作室与三级协商平台的融合发展，并注重县（市、区）、乡镇、村社三级平台的联动协商，让政协的触角真正延伸到基层，从而形成一个完整的政协参与基层社会治理的格局。二是要做好政协向基层延伸的人员力量配置。在乡镇（街道）层面，确保一名党委副书记成为县政协委员，并主持民生议事堂工作，同时要确定一名工作人员做好服务保障工作。在村（社区）层面，由社区书记（或其他支委）对接政协工作。市县两级政协委员要按照属地就近原则编入民生议事堂和协商驿站工作组，同时，要发动市县政协退职没退休的干部、已退休但身体状况良好的干部以及曾担任过政协委员的同志，按照自愿原则，把他们组织起来，下沉到力量相对薄弱的民生议事堂和协商驿站，利用他们熟悉政协协商业务的优势，为政协有效参与基层社会治理增添生力军。三是要做好政协参与基层社会治理的业务培训工作。对基层政协委员、基层政协机关干部以及参与民生议事堂和协商驿站的相关人员，加大培训力度，特别是要加大在社会治理方面的知识、能力、技巧培训，确保市县政协能够高质量参与基层社会治理。

（三）做到联动互通，铸牢政协参与基层社会治理之“网”

做好基层治理，既不能“单兵作战”，也不能“各自为战”，要在党的领导下，多元主体协同发力，做到“联合作战”，形成基层社会治理的强大合力。建议市县政协把准在国家治理体系中所处位置与独特优势，与其他治理主体协同发力，奏响“基层社会治理”的大合唱。一是要做到上下贯通。上与国家治理总体目标相一致，把国家治理大目标大方向细化实化，在基层治理小问题中找准国家治理大问题的突破口。下与基层社会治理需求相衔接，解决群众盼望解决的一些实际问题，基层解决不了的，要把群众的呼声收集起来，以社情民意信息的形式向上反映。二是要做到平台联动。在平台建设上，民生议事堂要与乡镇（街道）党群服务中心、矛盾调解中心共建联动，协商驿站要与乡村文化礼堂、社区服务中心共建联动，探索与“村民说事”制度相衔接的路径；在工作机制上，政协组织的有关基层社会治理协商活动，邀请党政领导及其他相关主体参与，避免“自拉自唱”。

（四）加强绩效管理，铸牢政协参与基层社会治理之“实”

为达到“真正解决问题、快速解决问题，提高基层群众满意度”的目的，建议做好市县政协参与基层协商的绩效管理。一是把好选题关。市县政协要多关注基层经济发展与社会治理，多聚焦“面上的民生问题”，不过问“点上的信访调解、居民私利”问题，选择解决概率比较大的议题开展协商。二是把好质量关。协商过程做到兼听不偏听，做到“专家参与、多方论证”，最后形成的建议有针对性和可操作性。三是完善协商成果办理机制。建立党委、政府及相关部门对政协协商成果的办理落实机制，按照问题性质“即时、短期、中期、长期”反馈期限，“即时”指党委、政府领导在参加政协组织的基层协商会时对相关意见建议现场采纳、即刻落实；“短期、中期、长期”指在“一周、一月、一季”时间内对落实情况予以反馈，不能落实的也要说明理由。四是把政协参与基层社会治理纳入政协工作乃至市域社会治理工作的绩效考核体系当中。增加参与基层社会治理在政协工作考核体系的权重，从而提升市县政协参与基层社会治理的绩效。

（五）打造数字政协，铸牢政协参与基层社会治理之“智”

当今社会，互联网、大数据、人工智能、区块链技术方兴未艾，元宇宙理论正如火如荼。基层社会治理体系已经从“三治”（自治、法治、德治）进化到“四治”（自治、法治、德治、智治），甚至到“五治”（政治、自治、法治、德治、智治）。“智治”已经成为社会治理重要一环，即借助当前最先进的科学技术，来提升治理水平和治理能力的现代化。建议市县政协加快打造数字政协，借助数字技术大力参与基层社会治理水平。一是要积极开展网上协商，把“请你来协商”、民生议事堂、协商驿站平台连上网，选择适合在网上议政的主题，通过点对点、屏对屏、线连线、群对群等方式，打破时空局限，开展网络议政、远程协商，探索开展“云协商”。二是大力推动政协“一件事”集成改革，提高政协协商效率，推广基层政协有关协商好做法（如江北区政协“一件事”数字场景建设），借助数字化手段，提升政协在基层治理过程中的功能发挥。三是要推动数字政协纳入城市数字治理。做好顶层设计，让市县政协更好嵌入全省“1612”“141”数字治理体系，在城市数字治理中推进网上协商的程序化与规范化建设。

（六）营造协商氛围，铸牢政协参与基层社会治理之“基”

针对基层协商民主氛围不够浓厚的现状，建议提升群众协商意识，培育基层协商文化，为政协参与基层社会治理营造良好氛围。一是加大宣传力度。利用公益广告、村社公示牌，或采用文艺演出、政协委员下基层服务等多种方式和载体，让群众更好了解政协，更好了解政协委员，更好了解专门协商机构，提升群众对政协参与基层社会治理的信任度。二是培育基层“协商达人”。在村民代表、社区楼道长、网格员、“网络红人”等群体中挖掘一批热心协商事业的人，在政协参与基层社会治理的协商活动中多邀请他们旁听或发言，把他们培育成政协搜集社情民意的信息员、民生议事堂和协商驿站的志愿者，引导群众从“要我协商”转变为“我要协商”，真正实现“众人的事情由众人商量”。

全过程人民民主视域下推动政协协商与基层协商有效衔接的价值逻辑和演进研究

——以湖州市政协协商民主向基层延伸为例

胡清宇*

习近平总书记强调，人民政协要按照协商于民、协商为民的要求，大力发展基层协商民主，重点在基层群众中开展协商。这为协商民主向基层延伸提供了重要遵循。政协协商和基层协商既有区别、又有联系，承担着不同的政治功能和社会职责，两者互融互促至关重要。

一、推动政协协商与基层协商有效衔接的价值分析

政协协商与基层协商相衔接，不是谁替代谁，而是要发挥人民政协专门协商机构作用，用制度和机制对基层协商加以规范，从而实现相互结合、相互补充、相互促进，产生 1+1>2 的效果。

（一）有利于推进全过程人民民主健全完善

推进政协协商与基层协商有效衔接，让政协协商延伸到乡镇和村社，提高了政协协商的参与度和覆盖面，使协商民主具有更加完整的制度程序和参与实践，实现了“精英民主”与“草根民主”的有效衔接和优势互补，从而更好彰显全过程人民民主的特点和优势。

* 作者简介：胡清宇，湖州市政协办公室（研究室）综合调研处副处长

（二）有利于解决新时代我国社会主要矛盾

政协协商与基层协商相衔接，畅通基层人民群众有序政治参与渠道，让不同利益群体充分表达诉求、参与协商、发表观点，将人民当家作主通过政协渠道具体地、现实地体现到党治国理政的政策措施上来，既维护了多数群众切身利益，又照顾了少数群众合理诉求，从而切实保障和实现了人民权益。

（三）有利于提升基层社会治理体系能力水平

推进政协协商与基层协商相衔接，能够把当前社会发展中带有普遍性、预警性、突发性的问题及时准确地向党委政府及有关部门反映，有助于党委政府掌握舆情，不断提高决策和治理水平，使各项决策更加符合群众诉求，维护社会稳定和谐。

（四）有利于促进协商文化在基层广泛传播

推动政协协商与基层协商相衔接，让协商文化随着平台、机制、人员的下沉向着人民群众生活中传播、渗透，以“公正理性、求真务实、平等互信、开放包容”润泽人们的心灵，形成崇尚协同、追求和谐为内核的协和文化。

二、湖州市政协推进基层协商的演进和实践

以平台延伸为抓手，从标准规范、协商活动、委员履职等入手，积极探索政协协商与基层协商有效衔接的新路子。

（一）平台演进

第一阶段：基层协商平台“起步萌芽期”。党的十七大，将“基层群众自治制度”首次写入党代会报告，城乡社区协商以不同形式普遍开展起来。这类协商大多是由基层党委政府主导，由民政部门负责牵头，村社具体实施。比如安吉县余村村的“两山议事会”、德清县东衡村的新农村建设推进委员会等。

第二阶段：基层协商平台“多元发展期”。党的十八大以来，湖州各地基层坚持有事多协商、遇事多协商、做事多协商，创造出丰富的基层协商民主模式。如吴兴区政协构建“三长制”议政协商平台、南浔区政协探索民情联络站建设、德清县政协创新实施村（社）议事会工作机制。

第三阶段：基层协商平台“品牌引领期”。2021年以来，浙江省政协在全省推广“民生议事堂”建设，着力解决基层协商民主面临的“典型突出、整体不佳”的问题。在省政协大力推动下，三级政协共推共建，湖州市各区县72个乡镇（街道）民生议事堂建设全覆盖，呈现出“一堂一品”、百花齐放良好态势。

（二）配套做法

做法一：“标准规范”下沉，让衔接更有保障。湖州市政协按照“建、管、用”结合的思路，与市标准化研究院起草了《“民生议事堂”协商工作规范》，围绕议题怎么确定、调研怎么开展、活动怎么进行、成果怎么报送、反馈机制怎么构建等方面制定具体标准，为政协协商与基层协商有效衔接提供必要条件。

做法二：“协商活动”下沉，让衔接更有活力。坚持开门搞协商，将协商活动从会场下沉到村（社区）、企业等基层一线。如湖州市政协农业界别创新举办“农情议事会”，将协商现场从机关、会议室搬到了田间地头、文化礼堂、企业车间；“《看见》政协在监督”在问题所在乡镇（街道）民生议事堂等平台召开协商座谈会，推动解决了一批民生改善实事、社会治理难事、群众关注小事。

做法三：“委员履职”下沉，让衔接更有质量。在全市72个乡镇（街道）设立政协工作联络组，明确由党委副书记任主任，配备副主任和联络员1名，按照一定原则将市县两级政协委员编入联络组，推动委员重心下移、视角下沉、脚步向下。委员下沉履职，既有效补充了基层协商力量不足、基层协商能力不够的问题，又让委员与群众接触更加紧密，收集信息也更加准确鲜活。

三、推动政协协商与基层协商有效衔接的瓶颈制约

从理论的角度看，政协协商与基层协商有着许多契合点，两者相衔接、相融合具有逻辑上的合理性和必然性。但在实践中，政协协商与基层协商相互衔接还面临顶层制度欠缺、基层协商意识和能力不匹配、机制不健全等多重障碍。

（一）政协协商与基层协商衔接缺少顶层设计

政协协商与基层协商有效衔接的制度设计还仅限于省级层面，如江苏省及下辖市出台了《关于充分发挥政协专门协商机构作用推动政协协商与基层协商有效衔接的实施意见》。在全国层面，涉及两种基本政治制度的衔接，还没有具体的文件来指导实践。

（二）基层党委政府主动协商意愿有待加强

由于乡镇（街道）一级并没有规范的政协组织，基层党委政府的主动协商意识欠佳，还没有真正内化为政治自觉和工作要求。如基层协商大多是市县两级政协组织下沉的活动，乡镇政协联络组组长由党委副书记兼任，大多数工作繁忙，导致乡镇自己组织的协商很少。

（三）基层参与主体协商能力和水平参差不齐

基层委员和群众参与基层协商能力与现实要求还不够匹配，亟需提升。如身处基层的政协委员，对基层情况非常熟悉，但协商能力相对薄弱；走下去的委员，协商能力相对较强，但对基层情况不熟悉。有些基层党政领导把基层协商当作是走过场的形式，更多地侧重于宣传的层面。

（四）基层协商平台运行、工作机制尚未规范

在中央政协工作会议后，乡镇（街道）层面的协商活动，明确由联络组组织实施，协商程序套用县级政协文件执行落实。但村（社区）层面的协商活动具体由谁发动，由“谁”来组织实施，还没有定论。

四、推动政协协商与基层协商有效衔接的优化路径

政协作为专门协商机构，有着规范的协商程序、专业的智力支持、丰富的资源优势，参与基层协商更加有利于协商民主体系的构建和完善，对于践行全过程人民民主极具重要意义。

（一）以健全“制度”保障衔接

加快顶层设计，变“随意协商”为“规范协商”，推动全国层面出台专项制度文件，保障政协协商与基层协商相衔接有政策制度可依。强化责任落实，变“被动协商”为“主动协商”，把协商民主纳入乡镇（街道）工作部署

和议事日程、政府工作规则、村（社）议事规则，使党委政府和村社主动协商意识不因领导的变化而变化。提升委员能力，变“不善协商”为“善于协商”，在镇（街）、村（社）政协委员协商提名推荐的基础上引入竞争机制，发展一批群众基础好、社会威信高、参政能力强、热爱政协工作的代表人士到基层政协队伍中来。

（二）以多层“平台”支撑衔接

在区县层面，做好平台“优化”文章，进一步完善协商议政新格局，推进政协协商会上会下、线上线下互促共融，实现政协协商从程序性的会议协商向不受时空限制的移动履职平台延伸、向多层级政协联动协商拓展。在乡镇层面，做好平台“延伸”文章，依托镇街现有的委员工作站和民生议事堂等平台载体，设立相对固定的协商场所，也可将协商场所设在现场，建立下沉式、开放式、共享式协商平台。在村（社）层面，做好平台“融合”文章，将政协协商嵌入村（居）民自治协商平台，将政协协商理念、规则、程序等融入原有的村议事会、村民自治制度中，让村社协商更加规范、有序、实用。

（三）以现代“理念”引领衔接

用“文化”重塑认知，在“民生议事堂”“协商驿站”“议事会”等基层协商场所，建立“政协书房”文化宣传空间，选配政协书籍，向基层传播政协文化、政协理念、政协案例。用“网络”串联平台，借助“数字政协”平台，积极运用网络议政方式，组织委员和基层群众代表通过网络视频参与、协商讨论、发帖留言，让基层意见更快更直接汇聚。用“规范”指导实践，市县政协要发挥组织优势，加强对基层协商的指导，跟进完善相关制度机制，协助制定年度协商计划，激发乡镇党委政府和村（社）主动协商的意识。

（四）以系统“协同”助推衔接

资源上“共享”，建立“政协委员＋专家学者＋部门专业人才＋乡贤”的高水平参政议政人才库，以便镇（街）、村（社）在基层协商中视议题情况邀请参加，提升基层协商的专业化水平。活动上“联动”，把“民生议事堂”“协商驿站”等作为政协在基层的“脚”，设置分会场让基层参与到全国、省、市县政协协商活动中去。形式上“多样”，做到协商内容与协商形式相匹配，因地制宜创新协商形式。如在农闲时节开展“乡间夜话会”、在晨练时开展“石凳议事”、在晚饭后开展“小院议事”等，让议事不受时间、场所的限制，让群众坐得住、听得懂、议得实。

（五）以闭环“程序”促成衔接

选题问计群众，采用便民、实用、灵活的方式，从乡村振兴、社会治理、群众利益等事项中选题。调研走进群众，协商前组成调研小组，进村入户充分调研，掌握第一手资料；同时，把党的重大政策部署宣传到基层群众、把居民群众中“急难愁盼”问题收集上来，增进共识、形成合力。协商融入群众，在现场协商中不设主席台，尽可能与群众围坐在一起，坚持平等对话、理性协商，提倡自由互动交流。成果告知群众，对协商中需要落实的事项积极助力落实，对协商中持不同意见的群众及时做好解释工作。

大数据背景下政协协商的实现路径

——以衢州市政协“协商衢道”为例

衢州市政协课题组*

习近平总书记提出，要善于运用互联网技术和信息化手段开展工作。建设“数字政协”对构建完善政协协商民主体系，拓展政协协商民主的广度、深度和效度具有重大意义。衢州市政协探索构建“协商衢道”的协商模式，激发大数据信息系统的内生动力，推动新时代人民政协事业创新发展。

一、构建“协商衢道”的架构体系

（一）构建“协商衢道”的背景

国务院印发《关于加强数字政府建设的指导意见》，系统阐述新一轮科技革命和产业变革趋势下数字政府建设的新要求，擘画了数字时代中国政府治理体系和治理能力现代化的实现路径。浙江省政协制定《“浙江数字政协”建设总体方案》和3个分方案，搭建了数字政协建设的四梁八柱，聚焦构建完善政协协商民主体系。这些都为数字赋能新时代政协履职现代化提供了重要遵循。

（二）“协商衢道”的架构体系

衢州市政协把原有“数字政协”应用迭代升级成“协商衢道”应用，架

---

* 课题组成员：王仁权、陈希慧、唐梦霞、方彩林
本文执笔：王仁权

构演进为“1325”:“1”即“市政协履职智能中心”。中心融入省一体化智能化公共数据平台，对接省市县三级政协履职数据，实现政协履职可视可查、一屏掌控、整体智治。“3”即“协商在线”“提案在线”“民情在线”。通过抽取整合各类外部数据形成数据中台，开展有效信息的分析挖掘，为政协履职工作提供强有力的数据支撑。“2”即理论体系和制度规范体系。“5”即“委员履职”“提案管理”“社情民意”“崇学崇贤”“数字办公”。通过对各业务部门系统进行流程再造、打通、融合形成业务中台，加强数据流转共享，为政协履职工作提质增效。“协商衢道”应用框架以基层、群众、实效为导向，以数字化改革提升人民群众的获得感、幸福感、安全感和认同感，努力推动共同富裕和省域现代化先行，切实打造一批具有衢州特色的数字化改革重大场景应用。

（三）“协商衢道”的协作机制

“彳”表示人人来协商，协商衢道把群众协商、专家精英协商、人民团体协商、国家工作人员协商相结合，保证人民的当家做主的地位，践行人民民主的真谛；“目目”表示大家来监督，协商衢道把人民监督、部门内部监督、专门机构监督、线上线下监督相融合，提高民主监督的能力和水平；“隹”表示协作制度升华，协商衢道充分利用大数据的优势，把传统的线下协商升级为线上的数字协商，提升协商的效率；“亍”表示协商闭环制度的完善，协商衢道把各方面的资源整合，形成政协“数据共享”“数据管理”“数据智治”等协商闭环管理制度；最后“衢”表示协商渠道四通八达，协商渠道充分挖掘各种协商的渠道，把基层协商、跨部门协商、线上线下协商更好融入“协商衢道”。

二、构建“协商衢道”的战略价值

（一）“协商衢道”提升了协商决策科学性

政协提案工作是人民政协发挥职能的重要方式，也是把握社会发展动态的重要信息来源。“协商衢道”是基于大数据技术分析的决策模式，以大量客观数据信息为支撑，不断推动协商模式从“经验化”向“科学化”转变。

（二）“协商衢道”深化了协商价值便捷性

传统意义上的协商活动都要求在特定的时间和地点开展协商，所需要的成本往往较大。数据治理要实现善治，就要实现协商价值的便捷性。“协商衢道”通过流程优化、平台再造，将涵盖政协系统上下和外部众多分散的协商平台、组织、资源、机制和功能融合起来，实现数据共享，从而更好地将协商民主制度优势转化为治理效能。

（三）“协商衢道”优化了协商过程开放性

政协履职的主要课题来源于党委政府的需要、人民群众关切的热点重点问题及社会上现在急需要解决的问题。“协商衢道”通过数字化技术将线下信息、协商内容以数据的形式传至网络平台，运用大数据算法等信息技术实现信息的整合，并实现业务办理的自动化、信息化，实现“线上＋线下”联合的协商办公模式。

（四）“协商衢道”提升了政治参与习惯性

政协作为社会主义民主的一个协商渠道，它的主体是委员。协商民主的主体则是社会公众。委员与社会公众的联系就直接影响到协商的效果。“协商衢道”将基层治理的信息与协商通道打通，公民通过网络平台或其他平台的政治参与活动更为简便，实现了政治参与行动的效用最大化，大大提升了公民政治参与的积极性和规模。

三、构建“协商衢道”的具体手段

（一）“协商衢道”的多维支撑

在数字化时代，数据的全面性和信息精准性对于“协商衢道”的发展提供了良好基础。首先，要善于开发数据，用数据管理。其次，加快数据信息安全管理。再者，立足机制制度创新完善平台。

（二）“协商衢道”的价值契合

目前，大数据技术在我国政协系统中应用不充分的主要原因是相关数据无法做到公开共享。要解决这一问题，一方面加强政协机关内部互联互通。衢州市“协商衢道”根据省政协部署要求，推进数字化改革，将市政协的

“提案管理”子应用对接到省政协“提案在线”应用，实现了省市两级的数据贯通和提案应用的跨地域跨层级共享。另一方面要完善政协机关与外部协作机制。“协商衢道”以数字化为牵引，通过变革型组织建设，重塑条块关系，发挥政协专门协商机构优势和乡镇综合治理优势，促进政协协商和基层治理系统集成融合和基层现代化治理新格局的形成。

（三）“协商衢道”的制度保障

大数据要更好地融入协商民主，必然不能离开法律、政策、制度的支持。从法律方面来说，《中华人民共和国网络安全法》第二章第十八条规定国家鼓励开发网络数据安全保护和利用技术，这为大数据更好融入协商工作提供了法律保障。从政策方面来说，浙江省政协于2021年制定了《“浙江数字政协”建设总体方案》，衢州市政协相继出台了《关于全面推进“请你来协商·民生议事堂”工作的实施意见》等制度，有力地保障了市政协数字化改革工作顺利进行。

四、“协商衢道”的实现路径

（一）主体建构——以大数据技术提升协商能力

加大对协商结果的反馈力度，重视多元主体监督，确保协商过程的顺利进行和协商结果的有效落实。通过建立健全协商成果落实制度来凝聚共识。建立协商过程和结果执行的落实机制，确保其规范化和透明化。

（二）技术嵌入——以大数据技术优化协商制度衔接

加强横向的数据资源互联互通，提高信息资源对政协机关的开放程度，并以制度、政策的形式保障这种良性合作的延续。打通“协商衢道”数据分析的子应用通道。紧抓数字经济发展的黄金窗口期，总结、提炼产业数字化创新发展、高质量发展的模式和经验，为建设衢州“数字政协”添速。建立跨平台整合的协商共同体。衢州“协商衢道”推动协商民主广泛多层制度化发展，推进跨渠道叠加，“网络＋网格”“线上＋线下”“云协商＋微协商”“专门协商＋基层协商”多渠道融合；推进跨功能融合，既是凝聚共识的共识性协商，也是促成问题解决的议事性协商；推进跨场景应用，延伸政协工作“手臂”，开展跨边界、跨区域协商。建立多元互动的“协商衢道”应用场景。（1）主题议政。（2）学习在线。（3）民生议事堂。（4）请你来协商。（5）委员会客厅。（6）委员风采。（7）协商驿站。（8）民主监督随手拍。（9）提案协商办理。

（三）形式拓展——以大数据技术推动协商文化培育

建立健全利用大数据技术进行政协协商工作相关的法律法规，从制度法规上保证大数据必须在合理、合法的范围内使用，提升协商的民主意识、参与意识和协商精神。按照“走访调研—征集意见—分类汇总—论证可行性—制定方案—最终确定”的程序来确定协商内容，实现各级政协在协商程序上的规范和联动。“协商衢道”通过村情通、邻礼通、企情通、网格员、社情民意应用5条通道接入基层治理系统，利用大数据自动分析抓取高频事项进入协商流程，与乡镇党建统领整体智治体系一体运行、捆绑考核、破解政协协商在基层县乡断层、条块分割的体制机制障碍，推动协商文化养成。

共同责任体系构建：政协协商推动共同富裕实现机制探索

——基于椒江区的实证研究

台州市椒江区政协课题组*

支持浙江高质量发展建设共同富裕示范区，是习近平总书记亲自谋划、亲自定题、亲自部署、亲自推动的重大战略决策。人民政协作为具有中国特色的制度安排，在共同富裕“大场景”中找准履职“小切口”，发挥政协独特优势，服务助推共同富裕示范区建设，已经成为一项亟待推进的现实课题。

一、有益探索：政协履行共同责任推进共同富裕的椒江实践

（一）凝聚实现共同富裕的集体负责共识

1. 加强党建引领共同富裕，夯实集体负责思想向心力。椒江区政协把思想和行动统一到中央和省委关于共同富裕示范区建设的统一部署中，展现政协的担当与作为。2022 年初，椒江区政协将共同富裕纳入十一届政协委员重点履职课题，开展前期谋划，通过开展“百名委员联百企”促共富行动，引导广大政协委员积极投身共同富裕主战场，凝聚思想向心力。

2. 聚焦高质量发展共同富裕，提升集体负责发展动力。一是助力经济高质量发展，夯实共同富裕基础。近五年来，椒江区政协紧紧围绕经济转型，以建设活力智造创新区为目标，提案 219 件，占总数的 28.1%。二是助力文

---

* 课题组成员：王跃军、徐赞军、黄米富、李传喜、谢巧云

化高质量发展，拓展共同富裕维度。2017—2021年，椒江政协就塑造红色精神核心区，丰富精神共富内涵，提出提案件，占总数的10.4%，助推大陈岛垦荒精神提升为椒江城市精神和台州城市精神，助力精神共富。三是推进公共服务高质量发展，深化共同富裕内核。近五年来，椒江区政协高度关注民生福祉，以构建共享发展幸福区为目标，提出提案349件，占总数的44.7%。

（二）推动实现共同富裕有差别的责任落实

1. 政治协商保障共同富裕有差别责任落实的长效性。椒江政协每年对政府工作报告、法院检察院报告、纪委监委党风廉政建设情况、财政预决算报告等重大事项进行集中协商，成立政协专题调研组，坚持推进“共同富裕”等难点问题，开展专题视察，献创新之策，撰写调研文章积极应对区委区政府实现共同富裕热难点工作，受到区委书记批示肯定。

2. 参政议政保障共同富裕有差别责任落实的实践性。椒江区政协精选文化家园、夜间经济、基层治理能力、学前教育、绿道建设、生产性服务业等24个与共同富裕密切相关主题，邀请党政领导、政协委员、群众代表、乡贤专家等参与协商、精准破题，促使“有事好商量”理念融入社会生活各个方面。

3. 民主监督保障共同富裕有差别责任落实的科学性。椒江区政协集中对人民群众美好生活向往的关注点、建设共同富裕先行区的痛难点为突破口，开展三级政协联动专项集体民主监督，助推美丽新府城建设。疫情期间，深入联系乡镇（街道）、村（社）、企业督导疫情防控，为疫情期间民生事业的发展提供了政协智慧。在“促共富”联合行动中，椒江区政协成立“中小企业惠企助企政策落实情况专项民主监督”专班，助力经济社会高质量发展推动共同富裕。

（三）促进实现共同富裕的制度理性构建

1. 数字化改革提升实现共同富裕工作效能。制定出台《椒江区政协“民生议事堂”“六步法”工作流程》《椒江区政协委员“民情驿e站”工作规则》《椒江区政协委员“民情驿e站”信息收集与流转的工作流程》等制度，数字赋能打造“家门口民生议事堂”椒江样板等，推动共同富裕先行市建设。

2020年开通直播“云协商”，创新探索“指尖上的协商民主”新模式；2021年首次运用掌上履职平台开展委员网络议政活动，开展台州市政协现场观摩会。

2. 履职记分制度提升实现共同富裕激励效能。量化委员履职指标，建立政协委员可上可下机制，增强协商主体在高质量发展推动共同富裕中的使命感和责任感。椒江区政协每年在全体会议召开前通报全体委员履职情况，并作为推荐表彰优秀政协委员的重要依据，对履职不力者书面通报所在单位和界别。对于评定履职优秀的委员，从中提名20名委员进入网络评选，投票选出履职先锋、履职能手各10名。

3. “家门口议事堂”提升实现共同富裕治理效能。从2018年创设“民生面对面双月协商”机制开始，到2019年深化搭建“请你来协商——民生面对面”平台探索“2+6+X”协商新模式，再到2021年打造“家门口的议事堂”椒江样板，椒江区政协“有事好商量”活动越做越实，助力共富治理持续走深。

二、耦合困境：椒江区政协履行共同责任推动共同富裕的潜在挑战

一是共同富裕集体责任不清，政协协商助力不足。政协委员投身共同富裕示范区建设的责任意识有待强化，社会群众中“同步富裕”“均等富裕”“劫富济贫”甚至“等靠要共富”的错误思想有待加强引导。二是共同富裕主体责任不实，政协协商活力不足。一些政协委员基层调研只求“留痕”、不够深入，热衷拍照加信息宣传。部分政协委员缺少作为界别代表的责任心和使命感，提案不主动，“年委员”“季常委”现象时有发生。截止到2022年5月，99名委员未提交提案，253名委员未提交社情民意信息。三是共同富裕责任监督弱化，政协协商效力不强。有的非重点提案承办单位对政协专项民主监督工作消极应付，有的政协与部门协同开展民主监督被动化、阶段性和形式化，监督机制还有待完善。四是共同富裕责任激励低效，政协协商约束力不强。椒江区政协履职能力积分制度以正面赋分为主，其中正面赋分项29项，占总评价指标76.3%，内容上也多为常规性活动为主，对重大精品提案等积分考核责任激励效力不足、约束力不强。

三、发展方向：政协协商推动共同富裕的行动取向

（一）构建政协协商推进共同富裕的共同责任动员机制

一方面，深化对推动共同富裕的基本共识，既要强化政府作用，又不能忽视发挥市场在资源配置中的决定性作用；既要发挥政治力量作用，又要发挥经济的决定性作用；既要彰显集中力量办大事的优势，又要依赖于“水滴石穿”与“绣花功夫”。另一方面，强化共同富裕是共同责任的意识，在政协协商主体中进行广泛宣传和动员，让所有协商主体都能认识到自己是推进共同富裕必不可少的力量。

（二）构建政协协商推进共同富裕的共同责任协商机制

浓厚“众人的事情由众人商量”的协商氛围，搞清楚“议什么、谁来议、怎么议、议的效力”等问题，推动协商主体共同担负起推动共同富裕的责任，对于相关协商活动既可以是共同责任单一主体内部的协商，也可以是多主体的联动协商，还可以是政协内外的协商，在协商过程中就共富话题平等对话、深入研讨、坦诚沟通，强化责任主体在推进共富中解决问题的能力。

（三）构建政协协商推进共同富裕的共同责任监督机制

构建共同责任的监督机制是推进共同富裕这一共同责任落地的根本保障。坚持寓协商于监督、以监督促协商，既要聚焦“人、财、物”，也要抓牢“前、中、后”，推动全周期阳光公开，跟踪落实协商成果，切实做好协商建言“下半篇文章”，还要破解“宽、松、软”，加强全方位立体监督，对于监督过程中发现的问题通过共同责任协商机制解决。

（四）构建政协协商推进共同富裕的共同责任激励机制

尝试设计共同责任激励机制，以解决政协推进共同富裕中可能出现的一些道德风险问题、信息不对称问题、能力差异问题和履职担当问题，提升各类主体在推进共同富裕中的后劲和动力，使各类主体在推动共同富裕的过程中所采取的一切行动，是基于一个最优的自我选择，而非强制性迫使，从而提高推进共同富裕的主动性和有效性。

全过程人民民主与协商民主统合的多维研究

王建友*

一、全过程人民民主与协商民主之间的关系研究值得深入探讨

全过程人民民主与协商民主内涵丰富。一方面，协商民主是实现党的领导的重要方式，是我国社会主义民主政治的特有形式和独特优势。另一方面，人民民主是一种全过程的民主，发展全过程人民民主是习近平总书记对社会主义民主政治理论的丰富和发展，是对党领导人民发展社会主义民主政治理论和实践成果的集中概括。

同时，二者关系需要进一步研究探讨。即协商民主、全过程人民民主在中国特色社会主义民主政治理论都处于重要位置，是中国共产党对马克思主义民主理论的继承与发展，但是两者之间关系如何？尤其是两者在中国特色社会主义民主政治理论中处于何种地位？

二、全过程人民民主与协商民主具有中国式民主的鲜明统合特色

民主是全世界人民追求的政治制度，但是每个国家由于不同的国情，所采用的民主制度各不相同。西方民主的发展有其历史文化、社会制度、发展阶段的特殊国情，而中国式民主则鲜明地体现中国民主政治发展的特殊国情。人类政治文明发展的历史反复印证了一个道理：一个国家设计、发展和完善

* 作者简介：王建友，浙江海洋大学马克思主义学院教研室主任

本国的政治制度，必须坚持从本国国情出发、从实际出发，注重历史和现实、理论和实践、形式和内容的有机统一，走适合本国国情的民主政治道路。

协商本身就是一个发扬民主、群策群力的过程，是一个量与质统合的过程。当世界进入了社会生产复杂的时代，当社会必须应对各种复杂的现代社会问题时，如何协调、如何建设治理共同体就成为当务之急。西方提出"民主制"的解决方法，用"多数决"的原则进行治理。这种"从多数"是"从众"的思路，使用"计数"的方法，相对简单易行。而中国的传统治理方法则是"从贤"，而不是"从众"。"从众"是"数"的思路，"从贤"是"质"的思路，鉴别质量要比计算数目更为复杂。

从时间和实践层面看，全过程人民民主本身就是一个协商进程，协商民主、全过程人民民主是适合中国国情的中国式社会主义集思广益型民主。它是实质性、开放性、多渠道的实质民主。"协商民主"是各个阶层和各行各业在民主协商过程中的碰撞，产生正能量而不是负能量，是建设性的而非破坏性的。全过程人民民主包括执政党内部的民主和全社会的民主选举、民主决策、民主管理、民主监督。这种集思广益型民主，首先通过建立广泛的集思广益型共识，以便在各阶层、各种身份的人们和各种利益诉求之间，有评判是非、协调利益关系的共同标准。这种集思广益型共识能够包容全民，这就需要摒弃以阶级划线的旧传统。

三、全过程人民民主与协商民主统合多维分析

（一）全过程人民民主与协商民主统合的时空维度分析

从中国民主政治发展的大历史来看，协商是中国最古老的政治实践。习近平总书记指出："中华文化崇尚和谐，中国'和'文化源远流长，蕴涵着天人合一的宇宙观、协和万邦的国际观、和而不同的社会观、人心和善的道德观。"传统政治伦理思想中的"协和""和同""和善"观念，不是倡导无原则的和谐亲善，而是主张"五味相济、八音相和"。五味、八音象征着具体事务的差异，而相济、相和，就是通过协商来达成共识、解决矛盾。

协商民主是中国共产党领导中国人民进行革命、建设和改革的伟大创

造。在实践中逐渐形成党际协商民主、党内协商民主、社会协商民主和公共协商民主四种形态，深深嵌入中国特色社会主义民主政治的全过程，具有坚实的实践基础。随着实践的发展，协商民主的内涵逐渐清晰，协商民主始终坚持人民的主体地位，以政党—国家—社会—公民的良性互动及其对公共利益的责任为基础；以平等的多元主体间互动为核心；以利益表达、利益协调与利益实现为运行程序；以推动公民有序政治参与、实现民主决策为目的。

全过程人民民主是全链条、全方位、全覆盖的民主，涵盖民主选举、民主协商、民主决策、民主管理、民主监督等民主过程的一切领域；涵盖选举民主、协商民主、社会民主、基层民主、公民民主等民主政治的全部要素，保证人民在政治生活各方面充分享有知情权、参与权、表达权、监督权；涵盖经济、政治、文化、社会、生态文明等内容。全过程人民民主实现了过程民主和成果民主、程序民主和实质民主、直接民主和间接民主、人民民主和国家意志相统一，人民当家作主具体地、现实地体现到党治国理政的政策措施上来，具体地、现实地体现到党和国家机关各个方面各个层级工作上来，具体地、现实地体现到实现人民对美好生活向往的工作上来。

协商民主和全过程人民民主是纵横联动的扁平化联动统合民主，是增进人民福祉有机民主。如果把人民民主当作一个坐标轴，那么协商民主就是代表空间纵轴、全过程人民民主就代表时间横轴，人民民主的运行就是协商民主在空间上纵向扩展，而全过程人民民主就是时间上横向延展。针对人民群众关心的问题，从事前—事中—事后协商先后流程上，多次协商、重复协商，在这个形成共识的过程中，全过程人民民主与协商民主耦合联动，相辅相成，直到达到“通”民意、“汇”民心效果，推进人民群众福祉增加。

（二）全过程人民民主与协商民主统合关系的价值层次与实践层次分析

首先，全过程人民民主是人民民主价值层次的具体表现。全过程人民民主是全链条、全方位、全覆盖的民主。协商民主是党领导人民有效治理国家、保证人民当家作主的重要制度设计，同选举民主、基层民主相互补充、相得益彰，是我国社会主义民主政治的特有形式。全过程人民民主注重民主的输出端，决策注重回应民意，促进民生改善。西式民主强调民主的输入端，而中国式民主的超越性在于更注重民主的输出端，“民有所呼，我有所应”，决策结果要对人民的诉求有回应性，要改善人民福祉。

其次，协商民主是全过程人民民主的具体实践层次。我国全过程人民民主，独创性地把民主协商与民主选举、民主决策、民主管理、民主监督等各个环节彼此贯通起来，具有时间上的连续性、内容上的整体性、运作上的协同性、人民参与上的广泛性和持续性。协商民主是观念聚合，而不是偏好聚合，各种意见、各方智慧能够有效地被集聚。

（三）全过程人民民主与协商民主统合关系力的合成分析

全过程人民民主与协商民主统合形成了民主政治建设力。中国式民主政治是一个群策群力的过程。同时，中国式民主政治也是一个在中国特色社会主义不断发展中持续探索的发展建设过程。由此，我们可以从力的合成角度，来分析全过程人民民主与协商民主统合关系，即构造民主政治建设力概念，将协商民主和全过程人民民主看成建设中国特色社会主义民主政治的两个力，用标量和矢量的区分，来分析形成民主政治建设力的合成关系。

中国民主政治建设合力大小取决于全过程人民民主与协商民主的统合方向、各自的长度和两者配合的程度。我们用物理学中力的合成理论，即用平行四边形定则来分析全过程人民民主与协商民主的同向、反向与互成 θ 角三种关系，来刻画中国特色社会主义民主政治发展中的全过程人民民主与协商民主形成的合力优势。“协商民主”与“全过程人民民主”就像两个矢量，有方向也有长度，矢量的方向就是“中国国情”，矢量的长度就是“民主建设能力”。

从全过程人民民主与协商民主力的合成来看，这个力的合成大小取决于全过程人民民主与协商民主统合合成的角度，即两者夹角的大小。这个问题在中国不是问题，因为中国式民主政治发展是中国共产党代表国家整体利益进行统领的，因此这个夹角一般不大。

（四）全过程人民民主与协商民主统合关系的引领、动力分析

其一，中国共产党领导是全过程人民民主与协商民主统合的最高统合。中国共产党的领导制度是我国根本的领导制度。协商民主、全过程人民民主

是中国特色社会主义民主政治发展实践中与中国的根本政治制度、中国国情相结合的产物，体现了中国式民主发展的特质。全过程人民民主与协商民主是以党的领导、人民当家作主和依法治国有机统一为基石；是以满足人民对美好生活的需要为目标；是以人民“完整的参与实践”为动力；是以“完整的制度程序”为保障。党的领导是全局领导，是统领全过程人民民主与协商民主的政治领导。党的领导贯穿全过程人民民主发展全程，链接了全过程人民民主发展的各个环节。在民主选举、民主协商、民主决策、民主管理、民主监督中，党充分发挥组织动员、思想凝聚、科学决策、民主管理、有效监督的功能优势，推进全过程人民民主朝着科学化、民主化、成熟化方向发展。协商民主、全过程人民民主在我国政治生活中呈现出政治性、人民性、广泛性与真实性特质，其背后的政治逻辑体现为党的性质宗旨、初心使命、理想信念与人民民主的融合。

其二，中国前进的新驱动力和后劲是全过程人民民主与协商民主统合的持续动力。进入新时代，人民物质生活更加丰裕，社会主要矛盾发生了新变化，并且在市场经济的加持下，社会结构日趋复杂、利益日益多元化，新的阶层不断涌现，社会矛盾日益增多。在这样一个国情下，人民群众的政治参与热情也水涨船高。中国式民主政治发展需要统筹兼顾，慎重对待各阶层的利益关系，继续贯彻“人民当家作主”理念，以协商民主、全过程人民民主方式，处理好官民关系、政企关系，树立新发展理念，为建设创新型社会和寻求新的发展动力，而发挥民主群策群力的作用，调动民间积极性，发挥人民的创造力，开拓民间广大深厚的动力源，将协商民主和全过程人民民主的优点融合起来，创造一个全新的统合驱动力，让协商民主和全过程人民民主各自发挥自己的优点，形成良性互动。

推动政协协商与基层协商有效衔接的实践路径研究

——以“村头巷尾商商量”为例

民盟浙江省委会*

基层是经济建设和社会发展的“第一现场”，一切工作的基础和各项方针政策的落脚点，坚持和完善政治协商制度的根基在基层。省委办公厅《关于加强和改进新时代市县政协工作的实施意见》明确：促进政协协商有效服务基层治理，推动工作重心下移，促进政协协商与基层协商相衔接、与社会治理相结合。本文着重围绕温州市龙湾区政协在协商制度方面的实践，以此探索政治协商与基层协商有效衔接的方法路径。

一、基层政协协商制度的落地现状

当前政协协商向基层协商延伸，成为一个趋势和方向，但从实践来看，仍然存在不少问题与不足，主要有以下几点：

（一）组织架构有待完善

政协在乡镇（街道）没有基层组织，导致政协在乡镇（街道）一级找不到工作“抓手”。近年来，虽然采取“不建机构建机制”的方式，成立街道政协工作联络组，将委员分片区落实到各个乡镇（街道），明确乡镇（街道）副

---

* 本文执笔：张霞鸿，龙湾区残联理事长，民盟龙湾基层委主委；李辉星，温州市龙湾区政协办公室主任

书记为联络组负责人等，但这样的组织架构，还是相当松散的，对于基层协商活动的开展缺乏统一的、先决的安排和统筹。

（二）协商机制有所欠缺

目前基层没有配套的实施细则来保证将基层协商民主纳入基层党委政府的议事规则，想到就协商，想不到就不协商的随意性依然存在。一些协商议题确定过急，使得参加协商的委员事先无法充分开展调研。在协商成果落实方面，基层党委、政府及工作部门不及时或不重视对政协协商意见进行反馈、落实等。

（三）协商覆盖不深不广

政协协商活动与基层协商联系不够紧密，由于界别因素减弱了委员的区域性，使得委员对基层社区、村居事务了解不够，参与基层协商不多。

（四）委员素质有待提高

有的“挂名委员”履职不积极、不遵守政协纪律；有的“哑巴委员”参加政协活动，但很少发言或不发言；有的在协商时提不出具体有用的意见建议，导致协商效果不明显。

二、推动政协协商与基层协商相衔接的实践探索

为把“有事好商量，众人的事情由众人商量”落到实处，龙湾区政协积极探索政协协商与基层协商有效衔接、同社会治理有效结合的途径，创新打造“村头巷尾商商量”品牌，将其作为“请你来协商”平台在基层的延伸，依托街道（片区）政协工作联络组开展“微协商”，为公民参与基层公共事务管理探索出一条新路径。

（一）主要做法

“村头巷尾商商量”“民生议事堂”坚持强化协商活动的组织实施，突出街道（片区）政协工作联络组和片区政协委员的主体作用。区政协在全区10个街道分别设立了政协工作联络组，由街道党工委副书记任组长，街道党工委统战委员任副组长，将全区政协委员划入其中。实践中，各联络组负责协商活动的组织安排，做好征题、选题、场地选择、委员和群众的联系联络等

具体工作。依托街道政协工作联络组，把履职触角定位在基层一线，让政协委员“沉下去”，切实坐在基层“板凳”上，与广大群众面对面、心贴心，设身处地看现状、听呼声、聚民智，实现建言资政和凝聚共识双向发力，让群众感受到委员就在身边。

1. 注重协商选题。协商采用多元选题机制，既有党委点题、政府出题，又有委员荐题、社会征题，多方协调确保选题精准、有用。尤其注重选择切口小、关联广、联系密的协商议题，围绕中心工作要事、民生关键小事、基层治理难事等选题方向，聚焦村社组织建设、社会经济建设、民生事业发展、村级事务管理等，不求大、不求全，但求抓住矛盾、切中要害，真正实现群众的事情由群众商量着办。

2. 强化调研环节。树立“无调研不协商”的理念，建立区政协主席、副主席联系街道（片区）政协工作联络组制度，每次协商前组织政协委员、相关单位负责人等深入基层调查研究，既充分了解工作取得的成绩，又切实掌握存在的困难和问题，并通过座谈会等形式开展多角度、深层次的研讨交流，探求解决问题的有效办法，为高质量协商打下基础。

3. 融合协商主体。根据协商议题需要，反复权衡、遴选优秀政协委员和相关人士参与，坚持把党政领导、政协委员、各界群众、相关部门负责人等各个渠道的协商主体聚集、融合起来，保障协商主体的广泛性与代表性。不断完善基层群众参与协商的机制，确保每次协商都有基层群众在场，在潜移默化中广泛培育协商民主思想与文化，扩大政协协商的影响力。

4. 精选协商场所。坚持协商在最基层，把台子搭在最一线、群众家门口，为群众参与协商提供便利，让群众感觉到政协就在身边、政协协商就在眼前。如“杨梅质量建设”微协商走进瑶溪山脚下的杨梅观光园，“蓝田村环境整治”微协商走进蓝田村，“村社融合”微协商走进南洋社区的文化大礼堂等。

5. 激活协商氛围。坚持让协商更贴近群众生活，鼓励使用方言，增添了亲切感。坚持贯彻民主协商、平等议事原则，因地制宜探索适宜的协商形式，协商中既有情况介绍、主题发言等程序化的安排，又有面对面提问、回应、讨论交流等互动式流程，各方观点充分表达、碰撞交融，在这个过程中不断深化认识、凝聚共识。

（二）运行实效

1. 增强公共决策的民主性和科学性。“村头巷尾商商量”“民生议事堂”到群众中协商的模式，为公民参与基层公共事务管理开辟渠道，通过引导辖区公民的有序参与，搭建了政府与群众沟通的桥梁，让“一人撑船”局面变成“众人划桨”的场景，真正把政协协商民主优势转化为基层社会治理效能。同时，为提高协商效果，有针对性地把接地气的本土精英聚集起来，组建“政协智库”，为高质量建言献策提供支持。如为了推进龙湾本土一条老街改造，将“民生议事堂”摆到老街原住民的院子里，邀请专家学者代表、街坊邻居一起商量探讨，从最大限度留存老街特色、发挥传统文化效益的专业角度，提出意见建议。

2. 推动民生实事成果的落实。对于重要议题，持续跟踪调研，积极转化为专题协商议题。区政府第一时间向有关部门出具政务交办通知书，推动了成果落实。此外，政协委员还通过视察、调研等监督手段，对成果落实开展“回头看”“再监督”。针对党政领导批示意见，加强与有关部门单位的衔接，跟踪督办，确保协商成果真正落到实处。同时，聚焦热点问题不止于一次协商。如围绕安置房建设问题，从“保质”“提速”两个方面，分别开展实地调研与协商座谈，迭次推进、步步深入。

3. 提升政府公信力和决策的可执行性。“村头巷尾商商量”“民生议事堂”开放、包容、灵活，把更多群体纳入“发言轨道”，不拘泥于场所、语言与流程范式，充分表达、有理有度、民主平等，让“有事好商量，众人的事情由众人商量”的协商文化在基层蔚然成风。同时“让群众较好地参与基层公共事务管理中来”，使“政府的项目”变成了“自家项目”，决策的可执行性也相对变强。

三、促进政协协商与基层协商相衔接、与基层治理相结合的思考和建议

（一）争取党政支持

乡镇（街道）政协工作联络组（委员履职小组）要主动向党政主要领导专题汇报工作，让党政领导充分了解基层政协组织各阶段、各时期的工作动态和要求，主动争取党政领导重视，把政协协商纳入各级党委政府工作的总体部署和决策程序，变“我要协商”为“要我协商”，形成“党委主导协商，政协主动协商”的新局面。

（二）创新形式载体

加快“民生议事堂”“协商驿站”等基层政协协商平台建设，努力拓宽基层群众理性合法有序表达利益诉求的渠道。进一步探索政协协商与基层协商、基层治理的有效结合，通过召开社情民意信息工作座谈会、协商议事促办会等活动，进一步密切政协委员与群众的联系，积极开展协调关系、化解矛盾、促进发展、改进民生等工作。

（三）提升协商效果

政协协商与基层协商衔接紧不紧、能否有效服务基层治理，关键取决于政协委员的协商议政能力。因此，在协商前期组织时，遴选委员很重要，要选择更多具有责任心且敢于建诤言、献良策的委员深入调研、参与协商。同时，要提升成果运用，对党政有关部门吸纳政协协商意见建议的落实情况进行跟踪问效，以促进政协协商服务基层治理履职成果的转化运用和基层协商民主的健康发展。

人民政协参与基层社会治理的嵌入路径研究

——基于嘉善“双联”创新机制的实践分析

顾新宇　黄　春*

习近平总书记指出，人民政协要适应推进国家治理体系和治理能力现代化的要求。强调“要广泛联系和动员各界群众，协助党和政府做好协调关系、理顺情绪、化解矛盾的工作”。嘉善构建“双联”创新机制，与“三位一体”和“协商驿站”形成闭环工作体系，率先把人民政协的制度优势转化为基层治理效能，积极践行全过程人民民主，打通社会治理基层“最后一公里”。

一、嘉善“双联”机制的创新做法

（一）概念界定及主要内容

“双联”即“界别联镇街，委员联网格”。“界别联镇街”是指主席会议成员带领政协委办和1—2个界别活动组分别联系1个乡镇（街道），形成1个委员履职小组。“委员联网格”是各委员履职小组再按3名左右委员分组联系3至4个村（社）、工业园区网格，并明确1名委员联系1个村（社）协商驿站。

（二）运行架构及嵌入路径

嘉善县政协确定“双联”机制作为政协工作向基层延伸的主要抓手，提出了民生议事堂、委员工作室、社情民意信息联系点“三位一体”建设和

* 作者简介：顾新宇，嘉善县政协主席；黄春，嘉善县政协研究室副主任

“协商驿站”作为支撑“双联”机制的功能平台，形成闭环工作架构。平台之间既相对独立、又相互融合，委员工作室作为委员下沉后的工作平台，负责社情民意信息收集、协商座谈等履职活动；社情民意信息联系点是委员反映社情民意的主要渠道，也是协商议题的主要来源；民生议事堂和协商驿站则是委员助力基层治理的协商平台，也为委员建议献策提供基础依据。

（三）闭环管理及实现路径

目标管理方面，“双联”机制明确以“听民意、抓协商、聚人心、办实事”为目标导向，通过发挥“三位一体”和“协商驿站”平台作用，充分调动各镇（街）委员履职小组的主动性和积极性，推动政协在基层履职工作闭环。制度管理方面，出台《关于深入推进“界别联镇街，委员联网格”机制的实施方案》《推动政协协商与基层协商有效衔接工作规则》《关于“请你来协商·民生议事堂”平台建设工作的实施办法（试行）》《关于“协商驿站”建设的实施办法（试行）》等制度，各镇（街）制订“双联”工作实施办法和计划，全面推动政协“双联”机制的规范化和可持续化。评价管理方面，以结果为导向，抓住“民生议事堂”和“协商驿站”两个主要环节，建立了评价管理体系。开展“民生议事堂”和“协商驿站”优秀案例评比，以评比来促进协商活动的高质高效。制定五星级“民生议事堂”和示范性“协商驿站”评价办法，根据平台建设和管理运行一年一评。

二、嘉善“双联”机制的实践策略

（一）系统谋划“双联”，推进政协联系服务基层制度化

嘉善县政协注重常态长效，系统谋划“双联”机制，确保其具有生命力。一是形成共识，凝聚各方合力。嘉善县政协党组就“双联”工作第一时间向县委常委会汇报，得到县委的高度重视与支持，形成了县委县政府、各部门和镇（街）等层面合力推进的良好局面，确保“双联”机制上下衔接顺畅，工作推进有序。二是明确内涵，务实推进履职。嘉善县政协整合了原有进基层服务单一项目，提出“三进两深化”，即进“联系网格”，开展走访调研；进“民生议事堂”，推进协商活动；进“网格讲堂”，促进凝心聚力，深化

“委员进村（社）”，开展集中服务；深化“一线担当”，助力基层治理。实实在在地让委员在基层有可为、有作为。如去年开展“双联”活动45次，发现收集到各类意见建议630余条，开展协商活动256场，反映社情民意信息11篇等。三是优化方式，常态服务基层。嘉善县政协提出了“固定+机动”的服务方式，原则上单月25日为“网格服务日”，每年开展不少于5次活动。实际上，政协委员与村（社）负责人均建立了日常联系机制，根据各村（社）的实际情况和需求，随时到基层开展服务。

（二）规范建设“一室”，推进委员走进基层履职常态化

嘉善县政协实体打造“委员工作室”，作为委员在各镇（街）开展履职活动主阵地。一是因地制宜搭建平台。嘉善县政协依托“民生议事堂”融入建设“委员工作室”，允许有条件的镇（街道）可以单建，确定政协联络室负责人和界别活动组组长为领衔委员，明确工作制度和职责。目前，嘉善县9个镇（街）“委员工作室”实现全覆盖，为委员履职提供了有力支撑。二是注重实效明确功能。嘉善县政协明确了“委员工作室”工作制度，包括开展学习交流、政策宣传、接待走访、信息收集、协商座谈、一线服务等各个方面，结合25日“网格服务日”推动落实，同时开通网上“委员工作室”，做好群众咨询服务。三是务实推进长效运行。嘉善县政协重视“委员工作室”在“双联”中的作用发挥，推动了“三位一体”平台常态长效运行。委员工作室负责对收集到的社情民意信息进行核实、梳理和分类处理，强化对“民生议事堂”包括“协商驿站”协商活动的组织指导和协调，做好各类意见建议的跟踪反馈，助推落实。

（三）方便群众“一点”，推进社情民意收集处置高效化

嘉善县政协加强了社情民意信息联系点建设，建立完善信息收集机制，方便群众反映社情民意信息，推动委员网格化精准履职，体现在三个结合上。一是线下线上长期收集相结合。嘉善县政协依托民生议事堂建设社情民意信息联系点，辐射到协商驿站，设置社情民意信息收集箱，做到全县镇（街）和村（社）全覆盖，做好定点收集。同时9个镇（街）均开通线上社情民意收集平台，方便群众随时上报。线上线下平台统一由各镇（街）委员工作室

负责，定期汇总梳理。二是开门进门定期收集相结合。嘉善县政协结合“双联”活动，一方面落实委员开门走进基层网格，通过走访调研、座谈交流形式收集，另一方面定期安排委员进“民生议事堂”和“协商驿站”定点接待，把群众请进门通过座谈交流等形式收集。去年，通过这两种方式，收集社情民意信息 630 余条。如姚庄镇养老服务体系中的问题，魏塘街道善和苑道路基础设施建设问题等，基层群众普遍关心的热点问题，被及时发现并提了出来。三是推动办理多条途径相结合。嘉善县政协建立了社情民意信息定期研判机制，对收集到的社情民意信息，由委员工作室领衔委员组织人员负责梳理研判，做到：能及时回应的，及时回应；需要相关部门引起重视或处理的，通过反映社情民意信息、提案等方式报送；需要多方协调推进的，转化为“民生议事堂”“协商驿站”议题或县级层面“请你来协商”议题协商解决。

（四）搭好“一堂一站”，推进基层协商民主建设规范化

嘉善县政协将“民生议事堂”和“协商驿站”建设放在打造践行全过程人民民主实践高地的高度来谋划推进，作为助力基层治理体系和治理能力现代化建设的重要平台。一是规范建好基层协商平台。与基层现有的平台、服务场所相结合，统一按照“四有五规范”推进平台建设，为基层协商民主建设创造条件。“四有”：即有制度、有人员、有统一标识、有台账。“五规范”：即规范选题定题、规范调查研究、规范协商活动、规范成果报送、规范跟踪反馈。明确“民生议事堂”第一召集人是政协联络室负责人，“协商驿站”第一召集人为村（社）党组织负责人，联系委员为第二召集人。二是常态协商群众关注事项。嘉善县政协“民生议事堂”和“协商驿站”除了承担政协因参政议政和调研等需要在基层开展的协商活动外，还就助力基层治理开展各类协商活动。“民生议事堂”侧重围绕镇（街）中心工作、民生事项等开展协商、建言献策。“协商驿站”主要围绕本村（社）具体民生问题组织开展座谈协商。协商议题有计划内确定的，也有走访中群众反映而增加的事项。去年，开展各类协商活动 256 场次，参与人数达到 2870 多人次，有效解决了各类问题或达成了共识。三是联动协商拓宽协商渠道。嘉善县已形成县、部门、镇（街）、村（社）四层级完整的协商体系，县级层面确定为“请你来协商·

专题协商会”，向部门延伸建立了“请你来协商·界别约谈会”，在镇（街道）确立了“民生议事堂”，村（社区）一级建立“协商驿站”。同时建立协商联动机制，在基层普遍存在的问题，根据需要由“协商驿站”上升至“民生议事堂”，甚至“请你来协商”来开展协商；而“请你来协商”议题涉及民生事项的，推动“民生议事堂”或“协商驿站”联动协商。如围绕“强化物质和非物质文化遗产的保护和利用”，嘉善县各镇（街道）组织开展了“加强地方文化保护和传承”民生议事堂协商活动，提出了非常有价值的建议，由相关委员带上了“请你来协商”。联动协商推动了基层群众的有序政治参与，为基层协商民主建设拓宽了渠道，丰富了全过程人民民主的实践形式。

三、嘉善“双联”机制的成效启示

（一）凝心聚力，开拓了政协密切联系群众新路径

构建“双联”工作体系，有效推动政协组织和政协委员力量下沉到基层，改善了委员在基层分布不均、联系群众不广等问题，拓宽了委员联系群众的覆盖面。一方面通过及时向群众宣传党的重要精神和重大决策部署，面对面听取群众的意见建议，更加广泛地把基层群众凝聚起来；另一方面，通过发挥政协组织和委员优势，助力基层解决群众反映的各类问题，在群众中赢得了好评，深受群众信赖，“政协委员就在身边”的良好形象深入人心。

（二）以民为本，激发了基层协商民主建设新活力

通过“双联”活动和“民生议事堂”“协商驿站”协商活动，解决了大量的基层治理难事，提升了群众满意度，有效激发了基层协商民主新活力。如开发区（惠民街道）惠通村“协商驿站”围绕土地流转、环境整治、打通断头路、绿化等7个议题开展了18场次协商，使问题得到妥善解决或达成了共识；罗星街道“民生议事堂”协商解决了培智学校的瓶颈路；干窑镇协商解决了新星村居住区污水管满溢问题等等。开发区（惠民街道）惠通村的书记陈明刚说：“村里老百姓遇到事情，‘协商协商’已成为口头禅。”协商活动在基层受到普遍欢迎，一位村民在协商会议上说：“分田到户到现在，我还没有参加过这样的会议。”基层尝到了协商的甜头，协商文化和协商理念在实践中

不断形成。

（三）增强能力，推动了政协组织和委员履职新作为

自开展“双联”活动以来，广大委员通过走基层、访民情，对基层有了更深的了解，调研材料更加翔实、更有说服力，协商议政更接地气、更有底气。“双联”活动打通了委员接触基层的通道，也开阔了委员了解基层、了解民意的视野，通过更深入地接触社会，提出的提案有了更强的针对性，反映的社情民意信息也更加实在。有委员说：“如果没有‘双联’，我真很少可能走到村里，通过实地的走访交流，还真是完全不一样的感受和收获。”

推动政协协商与基层协商相衔接助力基层社会治理的理论思考和实践探索

——以江山市打造共富示范区的实践为例

江山市政协课题组*

习近平总书记指出："涉及人民群众利益的大量决策和工作，主要发生在基层。要按照协商于民、协商为民的要求，大力发展基层协商民主。"江山市作为我省26个山区县之一，坚持以共同富裕的江山实践，加快打造三省边际中心县城。近年来，江山市政协运用民生议事堂、协商驿站等平台，推动政协履职工作、资源、力量下沉，以问题为导向开展一系列协商活动，推动一批基层社会治理问题得到解决、一批经济社会发展项目得到实施，助力山区县共同富裕和基层治理现代化。

一、基层协商特征及其与政协协商的关系探析

（一）基层协商的特征

一是参与主体大众性。相对政协协商而言，基层协商的参与主体大多是普通民众，参与者更具有大众性。二是议题选择微观性。相对政协协商而言，基层协商的选题主要是瞄准"与人民群众切身利益密切相关的问题"，议题相对微观，更多涉及的是民生关切的"小事"，协商成果具有明显的个案性。三

---

* 课题组成员：胡炳泉、毛有祥、毛康文
本文执笔：毛有祥

是协商目的迫切性。在基层协商中，作为协商主体之一的基层群众，其参与协商的目的，就是冲着快速“解决实际问题”而来，协商具有“迫切性”。

（二）两者可实现有效衔接

一是“人”的有效衔接。一方面体现在“人下去”。在基层设立委员履职小组，由挂联到基层的政协委员，参与到民生议事堂等基层协商平台活动中。另一方面体现在“人上来”。在政协开展专题协商时，根据协商议题的需要，邀请基层群众代表到政协参与政协协商，让政协协商更接“地气”。二是“协商议题”有效衔接。首先是“带着协商议题下去”。联系到基层的委员履职小组的政协委员，把议题带到基层，听一听基层群众对议题的意见建议。其次是“带着协商议题上来”。政协委员参加基层调研视察时，发现相关议题在基层协商中无力解决的，将其带回到政协，通过政协协商加以解决。三是“协商成果”共享。通过政协协商后党委政府出台的规范性文件，基层可以直接依据规范性文件进行基层治理。经基层协商后，探索出一些基层治理的新方法和新经验，政协在协商涉及此类议题时，可直接引用基层协商探索出的经验做法作为政协协商意见报送。

（三）两者存在的差异

一是关注的主题不同。政协协商的主题，主要是围绕党委政府中心工作、重大改革举措、重要工作部署、重要规划执行，它所关注的是相对宏观的和带有一定全局性、战略性的问题。基层协商主题，主要是关注与基层群众切身利益相关的、当下面临的揪心事、烦心事、操心事，选择相对微观。二是采用的方式不同。政协协商是由全国和地方各级政协来组织，通过专题议政性常委会会议、主席会议协商、专题协商会、提案办理协商、经济民生论坛、界别协商等协商形式进行。基层协商是由基层政协履职小组及挂联基层的政协委员来组织，一般通过基层的协商平台来进行。三是参与的主体不同。参与政协协商的主体，大多是政协委员和党政有关部门负责同志，活动的组织者为各级政协。参与基层协商的主体一般为所议议题的“利益相关方”。一方是基层群众代表，另一方是党政有关部门、企事业单位或社会组织代表。

二、江山市政协协商与基层协商相衔接助力共同富裕示范区建设的具体实践

（一）创新开展了政协协商民主体系建设

一是坚持党建引领，为政协协商民主建设上接“阳光”。党建是江山市政协协商民主建设的“灵魂”，也是“阳光”。近年来，江山市政协毫不动摇坚持党对政协工作的领导，把习近平总书记关于加强和改进人民政协工作的重要思想作为行动指南和根本遵循，把党的领导贯穿政协协商民主建设的全过程，实现党的组织对党员委员的全覆盖、党的工作对政协委员的全覆盖。二是注重调查研究，为政协协商民主建设下接“地气”。从 2012 年开始，每年年初由主席会议根据党委政府中心工作，按照“一年一主题”思路，持续 11 年开展大调研活动，形成多篇调研文章。三是聚焦协商主业，高效推动政协协商民主工作。探索形成了以政协全体会议为龙头，以常委会协商、主席会议协商、论坛协商为重点的，集会议协商、提案协商、视察协商、监督协商、社情民意协商为一体的全方位、多层次、立体化的政协协商新格局。按照“不建机构建机制、不建组织建平台”的原则，在全省创新推出了“1445”工作法，加强民生议事堂的建设；每月一次举行“亲清直通车•政企协商会”。

（二）江山市政协助力基层社会治理的经验发现

从党政部门层面看，有利于巩固党在基层的执政根基；从基层干群层面看，有利于基层干部群众协商能力和协商精神的培养；从政协及委员层面看，有利于彰显政协及广大委员在基层治理中的独特优势。

（三）江山市政协推动基层社会治理实践中的一些困惑

一是协商机制不够健全。对于协商什么事项、谁来参与协商、如何启动协商、如何组织协商、什么人主持协商、协商流程怎么走、协商结果如何落实运用等，都没有明确的和系统性的规定。基层协商普遍缺乏规范性、程序性。二是协商水平不高。在江山实践中，参与协商的主体其个人素质是参差不齐的，协商对话的能力也有高有低。因此，协商很容易出现协商不足、流

于形式和意见有偏等问题，广大干部群众参与基层协商的能力和水平普遍有待提高。三是协商动力不足。目前除了民众参与协商的动力不均衡外，还普遍存在着协商“形式化”问题。个别领导为了得到上级组织的重视与肯定，追求形式上的创新而缺乏实在的内涵。

三、推进政协协商与基层协商相衔接的路径优化和方法探索

（一）持续推动协商综合平台的建设

一要突出多方参与建平台。群众是协商利益主体，也是协商的参与主体。要有效扩大社会公众参与度，在参与主体上体现充分的人民性，在更大范围内“寻求最大公约数”。二要突出解决问题建平台。推进政协协商与基层协商衔接，最主要是整合政协协商与基层协商两种协商渠道的资源，推动解决群众关注的焦点难点问题，实现从“提出议题”“商量沟通”到“解决落实”“增进共识”的“闭环”。三要突出倾听民意建平台。要坚持“从群众中来，到群众中去”，把协商搬到街头、市场、校园、村社、企业等基层现场，更好地把党政决策和工作部署宣传下去、把群众诉求和真知灼见反映汇集上来。

（二）持续推动协商机制的健全

一要健全议题选定机制。协商议题的选定，可分为三个类别：工作推动类，往往由基层政府或基层党组织发起；问需提案类，往往由有关部门搜集并确定议题；临机事务类，主要是一些临时性工作安排、群众急难愁盼的问题。二要完善协商议事机制。要构建起上下贯通的多层次协商衔接机制，引导参与者有序协商、文明协商、理性协商。三要构建“全方位”基层协商机制。要坚持好政协协商和基层协商各自的优势，实现两者整合“1+1>2”的效用。要建立主体广泛参与机制。要让基层协商起到拓展党群联系渠道、提供群众表达诉求途径、为委员履行职责搭建舞台等一举三得的作用。

（三）持续提升协商的规范化水平

要在议题征集、议题确定、参与人选等方面，进一步完善好程序，并分

别制定各个细节的操作办法。要着眼发展全过程人民民主，在民主选举、民主协商、民主决策、民主管理、民主监督过程中，形成环环相扣的完整链条，使“全链条”在更大范围、更深领域、更高程度上得到体现。

加强人民政协协商民主建设的实践研究

——以浙江省政协为例

金华市金东区政协课题组*

政协协商民主根植于中国特殊的革命、建设和改革实践，是新中国与生俱来的民主形式。党的十八大以来，习近平总书记指出“中国式民主在中国行得通、很管用”，强调发挥人民政协作为专门协商机构作用，进一步明确了人民政协在发展社会主义民主政治、建设社会主义政治文明中的重要地位和独特优势。遵照习近平总书记对浙江政协工作的重要指示要求，浙江省政协坚定不移沿着“八八战略”指引的路子走下去，积极探索创设听证会，建立群众代表旁听政协常委会会议制度等，丰富协商形式，完善协商机制，培育协商文化，推动政协协商民主建设不断走深走实。

一、丰富协商形式，拓展公众有序参与渠道

浙江省政协深刻把握加强人民政协协商民主建设的重要意义、核心要义和实践要求，重视结合矛盾聚焦点不断丰富协商形式，围绕改革发展稳定重大问题和涉及群众切身利益的实际问题，在决策之前和决策实施之中广泛协商、凝聚共识，积极拓展公众有序参与渠道，逐渐扩大协商民主覆盖面。坚持和完善全体会议、专题议政性常委会会议、专题协商会、提案办理协商等既有协商形式，在继承发展基础上创立民生协商论坛。完善对口协商和界别

---

* 本文执笔：朱国华，上海财经大学浙江学院政协智库主任，马克思主义学院副教授

协商，建立省直有关单位同省政协专委会对口联系机制，推动以界别为主体开展协商议政活动。创立专家座谈会（协商会）和政企协商座谈会，探索搭建高规格高层次协商对话渠道。特别是，随着网络议政技术和群众参与热情的提升，不断探索网络协商形式，开发网络议事平台、小程序等推进基层社会治理与政协协商的再融合、再重组，从而进一步丰富“有事好商量、众人的事情由众人商量”的制度化实践。

在具体实践中，部分县市结合实际也积极探索丰富和发展协商形式。例如，台州市政协不断创新基层民主协商议事形式与内涵，创设街镇和村（社）两级民主协商议事平台，引导社会各界人士更加广泛、全面、有序涉入基层事务的发起、决策、管理和监督。台州市路桥街道，通过选定议题、民主协商、服务落实“三步法”和协商＋征询、协商＋监督、协商＋调解“六环节”，将协商民主引入夜间经济发展、大街小巷整治、深化新时代文明实践等重点项目，通过有组织的协商形式，让社会各界人士依法参与基层社会公共事务、公共决策和基层社会治理成为常态。

二、健全协商规则，保障时效适宜与机会均等

浙江省政协注重制度建设的根本性保障作用，与时俱进推进制度机制“立改废”，先后协助省委制定出台加强人民政协协商民主建设、加强新时代人民政协党的建设工作、新时代加强和改进人民政协工作、加强和改进新时代市县政协工作、县（市、区）政协开展“请你来协商”平台建设工作、加强省直有关单位同省政协专门委员会对口联系工作等专项文件，制定省政协协商工作规则、加强促进凝聚共识工作意见、强化政协委员责任担当、加强改进专委会工作和制度建设的意见等工作制度，修订全体会议工作规则、专门委员会通则、专题协商会组织实施办法等制度，构建起了以协商制度为主干，覆盖专门协商机构党的建设、履职工作、组织管理、内部运行等制度体系，为发挥专门协商机构作用提供制度支撑。

与此同时，深入贯彻落实省委《关于推进人民政协协商民主体系建设 加快构建全过程人民民主实践高地的意见》，强化制度重构、流程再造、系统重

塑，深化省域协商民主实践探索布局，着力完善协商议题确定机制、完善协商组织机制、完善协商平台载体机制、完善以协商聚共识机制、完善协商于民协商为民机制、完善协商式监督机制、完善协商文化培育机制、完善协商能力提升机制、完善数字赋能机制、完善协商与党政工作衔接机制 10 个方面机制，将政协重点履职议题纳入党委政府工作规划之中，不断更新和完善政协协商工作规则，从制度上保障协商民主活动时效适宜与机会均等，推动专门协商机构制度优势转化为治理效能。

三、培育协商文化，推动深度协商互动

浙江省政协坚持健全协商规则与培育协商文化同步推进，架设不同领域的协商平台，引导公众有序参与协商进程，重视传承中华民族兼容并蓄、求同存异等优秀政治文化，发扬“团结—批评—团结”的传统，着力培育与时代和任务相适应的中国特色社会主义协商文化。优化协商环节设计，健全政协各类协商活动规则程序，运用好民主集中制优势，切实提高深度协商互动、意见充分表达、广泛凝聚共识水平。

坚持增强协商本领与提高协商实效相互促进，重视从平等意识、广泛意识、包容意识、理性意识和求真意识方面培育协商文化，在推进协商民主建设中强调协商主体平等，明确突出培育协商文化是在全社会范围内由公民平等参与公共事务的决策，通过广泛深入的讨论和对话，形成协商共识，找到最大公约数，并作出具有集体约束力的决策。强调协商各方保持客观理性，摒弃非此即彼的思维定式，拒绝偏激偏执的极端言论，坚持一致性和多样性相统一，鼓励平等探讨问题、坦诚交流意见，营造“既畅所欲言、各抒己见，又理性有度、合法依章”的协商氛围，做到聚同化异善协商、坦诚相见真协商、互动交流深协商，在广集众智的深度协商中服务科学民主决策，在同心同向的真诚协商中有效增进各方共识，更好彰显专门协商机构的独特优势。

总之，浙江是习近平同志工作过的地方，浙江省政协对习近平同志对浙江政协工作作出的重要指示批示和战略谋篇布局总是先行一步，努力十分；

党的十八大以来，习近平总书记对人民政协工作提出了一系列新思想新论断新要求，强调要发挥人民政协作为专门协商机构作用，浙江省政协亦敢为人先，勇于探索，在推进人民政协协商民主建设、加快打造全过程人民民主实践高地彰显新作为新担当。

推进政协协商与基层协商有效衔接的探索与思考

陈文庆*

习近平总书记强调，涉及人民群众利益的大量决策和工作，主要发生在基层。要按照协商于民、协商为民的要求，大力发展基层协商民主，重点在基层群众中开展协商。推进协商民主向基层延伸，是新时代人民政协工作的使命要求，也是人民政协在发展全过程人民民主中的重要领域。

一、推进政协协商与基层协商有效衔接的实践现状

政协协商与基层协商有效衔接是一项2014年就已在探索推进的工作。目前，政协协商与基层协商有效衔接工作推进，以基层治理为切入点，以社情民意为主要内容，以实现协商成果优势转化为目标。从调研了解情况看，各地推进政协协商与基层协商有效衔接工作取得较好成效。湖州市政协按照“有场所、有机制、有主体、有计划、有活动、有成果”的思路举措，打造了面向乡村的农情议事会和面向乡镇（街道）的民生议事堂。农情议事会，在党政部门与基层界别群众间架起了一座相互沟通、理解、支持的桥梁，协助党委政府及时掌握苗头性、倾向性的“三农”问题，为基层党委政府提供了更加专业、更加科学的决策参考。民生议事堂实现两区三县72个乡镇（街道）全覆盖，选择与基层群众利益攸关的议题开展协商，助推一批群众急难

* 作者简介：陈文庆，湖州师范学院马克思主义学院副教授、副编审

愁盼问题得到了解决。但因其以社会治理为切入点的工作推进方式，有的政协委员仅把政协协商与基层协商衔接理解为社情民意的调查、反馈与群众诉求的解决，而对发挥政协作为专门协商机构的应有功能作用不够明显，在提高政协建言资政质量，提高群众协商能力，实现协商常态化和可持续发展上还有待提高和完善。

二、推进政协协商与基层协商有效衔接的工作难点

政协协商与基层协商有效衔接的实践路径以政协为主导方，主动下沉，主动建设协商平台，落实规章制度，协商优势转化的立足点、互动点、支撑点是人，其难点重在解决基层民众认知不充分，缺乏参与热情的问题。一是认知不充分。在湖州潜庄、东白鱼潭、墙壕里、华丰居民小区走访发现，社区民众对政协协商、基层协商的认知不多。一些民众把协商理解为提意见，帮助他们解决生活工作问题；一些民众因工作生活节奏快，无暇关注这些问题；一些民众认为很多事领导说了算，老百姓意见没有用，协商不协商，征求意见也就走个形式。二是缺乏参与热情。从湖州选择性发放的 50 份问卷调查发现，82.26% 的调查对象回答没有参与过协商；66.13% 的调查对象不知道“民生议事堂”，但大多数民众凭借“民生议事堂”名称直觉，将其归类于基层协商；61.29% 的调查对象回答工作生活中遇到矛盾或问题不会提请“民生议事堂”协商，但如遇物业管理问题协商时 80.65% 愿意参加；88.71% 的调查对象愿意参与并支持“民生议事堂”，对政府的大政方针进行宣讲解读的活动。

由此可见，政协协商与基层协商有效衔接的难点是如何在确保政协协商主导下，把有参与协商意愿的民众积极性调动并组织起来。政协协商与基层协商的着力点应是通过国家和地方的重要举措和重大问题协商，达成对重要举措和重大问题的统一认识，实现统战目标。政协协商和基层协商的衔接上，首先要确保政协协商的自身特殊性，两者衔接必然要以政协为主导。其次要明确政协协商与基层协商的衔接关键是让民众知晓、认同并积极参与。具体而言，一是避免被基层矛盾左右，成为社情民意的二传手，政协失去了自我。

二是避免基层不认同，政协的松散性与基层松散性的叠加，导致民众参与程度低，协商衔接形式化。

三、推进政协协商与基层协商有效衔接的实践路径

一是明确使命，做实凝聚共识工作。政协协商基层延伸的目的，一是使政协委员主动深入基层，听取群众意见，广泛调查研究，力求精准资政建言。二是通过各民主党派、各社会团体、工商界企业界精英代表，某方面的专家学者或成功人士，通过政协协商向基层延伸，宣传解读国家大政方针，以有影响力的人影响界别群众，从而凝聚共识。

二是明确职能，凸显政协协商功能。政协是民主党派、社会团体等非党精英人士为国家富强、民族振兴与执政党联合共建的专门协商机构。应当以多党合作，统一战线的优势为执政党出谋划策，贡献政治智慧。在政协协商与基层协商衔接上，既要做好收集社情民意、下情上达工作，更要发挥政协独特优势价值，促进政协协商有效服务基层治理。

三是明确流程，做到精准建言献策。政协协商与基层协商有效衔接的理想状态，对于基层而言，是基层问题的解决；对于政协而言，完成履职，达成自身存在价值的现实兑现。基层自身无法解决的矛盾冲突，通过政协协商的沟通交流、上传下达、出谋划策、解释协调达成互相谅解。在二者的衔接中，更重要的是发现矛盾产生的制度性漏洞，透过社情民意，为民生幸福提出普惠性制度决策的精准建议或议案，帮助政府科学决策、及时纠错。

四是明确环节，提高政协履职成效。目前在操作层面上，政协主导的衔接方案设计、基层建制已经成型，影响协商成效的主要是实践操作。操作性问题需要根据不同的情态做细做实做到位，如操作中最关键的第一个环节就是解决人的问题，政协委员、基层群众组织性不强，找到有协商情怀，关注群众生活，善于组织沟通的人员去牵头组织是工作成败的关键。同时，要选择好协商议题，做实做深宣传教育、制度规范、优化工作流程、促进成果转化等各环节工作。

全过程人民民主赋能政协协商：生成逻辑、实践形态及价值意蕴

——基于浙江省“请你来协商”的分析

毛　慧*

一、全过程人民民主赋能政协协商的生成逻辑

全过程人民民主不同于资产阶级的代议制民主，其本质是中国共产党在继承马克思主义民主观和中华优秀传统政治文化的基础上，在中国革命、建设、改革发展中，通过不断实践探索所形成的民主实践形态。

（一）理论渊源：马克思主义民主观与中华优秀传统政治文化

首先，马克思主义民主观。民主理论是马克思主义理论的重要组成部分。马克思和恩格斯在推动工人运动的过程中，就开始系统阐释民主理论，并逐步完善形成了马克思主义民主观。马克思主义对于无产阶级民主理论的研究和探索为中国共产党构建符合中国国情的民主理论提供了科学指引。其次，中华优秀传统政治文化。全过程人民民主的政治观就意味着对政治生活的全局性和整体性的把握，坚持某种根本性的价值观念，把民主贯穿于政治生活的各环节各领域。这种价值观来源于中华优秀传统文化的民本思想。民本思想主张统治者从人民角度考虑问题，充分认识人民在国家中的地位作用，强调民意对于国家政权稳定具有决定性作用。

---

* 作者简介：毛慧，中共临海市委党校科研室干部

（二）历史脉络：中国共产党发展人民民主的百年历程

中国共产党对于民主的认识随着实践发展不断深化。为了实现人民当家作主，中国共产党将马克思主义基本原理同中国具体国情相结合，带领全国人民进行不懈奋斗，逐步推动民主政治不断向前发展。

（三）实践基础：人民政协是践行全过程人民民主的重要制度载体

人民政协是社会主义协商民主的重要渠道和专门协商机构，通过履行职能保障人民当家作主的权利，充分彰显协商民主的价值和功能，为发展全过程人民民主贡献力量。人民政协制度中蕴含着丰富的全过程人民民主要素，贯穿着政协协商的全过程。

二、全过程人民民主赋能政协协商的实践形态：基于浙江省“请你来协商”的分析

2018年，浙江省政协创新性地推动“请你来协商”平台建设，旨在充分发挥基层政协专门协商机构作用，是全过程人民民主在基层落地的创新实践形式。

（一）核心价值理念：公正平等导向

全过程人民民主是一种具有广泛性和充分性特征的民主形式，坚持以人民为中心，秉持公平正义原则，确保人民都享有平等的公民权利，实现政治平等。浙江省政协依托“请你来协商”平台建设，充分调动公民表达自身诉求的积极性，提供平等参与基层治理的机会和渠道。

（二）关键驱动力量：多元主体合力实现双向赋能

浙江省通过“请你来协商”平台建设实现地方政府与非政府主体的双向赋能，推动全过程人民民主在基层的实现。从政府角度来说，随着传统的强制性管理手段式微，基层政府逐渐开始改变原有单向度的思考模式，开始注重通过凝聚人心力量、调和社会主体之间的差异、柔性引导等方式实现基层治理目标，并逐步下放权力，引导非政府主体和人民社会发展，并为其发展提供政策制度保障。从人民角度来说，在政府的柔性引导之下，人民及非政府组织通过参与“请你来协商”等持续化的基层民主协商逐渐实现利益偏好

的调适，逐渐形成公共理性，养成良好的政治素养，从而促进人民与社会的发展。反之，拥有参与能力与政治素养的社会主体参与“请你来协商”，很大程度能提高基层协商效能，彰显“请你来协商”作用价值，推动平台正常有序的持续化运转。

（三）相关路径选择：流程与机制的规范创设

“请你来协商”平台建设作为基层践行全过程人民民主的创新尝试，它的实施和推广需要依靠一定的流程设计和制度安排。一是打造可操作的运行程序。浙江省利用数字化技术优化平台流程设计，构建“调研—选题—调研—协商—移交—监督”环节贯通的全链条协商流程，提高政协协商实效性。二是建立多样化的实现机制。“请你来协商”作为一种践行全过程人民民主的实践形态，创造性地建立精准识别、凝聚共识、衔接配合、闭环管理四大实现机制，为平台在全省领域的广泛推行提供了结构性保障。

（四）发展目标取向：提升治理效能与培育公民社会的有机结合

“请你来协商”通过整合治理资源，推动民主与民生的互嵌融合，实现提升治理效能的目标。在推进“请你来协商”过程中，基层政府越来越倾向运用柔性方式开展工作，包括培育公民理性、公民精神及提升政治素养等，确保平台常态化运作。人民群众由于持续长期参与基层社会协商活动，逐渐养成良好的政治素养和政治参与能力，形成公共精神，完成从私人领域的个人向公共领域的公民转变，推动公民社会的形成和发展。

三、全过程人民民主赋能政协协商的价值意蕴

（一）理论价值：创新发展社会主义民主政治理论

中国共产党人带领中国人民对于民主政治建设进行艰辛探索，不断深化对社会主义民主政治发展规律的认识，实现人民民主理念到全过程人民民主理念的转变，丰富和发展了社会主义民主政治理论。作为具有中国特色的制度安排，人民政协是践行全过程人民民主的重要载体。

（二）实践价值：跳出治乱兴衰历史周期率的新路

党的十八大以来，习近平总书记多次在重要场合提到跳出历史周期率的

问题，强调除了民主，“我们党又给出第二个答案，就是自我革命”。发展全过程人民民主，发挥政协专门协商机构作用，构建复合型民主体系，依靠人民的力量监督政府，提升人民当家作主的治理效能，有利于巩固中国共产党的执政基础。

（三）国际价值：充分彰显中国式民主巨大优越性

随着资本主义制度的发展，西方式民主的弊端逐渐显现出来，引发一系列政治社会问题。发展全过程人民民主，发挥政协制度优势，真正实现人民当家作主，是对西方式民主的系统性超越。

深化政协委员读书活动研究

余姚市政协*

一、委员读书活动的意义

开展委员读书活动是委员增长知识、增强本领的重要途径，是委员强化理论武装、站稳政治立场的重要措施，是委员凝聚人心共识、引领全民阅读的重要手段，更是委员提升履职能力、提高建言献策质量的重要渠道。

（一）开展读书活动是委员铸魂明志的内在要求

开展委员读书活动，有利于政协各参加单位和广大政协委员深刻领悟“两个确立”的决定性意义，持续强化理论武装、站稳政治立场，同心同德为中华民族伟大复兴而努力奋斗。

（二）开展读书活动是委员建言献策的内在要求

通过深入开展读书活动，委员能够进一步了解国家经济社会发展、各地人文风貌等情况，在建言献策中廓清迷雾、掌握实情，发现问题、提出对策。

（三）开展读书活动是加强团结引领的内在要求

开展委员读书活动，既是加强委员思想政治建设的内在要求，也有利于通过读书强化党员委员对党外委员、政协委员对界别群众的团结教育和引领带动作用，更好地达到凝聚共识、传播共识、扩大共识的目的。

---

* 课题组成员：华红、黄方、朱红良、周卫江、余静凯
  本文执笔：朱红良、周卫江、余静凯

二、基层政协开展委员读书活动的实践探索

余姚市政协依托余姚深厚的历史文化底蕴和独特的崇学传统，开展系统化、品牌化、常态化的委员读书活动，逐步形成了爱读书、读好书、善读书的浓厚氛围。

（一）建立全覆盖读书体系

持续放大“书香政协”品牌效应，创建“书香最名邑”委员读书品牌，打造“委员书房”“书香政协读书角”“读书驿站”“读书沙龙”等活动载体。建立常委读书会、专题研讨会、委员天天学等读书平台矩阵。

（二）开展递进式读书活动

创新读书活动载体，采取主席领读、专委会导读、界别研读、委员讲读、社会跟读，做到活动形式和活动频次因地制宜、灵活机动，推动读书与履职深度融合、相互赋能。

（三）搭建多元化读书平台

线上结合“数字政协”建设，依托浙政钉“学习在线”应用场景，发动委员参加网上读书活动；线下以 21 个宣讲小组为单位成立学习座谈小组，开展宣讲、创作等活动。

（四）实施质效性读书评价

对委员读书活动实行一周一小结、一月一统计、一季一通报、一年一考评，建立表扬先进、情况通报、考核评价等机制，推动委员读书由“软指标”变成“硬任务”。

三、当前委员读书活动存在的问题

（一）顶层设计有待加强

各地政协在开展委员读书活动时缺乏系统性计划，往往以完成临时性读书活动任务为主。同时，上级政协对基层政协的指导力度有待加强，在基层具体实践中，即便出台了“书香政协”或委员读书活动方案，但流于形式现象一定程度存在。

（二）特色亮点有待挖掘

各地政协开展的委员读书活动缺乏符合基层实际、彰显政协特点的读书方式、读书平台和读书特色，读书活动走深走实的方式方法还需要探索，读书品牌的打造有待强化，多层次、立体化的读书体系有待构建，活动影响力、吸引力和传播力还有待提升。

（三）主体作用有待发挥

部分委员对读书活动重要性的认识还不够到位，读书学习的积极性和主动性有待加强。读书活动中互动氛围还不够浓，读书后思考、交流、研讨不够深入。同时还存在重形式轻内容的现象，挫伤了委员参与活动的积极性。

（四）成果转化有待深化

“读书＋履职”的针对性和有效性有待提升，读书学习与调研、视察、提案、反映社情民意信息等各项履职工作的融合和匹配还不够紧密。部分线上读书活动虽有数量、参与率排名通报机制，但无委员发言意见的梳理汇总和转化落实机制。

四、深化委员读书活动的对策建议

（一）健全组织体系

以委员读书活动全周期、全过程、常态化开展为导向，建立完善委员读书活动组织领导体系，成立由政协主席任组长、其他副主席任副组长，政协办公室、各专委会主任为成员的领导小组。领导小组下设办公室，负责委员读书活动的统筹、协调和组织工作。同时，由各专委会牵头，在各所联界别组建读书群，各界别组和乡镇（街道）组建读书小组，推动形成全覆盖的委员读书活动组织体系，确保委员读书活动组织化、规范化、常态化开展。

（二）精选读书内容

建立完善阅读书籍的推荐筛选机制，通过政协各级党组织以政治引领为目的的推荐、政协各专委会根据业务工作所需的指定、各界别组依托界别特色的挑选、委员根据兴趣爱好和履职需要的分享等，形成内容多元、覆盖面广的书籍资源，并定期通过微信公众号、网站、微信、浙政钉等线上线下渠道进行公布共享。结合数字化改革和“数字政协”建设，加强与电子书服务供应商之间的对接合作，充分利用电子书资源，运用大数据手段探索建立委员读书书籍电子数据库。建议省级政协牵头建库，市县两级共建共享，并逐步推动各级各地政协书籍资源数字化共享。

（三）搭建平台载体

发挥政协各参加单位组织优势、平台优势，搭建资源共享、渠道互补、参与广泛的读书平台。实体平台方面，在加强经费、空间保障的基础上，通过在政协建书房，在乡镇（街道）联络委建读书室，在民生议事堂、委员会客厅、委员工作室、协商驿站等委员履职平台建读书角的形式，构建纵向到底、横向到边的实体读书平台。线上平台方面，结合“数字政协”建设，充分发挥新媒体受众面广、使用率高、流量大的特点，在政协层面建总平台，依托各级政协微信公众号、浙政钉或门户网站等开设委员读书活动专栏；充分发挥各专委会和界别组的组织作用，由专委会牵头组建委员读书活动浙政钉群、界别组线上读书小组。

（四）创新读书方式

建立“学习 + 履职”工作机制，把读书活动融入调研视察、协商议政、民主监督、提案办理等履职工作，在履职活动前组织委员开展针对性的读书活动和相关知识的学习，提升读书活动和履职活动内容上的匹配性和时间上的互补性。丰富读书活动开展方式，采取组织荐读、个人阅读、骨干领读、专家解读和经典宣读等方式，推动委员读书活动走深走实，打造形成地方政协读书品牌。建立“主席领读”制度，由政协主席、副主席带头领读，分享学习心得，带领委员多读书、善读书。发挥读书骨干委员和各读书群、读书小组领读人的作用，通过探索委员、专家“揭榜挂帅”开设专区、领读约读的新路径，激发委员读书的积极性。定期开展委员读书学习交流活动，通过组织读书沙龙、专题研讨等形式，围绕时政主题、履职主题等开展小组或联组学习交流，拓宽学习思路、拓展学习成效。

（五）注重成果转化

要把读书活动与建言资政相结合，健全读书活动成果报送机制，及时梳理汇总读书活动中委员发表的各类意见建议，引导委员转化成社情民意、议政通报、政协提案等，助力党政科学决策。要把读书活动与团结联谊相结合，组织开展文史研讨、文艺创作活动，引导各界人士大力弘扬优秀传统文化，达到以书育人、以文会友、增进共识的目的。要把读书活动与助推全民阅读相结合，定期邀请党政领导、行业专家、乡贤人士等参与政协各类读书活动，组建委员宣讲小组深入基层开展讲学、导学活动，引领各族各界人士主动养成读书学习的习惯，助力“书香社会”建设。要把读书活动与公益活动相结合，帮助基层村社、困难学生建设一批公益阅览室、公益书房等，提升委员读书活动的影响力。

（六）建立评价体系

将委员读书活动纳入委员履职考评体系，作为反映委员履职情况的重要考量指标，进行定期通报考量，实现激励互促。在此基础上，可由省政协牵头，在坚持“不作考核作评价”“频次和质量兼顾”原则下，对各级各地政协委员读书活动开展评价，为系统掌握基层政协委员读书活动开展情况，动态分析问题不足，总结推广先进经验提供依据。在评价方式上，可由下级政协提供台账、案例、图文视频等佐证资料。通过读书活动的有效评价，帮助和指导下级政协总结经验、分析不足、改进方式、提升实效。

人民政协践行全过程人民民主路径研究

慈溪市政协课题组*

全过程人民民主是人类民主的中国实践、中国方案和中国贡献。作为中国独创的人民政协，应当并且可以打造成为面向海内外展示“全过程人民民主”的实践平台。

一、中国人民政治协商会议制度中的全过程人民民主

（一）价值意蕴

1949年9月召开的中国人民政治协商会议第一届全体会议标志着人民政协正式成立。它是对马克思主义的创新发展，是对中国民主理念的成果转化，继承和超越了“求同存异”“兼容并蓄”“天下为公”“执两用中”等传统思想，也为协商民主提供了新的专业化平台。在体系设计上，通过科学规范的合作式新型政党制度，为各党派团体和群众提供了地位平等、渠道畅达的政治参与渠道，为全过程人民民主提供了新的基地，为弘扬民主政治的共同价值提供了新的实践载体。

（二）代表维度

一是横向维度方面。它是中国政治制度体系中唯一由界别组成的政治组织，其性质定位和功能优势都能通过界别推进、实现。从对象范围上，最大程度地确保人民政协覆盖和代表尽可能多的行业群体。二是纵向维度方面。

---

* 课题组成员：王益女、黄挺辉、吴雨倩、任思帅、任央君
本文执笔：吴雨倩

一方面，通过自上到下的工作指导，把中央决策部署和对政协的工作要求落实下去；另一方面，通过自下到上的工作动态反馈，吸收来自各个层级政协委员群体的社情民意，从而把海内外中华儿女的智慧和力量广泛凝聚起来。从层级范围上，确保政协能够尽可能多地汇聚民意。

（三）内嵌民主机制

人民政协被定位为党领导的多党合作和政治协商的重要政治形式和组织形式、社会主义协商民主的重要渠道及专门协商机构，职能被概括为政治协商、民主监督、参政议政、凝聚共识。它通过承载专门协商机构的性质定位，在政治协商、民主监督、参政议政、凝聚共识中保障和支持人民当家作主。其内嵌的民主机制机理，在于政协履职覆盖的每一个界别、运行的每一个环节、涵盖的每一个领域，以及在民主协商等各环节，尽可能实现充分的协商交流、全面的共识汇聚，最终形成强大的政治合力和广泛的人民意志。

二、人民政协是实践全过程人民民主重要形式的意义

（一）实现“最大公约数”国家治理方式的需要

包容性是政协民主的一个重要特征，它承认社会阶层多样化、群体利益多元化、群众诉求多维化，坚持以人民为中心的责任性，注重把全社会所有受决策影响的人民都纳入人民政协制度的协商过程之中，践行了“从群众中来，到群众中去”的群众路线，表现形式就在于其作为统一战线组织，密切联系人民、广泛代表人民，其每一个界别都是各自所联系的一部分社会主义劳动者，以及拥护中国特色社会主义制度的爱国者政治同盟，打造“最大公约数”的人民统一战线同心圆。

（二）拓展全过程人民民主发展空间的必由之路

首先在中国新型政党制度的党际监督方面，能通过人民政协构筑起中国共产党与政协监督体系之间的“四梁八柱”，拓展全过程人民民主空间。其次，在民主决策方面，人民政协作为一个政治子系统，具有独特政治构造，能联系更多、各类型的政治子系统，能以丰富的政治网络对政治环境和社会系统作出快速反应，具有平衡政治运行、提升决策效能等作用，在支撑中国

整个政治系统运行方面，表现出异于西方选举式政治决策的角色定位与运行机制。

（三）展示“中国之治”的特色社会主义制度窗口

制度竞争是国家综合国力竞争的一项重要内容。人民政协是中国共产党领导各民主党派、无党派人士、人民团体和各族各界人士在政协制度上进行的伟大创造，在全过程人民民主制度体系和参与实践中发挥着重要作用，在凝聚共识、民主决策、维系稳定、团结协作等方面展示了中国特色社会主义制度优势，可以并且应当成为“中国之治”的彰显方式与展示平台。

三、在人民政协实践中推行全过程人民民主的具体路径

（一）搭建协商监督平台，成为党委政府“好帮手”

人民政协是协商监督平台，而非协商监督的主体。在践行全过程人民民主中，要着重搭建人民政协的协商监督平台，提高人民政协组织政治协商的实际能力，既要从制度上完善协商于决策之前、决策实施之中的工作机制，又要充分运用会议监督、视察监督等多种民主监督形式在内的协商式监督手段，以人民政协的协商监督平台搭建，推动政协“小协商”之下的边疆“大治理”，当好党委政府“好帮手”。

（二）完善建言献策机制，锻造委员履职“大平台”

人民政协的性质定位是建言献策机构，而非权力决策机构。在践行全过程人民民主中，要充分发挥人民政协建言献策的功用，通过政协委员报送社情民意、提出提案建议、调研课题议题等参政议政方式，提升委员建言献策的质量和参与度，既要广开言路、集思广益，让政协委员所代表的界别人士畅通表达利益诉求，又要充分调动各界人士积极参与政协民主决策等国家政治生活，以人民政协建言献策机制的完善，推动政协“小信息”之下委员“大参与”，锻造委员履职“大平台”。

（三）创新聚识聚力载体，架好人民群众“连心桥”

在践行全过程人民民主中，要紧扣团结和民主两大主题，不断增强人民政协在密切联系群众、深入团结民族、广泛凝聚共识上的责任感和使命感，

善于用求同存异的团结办法找到全过程人民民主实践主体的“最大公约数”，努力做团结和民主的倡导者、推动者、实践者，以人民政协聚力机构的建设，推动政协“小民主”之下的民族“大团结”，架好人民群众“连心桥”。

新发展阶段民盟社会服务品牌创建研究

——以浙江民盟同心品牌为例

民盟浙江省委会*

近年来，民盟浙江省委会团结带领民盟全省各级组织和广大盟员坚持以习近平新时代中国特色社会主义思想为指导，紧紧围绕省委省政府中心工作，奔走国是，关注民生，探索创建“民盟同心”系列品牌，着力“把好事做实、把实事做好”，以民盟事业发展之“小我”，成就新时代改革发展之“大我”，在履职为民实践中充分彰显新型政党制度的显著优势和独特效能。

一、品牌的内涵演变与服务品牌理论

品牌的演变分成四个时代：以单个商品为中心的品牌时代、以价值为中心的品牌时代、以关系为中心的品牌时代和以利益相关者为中心的品牌时代。从中可以看出，品牌的内涵在不断延伸，由嵌入单个商品到发生在顾客心中，到内外部顾客的共同创造，再到利益相关者网络的共同创造。

社会服务品牌作为一种工作品牌和一种服务品牌，其品牌建设应在把握品牌内涵的演化及建设重点和发展趋势的演进的基础上，结合自身特性加以推进。与产品不同，服务具有无形性、不可分离性与易逝性的特征。工作品牌要遵循品牌价值创造的一般规律，必须在服务提供组织、服务提供个体、服务接受方及外部利益相关者三角关系的系统中，以共同创造的体验为焦点

* 本文执笔：张庆庆，民盟省委会调查研究部部长；郑丽萍，民盟省委会宣传部副部长

来打造品牌。

二、同心品牌的创建路径

“民盟同心”品牌起源于民盟龙游县总支在龙游溪口镇中心卫生院开展的社会服务工作。2015 年 10 月在龙游县溪口镇中心卫生院挂牌成立“民盟同心·名医服务站”。截至目前，全省各地已挂牌成立名医服务站 10 家，专家工作站 4 家，名师服务站 5 家，体现了民盟的界别特色。5 年来，累计开展医疗、教育、科技等服务活动 1400 多场次，参与盟内外专家 3600 余人次，服务群众 30 余万人次，受到了党政部门和社会各界的一致好评。

同心品牌的创建过程分析如下：

1. 进行品牌战略分析，明确价值主张与工作定位。民盟浙江省委会明确了品牌价值主张并以此与利益相关者产生共鸣，并确立清晰的内容定位来突出品牌优势。具体分析如下：

名医服务站品牌战略分析及品牌价值主张与工作定位。2013 年，省委省政府提出省市县联动推进“双下沉、两提升”工程，引导优质医疗卫生资源流向基层。民盟浙江省委会调研发现，“双下沉、两提升”工程推进过程中，由于全省城市三级甲等医院数量有限，其优质医疗资源只能下沉到县（市、区）级医院，许多山区乡镇离县城较远（如龙游溪口镇离县城 23 公里），乡镇的群众（多为老、弱、病、残）依然难以在家门口享受到优质医疗资源。在民盟组织、政府部门、社区卫生服务中心、基层群众四个主体的交集中，民盟浙江省委会找准了同心名医服务站的价值主张与内容定位：秉持民盟优良传统，关心弱势群体利益，协助党委政府在“双下沉、两提升”工程较难覆盖的社区卫生中心，为偏远乡镇的人民群众提供高质量的医疗服务。

专家工作站品牌战略分析及品牌价值主张与工作定位。由于企业自身创新能力不足、创新人才匮乏，很多企业转型升级举步维艰。浙江民盟拥有大量盟员科技人才，掌握着许多可以服务企业的知识与技能。通过社会服务品牌建立服务平台，为中小城市特别是山区县中小企业赋能就成为可以有所作为的服务方向。经过审慎考量，同心专家工作站的品牌价值主张与定位为：

弘扬民盟优良传统，关注相对欠发达地区经济社会发展，为相对欠发达地区的中小企业尤其是主导产业的中小企业提供科技服务与人才支持，协助党委政府做强做优主导产业，促进地方经济转型升级。

2. 组建专业服务团队。多措并举，统筹盟内盟外资源，组建同心品牌专业服务团队。

组建民盟同心专家志愿者团队。以医疗专业为单位组建由全省主任医师、副主任医师组成的民盟同心名医专家库，以大类专业为单位组建由省内各大高校专家学者、科研院所的院士、国家青年基金获得者、国家杰出青年科学基金获得者、“长江学者奖励计划”特聘教授等组成的民盟同心科技专家库，详细记录入库专家专业特长、科技成果、服务意愿、服务时间等，并定期进行动态调整。

争取盟外专家支援。为引领更多的社会力量参与到民盟的社会服务工作中，民盟各级组织积极争取党政部门支持，吸引盟外专家团队支援，不断完善同心品牌站点的人才结构。

组建服务保障团队。牵头组建由各市委会、省直属基层组、同心品牌站点所在民盟基层组织相关人员组成的同心品牌服务保障团队，为工作开展提供良好保障。

3. 构建工作机制。在同心品牌打造中，民盟浙江省委会构建了一系列机制，协调关系、保障服务快速推进。

供需匹配机制。建立“需求清单”和“供给清单”，无缝对接供给与需求，提高运行效率。通过“互联网 +”精准对接供需。通过“互联网 +”，打通服务群众、提升服务基层“最后一公里”，满足群众希望专家留下来的愿望。

联络协调机制。民盟浙江省委会构建多方参与的沟通协调机制，及时协调解决工作中碰到的问题，保障同心品牌站点良性有序运转。建立盟内协调机制，由民盟省委会社会服务部牵头，专家所在的基层组织，工作站、服务站所在的市委会、县级民盟组织，共同参与，建立联席会议制度，每月线上召开工作会议，加强联系与沟通，研究解决工作中碰到的问题。建立党政—

民盟协调机制，由同心品牌站点所在地的县（市、区）委统战部门牵头，建立民盟组织、有关政府部门参与的联席会议制度，定期召开会议，沟通信息，协调解决实际问题，研究工作开展过程中的保障措施。

服务保障机制。为了助推同心品牌建设，民盟浙江省委会构建了省市县三级民盟组织参与为主、站点所在地党政部门协同，力争以最佳服务、最高效率推动工作开展。建立经费保障制度，民盟浙江省委会将同心品牌站点建设有关经费纳入财政预算，为开展服务提供一定的经费支持。建立联络员制度，各服务站点所在单位和开展社会服务的基层组织都要指定一名负责人，共同负责活动组织的联络、协调以及专家团队的服务保障。建立服务退出机制，通过划定清晰的边界，进一步强化工作站服务的政治属性与公益属性。

4. 加强品牌内化与品牌传播。为加强同心品牌的内化，民盟浙江省委会构建了激励约束机制，以机制调节行为、传递价值、营造氛围。对表现突出的站点、盟员专家、工作人员及时予以表彰。对没有正常开展服务活动的站点，及时提醒整改，不到位的采取摘牌处理。民盟浙江省委会高度重视同心品牌的传播工作，充分利用盟内、盟外的各种渠道，传播同心品牌的理念价值、工作业绩。加强同《浙江日报》、《团结报》、电视台等传统媒体以及中新网、同心苑等新媒体的合作，多种角度宣传同心品牌，取得了良好的传播成效。

三、社会服务品牌创建路径的一般性分析——基于同心品牌的创建经验

1. 深化品牌的战略分析。民盟浙江省委会认为新发展阶段，民盟创建社会服务品牌必须要坚持战略所向、党政所需、民盟所能、群众所盼的基本原则。

2. 明晰品牌的价值主张与内容定位。品牌的内容定位要基于战略分析中的国家战略、民盟自身优势、党委政府需要、基层群众诉求的四个维度中找到聚焦点，突出品牌的功能优势，提供差异化服务。

3. 组建专业化的服务团队。整合好盟内资源，形成盟内合力，建立专业

清单，组建专业服务团队，建立健全团队运作和盟员响应机制，让更多的盟员参与到品牌社会服务中来，实现盟组织服务社会与盟员个体践行公益双赢的局面。利用好盟外资源，为品牌助力，开门搞服务、建品牌，广泛利用盟外各种资源为盟的社会服务助力。

4. 构建协同高效的运行机制。一是实施链式管理。坚持目标导向，依据服务的环节，精心设计运行机制，制定便于实务操作的机制流程图。二是实现闭环控制。建立“负反馈”机制，形成闭环控制，确保工作沿着目标主轴螺旋前进，不断提升品牌体验与工作业绩。三是建立工作专班。精准角色定位，明确责任分工，建立协调协商机制，形成沟通顺畅、各负其责、各尽所能、共同推进的生动局面。

5. 做好品牌内化与传播。为了引导盟员的服务行为与品牌蕴含的价值观实现一致，必须建立导向明确的激励机制，充分发挥社会承认机制的作用。充分利用传统媒体与新媒体，开展针对性强的宣介、传播，将品牌的价值主张与定位传播出去，动员更多党派成员参与，同时通过功能、业绩的传播提升品牌美誉度。

6. 动态开展品牌评估。建立量化评估机制，根据服务内容，科学设置评价指标，在定性认识的基础上叠加定量认识，从而实现对品牌运行进行科学的观测、管理、评价、改进，不断实现品牌构建的迭代升级。

全过程人民民主的逻辑理路、比较优势与实践进路探究

于佳秋*

区别于西式民主，我国全过程人民民主在人民性、实质性、国家有效治理等方面发挥了重要作用，实现了人民广泛、全面参与党和国家的决策、监督、管理。本文就全过程人民民主相比西式民主的优势和发展全过程人民民主的实践进路进行深入分析。

一、全过程人民民主的逻辑理路：历史、理论、实践三重逻辑

全过程人民民主是中国共产党立足马克思主义基本原理，在吸纳本土民主的基础上，逐步探索出的具有典型中国特色的民主模式。

（一）全过程人民民主的历史逻辑

我党自成立伊始就把实现人民当家作主作为出发点和落脚点。在建设发展过程中，我国的人民民主经历了从工农民主到人民民主再到全过程人民民主的探索过程。在延安时期，毛泽东就历史周期率问题与黄炎培进行对话，强调了民主监督的重要性。改革开放初期，党在推动我国政治文明建设中提出民主选举、民主管理、民主监督的三大民主，为全过程人民民主的提出与发展奠定了基础。在深入推进改革开放进程中，又将民主决策纳入其中，形成四大民主。在党的十九大，习近平总书记创造性地提出民主协商，由此形

* 作者简介：于佳秋，长兴县委党校科研室主任

成五大民主，不但丰富了民主的结构，还优化了民主的过程。

（二）全过程人民民主的理论逻辑

全过程人民民主是新时代以习近平同志为核心的党中央提出的重大理念，是对中国共产党争取、实现、发展人民民主百年奋斗的重大成就和历史经验。马克思、恩格斯在《共产党宣言》中写道："工人革命的第一步就是使无产阶级上升为统治阶级，争得民主。"虽然当时尚未直接提出人民民主，但已具备对民主制的深刻认识。毛泽东思想、邓小平理论、"三个代表"重要思想、科学发展观等思想都对人民民主的核心要义进行了系统、深刻的阐释，为全过程人民民主的提出奠定了理论基础。党的十八大以来，以习近平同志为核心的党中央针对新时代发展怎样的民主、怎样发展民主进行了系统回答，提出"全过程人民民主"的创新理念，揭示了人民当家做主的本质特征。

（三）全过程人民民主的实践逻辑

全过程人民民主是对人民民主实践经验的总结。习近平总书记指出："社会主义民主不仅需要完整的制度程序，而且需要完整的参与实践。"如果人民民主缺乏完整的参与实践，就会落入"形式民主"的陷阱，更别提"以人民为中心"的保障与落实。自 2015 年以来，全国人大常委会设立基层立法联系点 22 个，决策部门采取听证会、民意调查、实地走访、网上广泛征集意见建议的形式，对我国大到国家立法，小到垃圾分类等具体事项广泛听取意见，提升决策的科学性与合理性。

二、全过程人民民主的比较优势：对西式民主的回应与超越

全过程人民民主的提出既是对我国社会主义民主理论与实践的创新凝练，也是对西式民主理论与实践的超越，是对西方国家在民主上话语霸权的有力回应。

（一）"以人民为中心"的价值取向超越西方"资本逻辑"主导的民主，体现了民主的人民性

民主的本意是人民的统治或人民的政权。随着现代国家的建立与发展，西式民主逐渐将民主视为简单的代议民主，以投票选举方式选举代表并建立

代议机构，由其代替自己行使决策权，实质上却将人民的统治阉割为周期性的投票权。而全过程人民民主强调人民全过程参与到国家政治生活和社会生活的制度、机制、实践中。其一，无论是根本制度、基本制度或是其他国家治理相关制度，都从制度层面进行了强调与保障。其二，将民主选举与民主协商相统一，探索人民民主的民主与集中统一的实践，形成全过程人民民主的重要实践形式。其三，通过构建民主选举、民主协商、民主决策、民主管理、民主监督全流程机制，将广大人民群众行使当家做主的权利融入我国政治生活、社会生活的方方面面。

（二）“全链条、全方位、全覆盖”的民主过程超越周期投票的西式民主，彰显了民主的实质性

西式民主并不真正关心人民的参与度，而是千方百计谋求赢得人民手中的选票，人民行使民主权利在时间上是间断的，在程序上是非连续的。而我国全过程人民民主不仅有完善的制度程序，还有完整的实践参与，是全链条、全方位、全覆盖，最真实、最广泛的社会主义民主，有效保障了全体人民通过各种途径管理国家经济、社会、文化等事务。

（三）“管用”的民主制度体系克服西式民主弊端，实现了民主建设与国家治理能力的有机统一

西式民主自实施以来就公开宣称“人民主权”“自由平等”“一人一票”，然而，与其宣传形成鲜明反差的是，西式民主在执行中并不是真正让人民当家做主，而是通过“人民的同意”这一程序为统治阶级提供合法性。区别于西式民主，我国全过程人民民主是“实质民主”与“程序民主”的有机统一。全过程人民民主的出发点和落脚点是实现人民当家做主，“人民性”是其本质属性。通过实现全过程人民民主，人民的各项权利得到保证，诉求得以落实，解决了人民群众最现实、最关心、最直接的利益问题，人民真正成为国家的主人。

三、全过程人民民主的实践进路

实现和发展全过程人民民主并不是一蹴而就的，需要循序渐进、综合施策。在推进全过程人民民主实施过程中可从加强党的领导、坚守价值取向、

夯实制度保障与丰富实践形式等方面探索实践路径。

（一）加强党对全过程人民民主各个领域和环节的领导

其一，打通全过程人民民主的经济、政治、社会、文化各领域间的通道，将党的领导落实到全过程人民民主各领域。其二，健全全过程人民民主各项制度，将党的领导落实到其中，并探索全过程人民民主制度化、规范化的实践路径。其三，将党的领导落实到全过程人民民主的民主选举、民主协商、民主管理、民主决策、民主监督等环节，使各环节协同发力，推动全过程人民民主落到实处。

（二）坚持“人民至上”的价值取向，扩大人民有序参与

其一，加强全过程人民民主要坚持在国家治理和社会生活中一切为了人民、一切依靠人民，发展成果由人民共享的价值取向，夯实党群关系。其二，围绕“人民至上”确立党和国家的重大议题，通过多种渠道广泛征求群众意见和建议，提高重大决策的民主化和科学化。其三，加强人民民主参与的教育，培育人民民主参与的意识和能力。

（三）逐步夯实全过程人民民主的制度根基

其一，完善协商民主在决策前、决策中和决策后的制度形式，健全协商民主在选举、管理、监督中的体制机制。其二，充分发挥民族区域自治制度的作用，保障少数民族集聚区人民依法行使民主权利，推动各民族团结发展。其三，充分发挥基层党组织的功能作用，完善基层全过程人民民主实践的机制，为人民进行基层治理提供制度保障。

（四）探索丰富多样的全过程人民民主实践形式

其一，在选举形式上，针对不同层次的民主选举，进一步完善直接和间接、等额和差额选举的具体实施方案。其二，推动民主协商广泛、多元发展，探索对口协商、专题协商、界别协商等多样化协商形式。其三，针对每一项重大决策，采取座谈会、听证会、恳谈会等形式，虚心吸纳人民群众意见，做到决策各环节向群众开放，反映群众根本利益。其四，完善党务公开、政务公开、司法公开和各领域办事公开制度，调动人民参与和民主监督的积极性。

凝聚差异共识："请你来协商"的独特功能与优势

上海财经大学浙江学院政协智库*

一、相关研究背景与问题的提出

"请你来协商"是由浙江省政协探索创建，主要在市县层面推广的政协协商民主改革实践。该实践采取主动请进来、上门协商、现场协商、线上协商、多平台协商等丰富多彩的形式，有效应对了复杂社会条件下利益、意见多元化挑战。其最为独特的功能和优势就是善于运用机动灵活的协商方式精准而充分地吸收多样、多元意见，最终达到凝聚差异化共识的效果。

一是关于浙江政协"请你来协商"凝聚差异化共识的背景。主要观点认为，浙江作为改革发展的先行地，民营经济发达，民众的权利意识和利益表达意识较强，且利益诉求更加多元、所表意见更加细分，也更加复杂。浙江各级政府所承受的"民情"压力也相对较大。在这样的背景下，凝聚差异化共识，化解"先行烦恼"的动力相对充足。

二是关于"请你来协商"凝聚差异共识的体制、机制问题研究。关于这一问题，学界的主要观点认为，"请你来协商"具有线上线下相结合、议题针对性强、议事灵活多样、参与协商的主体广泛以及党政多部门联动等一系列的体制机制优势。而且，一些地区在乡镇（街道）层面建有协商议事堂，在

* 本文执笔：王科，上海财经大学浙江学院政协智库兼职研究员，上海财经大学浙江学院马克思主义学院讲师

村（社区）层面设立协商驿站，并配之以委员工作室、百姓茶座、议事长廊（议事亭）等灵活多样的协商平台，在凝聚差异化共识方面具有吸纳能力强、吸纳范围广等一系列优势。

三是关于"请你来协商"凝聚差异化共识所面临的主要挑战。多数观点认为，"请你来协商"运营时间短，还存在一系列的不足，面临一些挑战。如有的认为，"请你来协商"具有凝聚差异化共识的优势和能力。这种优势和能力在短短几年释放出来的威力是巨大的。这正如长期淤积的"堰塞湖"，一旦被疏导进入平顺的现代化水渠之中，成效立显。但随着"陈年旧事""关键小事"的去库存，深层次难题以及发展过程中的各种新问题就会浮出水面。这对于"请你来协商"而言无疑是一种挑战。

四是关于化解挑战，更好发挥"请你来协商"凝聚差异共识的方略研究。在这方面，创新协商形式、优化协商流程、完善协商规则、增强协商的开放性、培育协商理性、提升共识向政策转换的效能以及通过数字赋能驱动政协协商改革等是学界最具代表性的观点。如有的提出要在实践中不断探索"请你来协商"的实践规范。有的提出要围绕"专"字提升"请你来协商"的效能，即要明确"专"的定位、展示"专"的水平、运用"专"的方式、营造"专"的氛围、建立"专"的规范。

这些研究取得了一定的成效，但也存在聚焦程度不够，泛泛而谈者多、系统深入研究者少，新闻报道多、专题论文少，论题离散，论证或没有理论深度、或缺乏现实观照等一系列问题。为充分认识"请你来协商"凝聚差异化共识的独特功能和优势就要克服这些问题和不足，在研究的聚焦程度、广度、深度，以及在专题性、理论性、实践性、系统化方面下一番功夫。

二、"请你来协商"具备凝聚差异化共识的独特功能与优势

"请你来协商"在凝聚差异化共识方面有着独特的功能与优势。"请你来协商"聚焦发展大事、民生难事、改革痛点、社会热点，并以"请你来"的针对性提升了凝聚共识的效能。"请你来协商"灵活多样的内容和形式为凝聚共识提供了保障。"请你来协商"开放边界、跨界整合、系统集成等特点进一

步放大了政协凝聚差异化共识的功能与优势。

（一）聚集焦点，提升效能

“请你来协商”以调查研究为先导，针对发展大事、民生难事、改革痛点、社会热点提出协商议题，为差异共识的凝聚提供了焦点。如2020年金华市金东区首场“请你来协商·协商在乡村”活动开展之前，结合当地特点精选活动主题，努力使协商议题与党政中心工作合拍、与群众需求贴近、与基层乡村现状相符。

（二）事随势迁，形随势变

“请你来协商”没有固定的议题，随时可以根据情势的变化和需要灵活选择协商议题，随时、随地、随人开展协商活动。“请你来协商”的场所并非局限于政协大厅，它有着丰富多样的形式，可以根据协商议题灵活选择协商地点、确定相应的协商形式。“请你来协商”不断创新协商形式，创造了“会场＋现场”“固定＋移动”“集中＋分散”的新时代协商新形式。

（三）开放边界，系统集成

“请你来协商”降低参与门槛，扩大协商范围，将政协协商延伸到党政机关、企业工厂、居民社区、田野乡村，实现政协协商与政党协商、政府协商、人民团体协商、社会组织协商、基层协商相互衔接、相互赋能。党政各界依托这一平台开展大量创新实践，发展出诸如“协商在乡村”“青春议事厅”“海创议事厅”之类的协商分平台、微平台，为政协委员、党政部门、企业代表、智库专家、社区工作者、普通民众等社会各界人士广泛参与协商民主活动，广泛凝聚共识提供了更加广阔的舞台。

三、“请你来协商”影响功能优势发挥的矛盾和问题

“请你来协商”在横向发力，全面整合党政部门、政协委员、基层群众、各界代表的力度方面，以及在聚焦热点、灵活机动、数字赋能、门槛破除、转化落实等方面具有历次创新所不可比拟的优势，因而极大增强了政协凝聚差异化共识以及将共识转换为政府决策的能力，放大了政协在资政建言、凝聚共识方面的传统优势。但由于探索时间短，理论总结少，实践经验有限，

整合难度大等因素制约，不可避免地存在各种各样的矛盾和问题。

（一）观念诱发型问题

“请你来协商”基于应对利益诉求、意识表达多样、多元、多变挑战，更好发挥政协作为专门协商机构建言资政、凝聚差异化共识功能等观念而进行的一场改革创新工程。

（二）结构壁垒型问题

由于运行时间短、经验不足、跨界整合能力有限等原因导致“请你来协商”平台与党政部门之间、平台与媒体宣传之间、平台与百姓日用之间以及平台与专家智库之间存在明显的壁垒区隔，形成了诸如知悉不广、信息不畅、落实不力等问题。

（三）机制薄弱型问题

从空间维度看，“请你来协商”在体制、机制方面存在一些明显薄弱的环节。这些薄弱环节或处于被相对忽视的状态或机制不健全、运行不充分。从时间维度观察，“请你来协商”的整体机制虽已初具规模，但仍处初级阶段，与当前利益诉求、意愿表达复杂多样、迅捷多变的现实要求之间仍然存在诸多不适应之处。

四、以动态多元手段化解矛盾、问题，提升优势潜能

第一，培育民众协商理性。“请你来协商”因其接近一线、联结基层、协商多数事项聚焦民生实事和难事、民众参与积极性高，因而在培育公民协商理性方面具有天然优势。

第二，增强“请你来协商”的影响程度和范围。建议政协可以建立专门机制，组织专门力量，推动“请你来协商”进驻抖音、快手、社区、学校、企业、厂矿，从而扩大宣传面，形成影响力。

第三，组织力量加大对“请你来协商”凝聚差异化共识的相关理论研究。解决这一问题就要发挥浙江省各地政协与当地高校、科研院所的合作力度，联合建立研究中心、基地，鼓励“请你来协商”专题征文活动，扩大征文获奖范围和奖励力度。

目前，“请你来协商”虽然已经入驻“浙里办”但运转并不流畅，无法实现日常化运作，亟须技术提升。因而，政协在保持“请你来协商”“民生议事堂”现有机制的基础上，可以利用数字技术，推动“请你来协商”与地方电视台热点民生频道、热门网络平台的相关栏目实现有机整合，在大众化、常态化基础上，利用大数据、人工智能等相关技术以不间断的方式实现凝聚共识的动态化、常态化。

发挥人民政协在高质量发展建设共同富裕示范区中的作用

浙江舟山群岛新区研究中心课题组*

一、人民政协应成为“共同富裕”智库

在助推高质量发展建设共同富裕示范区中，人民政协首先应成为“人民智库”，这个具有“人民性”的智库作用要远远超过一般性和普通性的智库。它可以理解为是一种“多角度多方面多层次多方法智库”“综合性智库”和“整体性智库”。

第一，要认清政协的优势是什么？我们讲“政协”最擅长什么？它最能发挥政协组织架构和里边成员的优势来做事情。在助推高质量发展建设共同富裕示范区中，政协第一个可以做的事情就是，在一个地方，甚至更小的地方，在“共同富裕”的道路上提供一种智力支撑。

第二，要充分地发挥政协委员的资源。“共同富裕”讲到底都离不开经济。没有经济发展，就没有“共同富裕”可言。可以充分发挥企业家委员特别是经济界专家委员的作用，为共同富裕建设出力。

二、人民政协要为“共同富裕”的“共同性”发展推波助澜

人民政协要通过自己的职能促进打造一个“公共社会”，提供更多的公

---

* 课题组成员：黄建钢、姚宜玮、翁志军、郑健、王政
本文执笔：黄建钢

共产品，包括公共设施和公共服务，比如养老机构的普遍建立等。这些东西的公共部分才是可以“共同享受”的。多发展一些“公共服务”的企业和平台至关重要。只有在公共产品面前，每个人才是比较平等的，共同享受的。因为公共基本建设搞好了，是所有人都可以得益和享用享受的。“利益 = 利 + 益”。其中的“利”往往是“私利”，而“益”一般是“公益”。共同富裕在我们还没有达到世界第二大经济体的时候是一个“富裕”问题，但在我们达到世界第二大经济体时就是一个“共同”问题。

在研究“共同富裕”内涵的时候，要跳出思维定式局限。现在应该强调，要共同做蛋糕的问题。只有共同做蛋糕，才能把蛋糕从本质上做大。以前“做蛋糕”是分为三拨人——就像以前做饭似的，妈妈做饭，爸爸端菜，全家人吃饭。在蛋糕问题上，现在是，一个是做蛋糕的，一个是切蛋糕的，还有一个是分蛋糕的，大家都是吃蛋糕的。现在要变化的是，大家一起做蛋糕，一起分蛋糕，再一起吃蛋糕。有时包饺子就有这种氛围。这就叫“共同”的方式。“共同”是“共同富裕”的方式前提和基础。劳动的时候大家都要劳动，但大家挣的工分是不同的。有的人是 10 分工，有的人是 8 分工，有的人是 6 分工。虽然工分不一样，但大家都要集体劳动。对“共同富裕”的理解，那种认为钱都创造好了，只是给大家分分。这只是一个分配问题、表面问题。其实，对赚钱的过程，人人都要尽可能地参与。在赚钱过程中，人人发挥所能，各尽其力，尽管贡献不同，在分配所得时也不是完全平均分配。但在劳动时，至少实现了自己价值的最大化。所以，对“共同富裕”的内涵还要进一步理解。

三、人民政协要为“共同富裕”的“数字化”技术鼓与呼

“共同富裕示范区”特别需要发展方式的创新和更新。其中的关键是，对“高质量发展建设”怎么理解？是不是就是生产力和生产关系的一种发展？对这句话的理解，角度不同，结论也会不同。有一种理解是，“共同富裕示范区”要“高质量发展建设”。实际上是，“示范区”要高质量地发展和建设。现在，一般都是把“共同富裕”简单地理解并且一直在积极推动“数

字产业化”“产业数字化”。其实，以前的生产要素是资本、土地、劳动力，现在的生产要素再增加一个数据。生产要素的改变就会影响生产方式、生产力和生产关系，从而也就改变了实现“共同富裕”的方式方法。虽然“数字化”某种程度上与“共同富裕”是方向相反的。从做大蛋糕的角度看，公共性越大，它做的蛋糕就越大。但现在看，数字化是把公共性扩大了？还是缩小了？关键是，它所提供的“公共服务”究竟是更多了？还是少了？网上的公共性具有真假难辨的特性。其实，“数字化”的公共性不一定大，反而是局限性很大。假如我们现在没有智能手机——老年人用智能手机的比例比较小，那么它的公共性是大还是小呢？电视发展之后，人们都在电视上观看体育节目了。以前电视没有的时候，大家都到电影场里去看电影，到体育场馆里去看体育比赛。以前家里不做饭，就得去饭馆里吃饭。现在都可以点外卖了。那么，它的公共性是强了？还是弱了？对于政协来说，数字化发展后，就可以开放一些网上的协商渠道。比如，原来只能是现实当中去进行沟通的，现在可以通过虚拟的平台，民情就可以进行自主地反映了。但是，这就相对少了辩论的环节。现在虽然可以开网上会议，但是网上会议辩论不充分，往往是你说、对方看，或者是对方说、我们看，没有辩论和交锋，更多流行于一个“发言会”。同时，它还缺少一种体验感。网络的虚拟性还很容易造成一种公众的误导。政协的很多东西都是需要面对面协商的，通过大力发展数字政协，更好做好线上线下履职的结合文章，不断提升政协协商民主的广度深度效度。

四、人民政协要为“共同富裕”献计出力

劳动产生快乐，这是一种在创造价值过程中的快乐。虽然有时休息也能给人带来快乐，但那也是在与劳动比较中形成的快乐。如同失业的人丧失快乐一样。失业就没有了付出和收获。人往往只有在付出和收获时才能得到快乐。这就像我们如果为了评职称而写论文就会觉得很痛苦。但是，如果是为了解决问题或者是为了表达思维和思想而去写论文，那就会很愉快和快乐。如果做饭只是为了满足生存需求，只是为生活所迫的一种无奈劳作，那么，

做饭就会变成一种逼不得已的负担。在这个过程中就感受不到愉快和快乐。但是，如果换一种情境，比如，家里来客人了，给他们做一些自己喜欢做的，又拿手的，又好吃的。这时做饭做菜就变成了他的心之所向。这时做饭的过程，他一定是享受的。现在我们在餐馆吃饭，让吃饭变得简单，但却缺失了很多大家一起动手，融洽的聚餐氛围。所以，“共同”和“富裕”之间是不是存在一种对抗性？这种对抗性是由“穷”到“不富裕”到“富裕”到“共同富裕”的递进关系形成的，我们现在的“共同富裕”是一个完整的概念。它是不能被“拆开”的。人民政协在推动共同富裕中，应充分发挥自身优势作用，为经济社会高质量发展献计出力，从而为高质量发展建设共同富裕示范区奠定坚实物质基础。

五、人民政协要为整体性“共同富裕”做好“专门协商机构”

应该看到，人民政协是“共同富裕”的新生力量。要变革出新，就需要新生力量的推动。人民政协现有34个界别，是专门协商机构。对这个叫“机构”的定位，不仅是“名称”的定位，更是一种职能的定位。以前，我们对“政协”的定位就是“统一战线组织”。现在多了一个“机构”定位。这与“协商民主”是“社会主义特有的民主形式”定位有关。如果说社会主义里面没有“协商民主”，那么社会主义原则上就还没有自己独特的民主形式。我们是“人民民主专政”的国家，“人民民主”包括两种形式。一个是“表决—选举民主”，一个是“协商民主”。作为社会主义协商民主的重要渠道和专门协商机构，人民政协要在高质量发展建设共同富裕示范区中彰显独特优势作用。

六、人民政协要在“国家治理体系”中发挥更大作用

“不忘初心”不忘的不仅是“建党初心”，还有“建国初心”，还有“改革开放初心”，还有“强国初心”。人民政协的地位到了2014年在纪念中国人民政治协商会议成立65周年时有了更加精准的理解和概括及其表述——“人民政协”所履行的“协商民主”是社会主义协商民主的独特形式。直白说，就是“表决民主”或“选举民主”确实是“民主”，但还不是完整的社会主义

民主。完整的社会主义民主应该在“表决民主”或“选举民主”之上再加上“协商民主”。“共同富裕”提供了一个我们现在要怎么样朝“国家治理体系现代化”方向发展的落地思路。这个方向以前是空的。现在找到一个靶子和目标：以“共同富裕”的角度，设计出一个崭新的治理体系，把选举民主和协商民主有机结合起来，把民主选举、民主协商、民主决策、民主管理、民主监督有机贯通起来。“富裕”的模式发生变化了，治理体系也要随之发生变化。治理体系发生了变化，“富裕”的结果也会不同，对政协委员的履职责任也提出新的更高要求。这需要强化政协委员责任担当，促进其转变为能力型政协委员，在共同富裕建设进程中做好协商协调协作的工作。

人民政协在发展全过程人民民主中的链条环节和独特优势

杭州市政协理论研究课题组*

民主是全人类的共同价值。全过程人民民主是以习近平同志为核心的党中央对当代中国政治理论与实践的高度凝练，对中国特色社会主义民主政治的发展方向，具有明确的指导意义。政协作为协商民主的重要链条环节和专门协商机构，如何与全过程人民民主的需求衔接，发挥其独特优势，具有非常重要的意义。

一、全过程人民民主的内涵

2019 年 11 月，习近平总书记创造性地提出“全过程人民民主”重要概念，此后在各重要讲话中反复强调要“发展全过程人民民主”，尤其在 2021 年 11 月通过的《中共中央关于党的百年奋斗重大成就和历史经验的决议》中，三次提到全过程人民民主，将其列为新时代政治建设取得的历史性成就，确认为习近平新时代中国特色社会主义思想“十个明确”的重要组成部分。

习近平总书记指出：“我国全过程人民民主不仅有完整的制度程序，而且有完整的参与实践。我国实现了过程民主和成果民主、程序民主和实质民主、直接民主和间接民主、人民民主和国家意志相统一，是全链条、全方位、全覆盖的民主，是最广泛、最真实、最管用的社会主义民主。”深刻揭示了全

* 本文执笔：罗骧，浙江理工大学马克思主义学院副教授；李熠煜，浙江理工大学法政学院教授

过程人民民主命题内涵丰富，涵盖民主协商、民主决策等所有政治过程，还包括相关民主制度。

二、政协在全过程人民民主制度中的链条环节

从制度设计看，人民政协是全过程人民民主的重要实现形式，也是全过程人民民主制度中重要的链条环节。

（一）人民政协是全过程人民民主的重要实现形式

协商民主通过“三纵（政治协商、公民协商和社会协商）七横（政党协商、人大协商、政府协商、政协协商、人民团体协商、社会组织协商、基层民主协商）”的结构体系，赋予人民更多的话语权和决策参与权，人民政协作为社会主义协商民主的重要实践形式，是全过程人民民主的重要实现形式。

（二）人民政协是全过程人民民主制度中重要的链条环节

人民政协的核心在于“有事好商量，众人的事情由众人商量，找到全社会意愿和要求的最大公约数”。作为专门协商机构，政协为各党派、社会阶层、海内外同胞等提供了广泛参与的协商制度框架和工作平台，通过搭建各层级协商平台、促进多方共同协商，凝聚各方共识、化解分歧，是发展全过程人民民主的重要链条环节。

三、政协在政策过程中的民主协商全链条机制

政协覆盖了全国各党派、各团体、各民族、各界别等不同人群，并通过不同层级的协商平台，形成民主协商联动机制，实现民众对政治生活的全过程、全链条参与。从政策过程的视角来看，在意见表达、意见综合、形成决策、决策执行等政治过程中，政协的相关政治实践都有着明确的协商环节，进而形成民主协商的全链条机制。

（一）“意见表达”环节

意见表达是民主政治的基础，处于政治过程链条的起点，精准、有效的表达能推动议题的顺利展开。由于政协的超然性、成员的多样性、委员的专业性，能较好地针对社会治理中存在的问题，广泛收集社情民意，并通过建

议机制、基层协商等方式来整合民意，打破堵点、缓解痛点，实现意见表达环节的民主。

（二）“意见综合”环节

在进行良好的意见表达之后，各级党委一般借此形成协商事项的初拟方案，并把协商议题和初拟的方案告知政协，各民主党派、团体通过调研和集体研究后，对协商议题形成较为正式的意见。尤其值得关注的是，政协可以通过各级协商平台组织多方协商，如杭州市政协经常在“请你来协商”平台组织召开各种专题协商会，进行大规模的意见综合，并邀请相关的各级党政领导参加，形成联动协商模式。在相关政协委员、人士代表提出建议之后，各级部门领导现场做出回应与互动，能够较好达成基本共识，高效完成“意见综合”环节。

（三）“形成政策”“执行政策”环节

专题协商会形成基本共识后，各级党委和政府会及时吸收政协协商意见建议，在形成决策过程中，各级的协同、协商会继续发挥实时反馈的重要作用，形成上下统一、左右联动的机制，并协同各部门共同形成具体的工作对策。

通过上述分析，可知在意见表达、意见综合、形成决策、决策执行等全部政策过程与链条中，都有着明确的协商民主环节，可以清晰看到政协工作在发展全过程人民民主中的全链条特质。

四、全过程人民民主视域下政协链条环节的独特优势

人民政协作为社会主义协商民主的重要渠道和专门协商机构，通过协商会、座谈会等形式，在选举、审议、决策、管理、监督等全部链条环节中发挥着重要作用，在实现完整的全链条人民民主中具有独特优势。

（一）党的领导优势

政协的制度设计思路与全过程人民民主完全吻合，其组织模式具有诸多优势：1. 能有效避免资源浪费、集体行动的困境；2. 避免大量无序的、非制度化的政治参与，为公民和社会群体表达愿望，提供了合法渠道；3. 避免陷入西方常见的党争、拖而不决等局面。从社会治理成本等方面来看，共产党领

导下的多党合作和政治协商制度，能避免党争的痼疾，提高议事、决策与政策实施的效率。

（二）专业人才优势

政协委员作为各党派团体和各族各界代表人士，一般由各方面郑重协商产生，在相关领域具备专业性、权威性，整体具有广泛的群众性和代表性。目前政协涵盖中国共产党和 8 个民主党派以及无党派人士、8 个人民团体、56 个民族、5 大宗教、34 个界别，拥有 3200 多个政协组织和 60 多万名各级政协委员，影响较大，其社会聚合功能，深刻体现出“以人民为中心”的理念，是发展全过程人民民主的关键。

（三）协商平台优势

人民政协作为专门的协商机构，搭建良好的各级协商平台是政协工作的重点，也是发展全过程人民民主的关键。历经数十年的发展，人民政协已经发展出多层级、多形式的协商平台，包括传统协商平台，如常委会会议专题协商、主席会议重点协商、专委会对口协商、界别小组广泛协商等，以及门户网站、微信公众号、协商 APP 等数字协商平台。尤其是“民生议事堂”“委员会客厅”“民生协商论坛”等基层协商平台，能有效提高协商平台的影响力。此外，通过门户网站、微信公众号、协商 APP 等方式进行协商，可以极大提高协商的参与度和效率、降低协商的成本，如上城区政协推动的“构建老年友好型社会”专题协商会直播就是最为典型的案例。

全过程人民民主中的政协实践：职能转向、现实困境、制度优势与贡献

金华市政协课题组*

一、全过程人民民主的政协职能转向

2019 年 11 月，习近平总书记首次阐述全过程民主；2021 年 7 月，进一步指出全过程人民民主要始终围绕人民、服务人民。其核心突出了三个方面，也是民主政治制度转向的三个风向标，一是人民民主为人民，始终突出人民的中心地位。二是民主过程满足人民群众的政治需求，从供给侧进行创新性设计。三是全员参与其中，通过不断丰富民主形式让人民群众能参与、广覆盖、全时限。

人民政协职能转向突出地表现在以下几个方面：

（一）政治参与

全过程人民民主要求人民政协在政治参与设计上加速满足人民群众的美好政治生活需要。一是在制度设计上，增强全民政治参与热情，提升全民政治参与水平，为公民有序参政议政提供现实支撑。二是职能设计中，针对不同群体增设政治参与载体与平台。三是协商民主中，充实协商民主体系力量。

（二）决策完善

全过程人民民主的实现关键在于提升国家治理能力现代化水平，重点在

---

* 本文执笔：王建新，上海财经大学浙江学院党委书记，研究员

于解决好科学决策、现代治理、正向反馈等“三位一体”式全链条治理，进而形成人、财、物、信息的复杂网络，运用现代信息技术手段尤其是智能+技术、大数据技术、精准决策支持系统等辅助实现高效现代治理。在纸质信息传播、电讯信息传播时代，人民政协就具有信息广泛聚集的优势；在互联网传播时代和智能化时代，人民政协在现代治理的辅助决策方面具有更大的优势。

（三）多元共治

一是持续创新人民政协独特的多元优势。现实生活受意识形态影响，但核心是围绕经济利益展开，而人民政协在界别设置时就存在多元化的思维。二是智能化技术压缩现代治理体系的扁平化。随着现代治理体系的逐渐发展与经济利益分化，治理失灵尤其是在西方式民主制度设计中频频出现。互联网时代以来，网络治理具有的扁平化特点有效缓解治理困境，尤其是近年来智能时代已经来临，智能+技术在多元共治中发挥着越来越重要的作用。

二、人民政协实践全过程人民民主的现实困境

全过程人民民主重点在基层，难点在基层，创新也在基层。新时代以来，人民政协在全过程人民民主基层实践中也遭遇到一些现实困境，主要包括以下几个方面：

（一）容纳性的涟漪效应与精准性的供给不足

一是政治协商以精英群体为主，弱势群体往往成为涟漪效应的边缘化。如何协调精英政治与全民政治，即解决容纳性的涟漪效应成为一个新的课题。二是政治协商的影响弱化，精准性协商供给不足。

（二）平等性的幸存者偏差与参与性的能力不足

一是基于有效性经验总结而忽视新的利益分化协商平台。二是协商群体的参与性与话语权分配存在一定的错位。

（三）收益性的搭便车行为与约束性的效力不足

一是政协被动地搭便车行为弱化了基层协商效果。人民政协建立了完整的政协委员履职体系（政协委员工作站、民情联络站等），建立了相对完备的

协商平台（请你来协商、民生议事堂等），但是多数政协委员、代表等并不能支出充足的时间和精力，而是将地方常规工作或相关议题与基层协商捆绑实现搭便车行为，在实践上弱化了基层政治协商的效果。二是政协缺乏法律赋权助长了基层协商的主动搭便车行为。政协工作不仅仅是力量的薄弱，更关键在于赋权不足，人民政协对协商结果缺乏强制执行力和法律约束力，导致正向收益性的搭便车行为和负向收益性（制度性惩戒）的约束力不足。

三、充分发挥人民政协在全过程人民民主建设中的优势

（一）国家建构层面

一是人民政协是国家建构的天然智库和稳定器。一方面，人民政协是囊括了各党派、各团体、各民族、各阶层、各界代表人士的政治组织，具有联系面广、代表性强、包容性大的显著特点。另一方面，人民政协囊括了各个条块、领域的国家治理参政议政建议。二是人民政协在国家政治生活中承担着河流中枢与支流脉络的作用，将各方面的意见建议汇聚到国家权力中枢，又将国家大政方针滋润于角角落落，为铸牢中华民族文明共同体发挥了不可替代的重要作用。

（二）社会结构层面

党的全面领导与基层群众自治在基层实践中，需要一个利益协调和矛盾化解的场域，人民政协在创建党群包容的社会共同体中具有显著的平台优势和制度优势。一是人民群众的协商平台，具备开放的包容性。人民政协在构建党群包容的社会共同体方面具备体制优势和平台优势。二是群众利益的工作导向，具备共同的利益体。人民政协在利益分化中具备凝聚共同利益体的功能和优势，通过多样化的协商平台促进利益各方进行适度妥协，进而将发展中的矛盾转化为共同的利益，持续维护党群包容的社会共同体。

（三）组织架构层面

一是不断推进新型政党制度变革，建设适应时代需求的组织架构。中国共产党探索出新型政党关系，实现了民众先锋聚为党、党之言行皆为民的党民一体化。二是不断丰富组织人事制度改革，优化满足人民需求的渠道载体。

人民政协在职能转向的同时，也在积极探索构建人民政协协商民主体系，进一步优化满足人民需求的渠道载体。

四、以提高协商民主运行质量彰显全过程人民民主的政协贡献

“以史为鉴，可以知兴替。”制度文明是人类社会发展历经千年寻找到的传承之道，而中国在千年传承中经验最为丰富，在实践转化为制度、制度转化为实践的现实生活中具有中国智慧。和而不同，正是突出政协贡献的鲜明写照，也是提升协商民主运行质量的基本导向。

（一）以更加密切的联系群众实现均衡宏观规划

一是推进政协委员联系群众制度精准化改革。可以探索基层协商制度，弥补政协委员“最后一公里”的不足，一方面将基层矛盾化解在基层，一方面为政协委员联系群众布网收线，更加精准地选题调研。二是推进政协委员分工联系制度专项化改革。将分工联系的领域、部门力量进行集中，辅以相关智库专家学者，聚焦特定选题，从顶层设计上对既有发展现状、发展历程、关键问题等进行深度调研，重新谋划，以大格局、前瞻性、体系性的思路，推动具体重点工作制度性重设、跨越式发展、颠覆性创新。

（二）以更加规范的协商流程促进稳定的有序运行

一是增强协商议题的放权与聚焦意识。一方面更加注重前瞻性、预测性、战略性的议题征集，进而不断规范协商流程和优化协商实效；另一方面更加关注现实政策执行中的偏差矛盾及其化解提案，进而不断修正协商策略和改善协商服务。二是增强协商活动的平等与互动意识。人民政协确定重点协商调研专题后，组建在线调研团队和实地走访调研团队，更大范围地引导公众参与其中，更深程度了解掌握公众真实需求，运用专业数据分析技术和行业领域专业研究能力，进一步提升协商水平。同时，也逐步增强了协商互动和公众参与。

（三）以更加丰富的协商形式包容分化的利益群体

一是创新更多协商平台。近年来“请你来协商”“民生议事堂”逐渐彰显出基层协商的吸引力和实效性。同时也可以进一步结合行业协会、产业链

群组、各类团体等交流汇聚的网路节点功能，创设或引导建立更多专业性协商平台，借助行业力量谋划行业发展规划和顶层设计。二是在新的事物出现时积极尝试引入创新。浙江省政协近年来力推的数字政协提前布局，逐渐实现了技术引领的第一梯队领跑，但是技术生态和技术应用依然需要结合具体工作场景进行系统性开发，进而满足新时代智能协商的多样化需求。

协商民主助圆乡村“共富梦”

——“有事好商量、众人的事情由众人商量”的小古城经验

杭州市政协理论研究课题组*

小古城村是全国乡村治理示范村，是“有事好商量、众人的事情由众人商量”理念的重要发源地。其民主协商实践有效助推乡村共治共富，为中国式乡村现代化提供了“地方性方案”，为政协协商向基层延伸提供了实践范例，也为各地积极发展基层民主和高质量建设共同富裕美好乡村提供了宝贵经验。

一、聚焦乡村振兴和富民工程两个核心要点，积极搭建民主协商平台，践行全过程人民民主

小古城村经过多年的探索实践，聚焦乡村振兴和富民工程两个核心要点，建立了5类民主协商议事清单和8项村级协商议事目录、7项组级协商议事目标，形成了“两委与代表谈出来”“村民小组提上来”“联村干部摸上来”“上级任务交下来”等多渠道协商议题产生机制，以及村党委领导下的“协商菜单”分类梳理与确定机制，有效解决了协商议题的生成，即“议什么”的问题。“谁来议”“怎么议”，突出上下左右联动和协同治理，强调议事代表的广泛性、专业性、多元性和关联性，注重发挥联村干部、“两代表一委员”的在场效应，建立由固定代表、自由代表和特邀代表组成的协商议事代

* 本文执笔：张祝平，浙江水利水电学院教授

表队伍。协商前，村党委提前 7 天贴出公告；协商当天，“一张圆桌、各抒己见”；协商后，提交户主会审议签字、村民代表大会决议，公示无异议后组织实施，并由“村监会 3 人 + 专家、利益相关村民和其他热心村民”组成监督队伍，开展协商事项监督。创新实践“提—审—议—决—做”五步网格协商法，将协商民主贯穿于村级事务决策全过程，既在决策之前协商，也在决策之中协商，还在决策实施时协商，前中后环环相扣，激励表达真实意愿，努力寻求最大共识，全过程监督问效，全过程践行人民民主。

二、筑牢党建引领根基，发挥属地政协委员辐射带动作用，构建共谋共商大格局

“众人的事情由众人商量”，本质是社会治理方式的创新，强调的是以协商民主理念为指导，保障社会秩序以及实现社会善治，基层社会多元主体共同参与协商治理行动的过程。小古城村的做法是通过党组织的引领作用、属地政协委员的辐射带动作用和“村民提、代表议、会议定、干部做”的村务运行机制来推进“有事好商量、众人的事情由众人商量”的协商体系和协商能力建设。一是筑牢党建引领根基，夯实服务型基层党组织领导班子制度，包括选优配强村党委、村委会和村监督委员会的领导班子，建立协同分工制度；实现党组织全覆盖，规范支部管理、党员活动和干部学习制度，实行决策责任追究制度；建立村党委书记《直通卡》制度、民情收集分析制度、联户分配制度和村组长考核细则、信息联络员考核细则，大力推行“四务四公开”，规范公开形式。二是积极发挥属地政协委员辐射带动作用，借助政协委员会客厅—委员工作站—委员工作室— 一体化联动服务模式，推进委员“联乡结村”常态化，打通委员及乡贤通达民情民意和参与重大村务协商监督的“最后一米”。比如，某政协委员，既是小古城村村民也是新乡贤，既懂政策、会协商、善经营，又熟悉村情掌握民情，在推进小古城村“花园式”景区村庄建设、建言促成村旅游公司创建和发展，以及带动引领乡村群众弘扬正能量、好风气和共建共联共富中发挥了不可替代的独特作用。还有的属地企业政协委员，是小古城村新乡人的代表，以政协委员、企业家、新乡人的身份，

积极参与村级事务协商，主动建言献策、集聚服务村庄发展各方力量，推动成立“古城控股有限公司”，力促村庄经营上水平、发展上档次。通过加强党建引领的系列制度设计和村级事务民主协商流程的不断优化再造，以及政协委员的示范带动作用，架起一条条四通八达的民意表达倾听之路，让村民能够实质参与到各项重大事务管理，形成了“议事讲民主、决策有程序、理事有规章”的协商议事规则，充分调动了村民群众参与公共事务决策的积极性，有效推动基层政权建设、基层党组织建设、基层社会自治和基层民众多主体之间的联合联动，保障了基层协商共治的基层组织、基础工作和基本能力的持续提升。

三、“让政协协商民主走向基层”，推进多元协商联动优势互补，不断优化基层协商民主体系

近十多年来，杭州致力推进政协协商向基层延伸，做到“人民群众在哪里政协工作就做到哪里”“哪里有利于问题解决就在哪里协商，群众喜欢哪种方式就采用哪种方式协商”，建立形成政协协商嵌入基层协商治理的“县（市、区）+乡镇（街道）+村（社）”三级协商组织平台，政协协商民主不仅在横向上实现了广泛覆盖，在纵向上也实现了向乡镇（街道）、村（社区）的深度延伸，形成了从“庙堂”到“草根”的互动格局。在小古城村，通过政协协商嵌入基层协商治理的组织体系及工作平台的再造，省市县三级政协委员组成的履职小组把村民主协商展示馆作为“民生议事堂”主阵地，纵向以地域划分 7 个网格议事小组，横向建立“百姓议事会”“调解和事佬”等 5 个协商议事平台，政协委员被分派到各协商议事会中开展协商，村党组织根据协商议题内容，或向 7 个网格议事小组派单，或向 5 个协商议事平台派单，做到“看菜吃饭、量体裁衣”。同时，通过政协协商向基层延伸，也拓展了基层协商民主的渠道，优化了基层协商民主体系及运行机制，促进了协商成果的转化应用，使广大基层群众参政议政更具实效。小古城村“加快推动农文旅融合和共同富裕建设”的议题就是在政协工作向基层延伸中优化生成的，通过人民政协基层协商平台与村、组协商平台的多维链接、融合互补，经上

下左右反复协商、凝聚共识，最终提出并建立起“新社区共富联盟”，直接推动小古城村与周边景点、村庄、园区的串珠成链，使偏僻小村成了协商惠民的“网红村”和共同富裕与治理现代化先行的示范村。

四、坚持强化协商自觉，聚焦文化引领，培育社会协商的良好政治生态

小古城村在落实“有事好商量、众人的事情由众人商量”协商共治理念中，致力营造协商文化氛围，推进民主协商议事内涵，完善民主协商议事目录，让群众“一目了然”“可知可感”；充实民主协商议事团，让“群众事群众议”；建立健全“民主协商六步法”，让群众多协商、善协商，实现“群众事群众定”。同时，建立“五张议事清单”“五大议事平台”“五种议事模式”和民主协商“智囊团”，广泛吸收专业人士、社会贤达、代表委员、企业代表参与协商议事和村务监督，既广泛凝聚智慧力量，又营造“有事要商量、有事多商量、有事真商量”的浓厚协商氛围，以良好的民主协商政治生态引领社会生态。如今，随着协商文化的培育发展和民众民主协商自觉意识的增强，小古城村“有事好商量、众人的事情由众人商量”协商民主实践不断深入，影响并带动了区域基层协商民主的广泛发展，促进与政协协商等其他各种协商渠道相互融合衔接。比如，1. 议事主体更加多元，党员干部、群众代表、党代表、政协委员、社会组织负责人、社会工作者、志愿者、网格员，以及老干部、乡贤、村民组长和邻里协商议事组织等各种基层社会组织都是议事主体，共同参与基层社区大小事务的协商、监督和评判；2. 议事内容更加丰富，涵盖基层社区经济、政治、文化、社会、生态、党建和社会建设等方方面面，“无论大事小事，有事议一议”成为常态；3. 议事形式更加多样、程序更加规范，以协商聚共识、以协商促共治共富的质效大大提升，持续激发基层社会治理新活力。

三重体系建构：杭州政协数字化探索的机理与路径研究

杭州市政协理论研究课题组*

协商民主是民主理论与制度实践的重要构成。政治协商作为其中系统化、建制化的制度安排，在实践中面临参与规模受限、议程设置失焦、共识达成不易、协商结果落实不足等现实困境。杭州市政协通过数字赋能，积极探索提高协商意识、协商专业性、协商结果监督落实的有效路径。围绕政协全业务构建多个场景，凸显全景式、全链条与生态性三个特点。通过数字化方式实现对政治协商、参政议政、民主监督的全过程赋能，实现政协工作的质量变革、效率变革和动力变革。

一、主要做法

杭州市政协按照中央和浙江省对政协工作提出的相关部署要求，出台《"杭州数智政协"建设总体方案》《市政协常委会2022年工作要点》等文件。在既有探索实践和成效基础上，通过系统迭代更新，将数字化嵌入协商民主的全过程。其总体架构为"'162' + H"。"1"为总驾驶舱，沉淀各类场景数据，从总体上呈现政协整体运行状态。"6"是指按照省政协工作部署，并结合杭州政协工作实际，补充完善相关特色应用模块。"2"是指"数字政协"的理论和制度规范体系，"+H"则为展示特色文化、对外宣传的"自定义"

* 本文执笔：李颖，中共杭州市委党校公共管理教研部副教授

业务延伸。

数字赋能杭州政协工作的主要机制为三重建构：首先，通过构建知识全景图，激活能力和责任意识。其次，建构履职过程的全链条全周期闭环管理，凝聚政治共识。再次，建构协商民主的生态体系。市级平台在纵向上实现和基层政协的数据贯通，在横向上通过一“码”协商，向社会适度开放议事空间。

（一）构建能力与责任底座，激发委员主体作用

一是通过集成知识数据库，增强履职专业能力。通过在线全量汇聚历年来的协商成果资料、讨论议题、部门文件、协商制度，将散落式、碎片化的个体履职智慧整合为集体智慧，相当于建成政协工作的文献总库和知识共享中心。同时，通过关联式的智能搜索，进一步增强委员信息汲取能力。“部门文件”“为你推荐”“数据共享”三个应用从政府和社会两个角度提供了丰富、全面的信息参考，同时通过大数据算法，挖掘和生成各个领域的热搜议题，集成民生热词，为委员提供舆情热点和社会关注的相关信息。

二是勾勒“履职画像”，增强责任意识。从人的能力和责任建构维度，“履职在线”通过沉淀委员履职印记，记录履职投入，对委员进行全方位的画像勾勒，构建管理、服务的全景图和工作台。实现政协委员从协商产生、日常履职到届满退出的全过程、全链条、全周期管理与服务。其中“组织画像”和“委员履职画像”为各级组织和每位委员分别设立“数字档案”，赋权相关用户全面了解和实时掌握工作开展情况、成员基本信息和履职情况。建立委员履职分析评价体系，对委员履职情况进行掌握分析，并与“委员履职画像”数据进行关联，提高委员履职的活跃度、黏合度，赋能履职服务效能提升。

（二）重塑组织与业务闭环，激活正向反馈效能与协商容量

一是构建业务闭环，激活全链条反馈机制。“协商在线”和“提案在线”通过数字化评价与反馈机制，实现政协与政府部门的多跨协同与有效回应。勾连起从前端发起协商，到中端参与协商，及至后端的评价管理，形成完整业务闭环。一方面，通过议题牵引，将协商需求灌注到履职全链条中，集成征集、提出、审查、交办、办理、协商、督办到评价的所有参与、服务和管

理环节，激活了履职全过程。另一方面，通过内部评价和外部评价两种形式，以绩效评价激活政协内部及政协对政府政策执行的监督功能。

二是增强组织弹性，拓展协商容量。“协商在线”紧扣政协专门协商机构定位和协商主责主业，基于议题选择和工作计划，打造多层次立体化的协商议政平台矩阵。委员可以根据兴趣和关注点自行选择加入感兴趣的讨论圈子，打破原有的界别、专委等组织边界，加入“网络议政”，参与“直播互动”。通过“面对面”“屏对屏”“键对键”“端对端”等多种类型的互动参与形式，实现线上线下、场内场外都可参与协商议政，拓展“指尖上的协商民主”。“微协商群”可以通过自动匹配业务—组织，对某个议题有兴趣的委员们可实现自动组群，提高了共识凝聚的力度和效率。

（三）融合“上下”“横向”“内外”的协商生态，放大创新动能

一是构建在线协同的组织体系。杭州市政协构建的“同心在线”打造了全市组织体系的“一张图”，专委会、界别小组、委员工作站、市政协委员县（市、区）联络组、委员、社团协会阵地、县（市、区）政协等各层级共同组成的全市组织体系全部“在线孪生”，组织架构一目了然。各类履职站点和业务触角实现在线落图，便于各级管理者更加全面、高效观察线下业务站点与组织架构的适配程度。它还成为承接省级和基层政协的中介，为未来更大范围内的组织贯通预留了通道。组织在线加速了上级委员嵌入基层的实效，下沉基层的委员在“浙政钉”上直接嵌入相应的县（市、区）组织体系当中，基层组织可通过这些标签信息精准对接，实现线上组织“孪生”对线下业务“协同”的数字赋能。

二是促发基层协商创新的扩散。余杭区聚焦政协各项履职业务模块的集成、聚合和打通，形成“履职全链条”管理。为加强委员间互动，形成协商网络，上线委员自我标签功能，打造“委员朋友圈”。其部分设计理念及技术方案在市级数字政协建设过程中被吸纳复用，放大了创新溢出效应。西湖区通过政治协商平台与社会协商平台的相互嵌入，推动高效反馈。在组织层面，搭建网络议事厅，实现由“定时定点协商”向“随时随地协商”转变。将委员微民情事件办理处置工作纳入基层治理年度考核，压实主体责任。在个体

层面，通过打通政协数字化平台与区“民呼我为”智治平台的数据共享，委员可加入其中，推动问题解决。

三是设计多层协商互嵌机制。“杭州政协码”通过一“码”协商，拓展公众直接参与协商的空间。“码”既是进入协商的快捷通道，也是实现多元主体和多层次互动的桥梁，同时还发挥了信息触达社会公众的传感器功能。政协委员可通过浙政钉直接扫“码”访问，开展各种建言、监督和互动等活动。同时，通过“政协码”向群众有序开放，将相应的活动信息传递给群众，塑造政社共议市情、民情的公共空间。例如，市政协曾组织关于数字经济、老幼服务等相关议题协商的活动，市政府主要领导现场参与讨论，感兴趣的社会公众则通过扫“码”连接，在线参与讨论互动。

二、优化建议

数字赋能政协工作已经取得初步成效，未来需要从数据价值、用户思维、协商规则等方面激发深层动力，从而实现系统性重塑。

（一）实现从“服务数字化”向“数字服务化”的转变

可进一步挖掘已经沉淀的数据价值，通过数据碰撞分析更具价值的信息，实现用数据说话、用数据管理、用数据服务。要从“问题应对型学习”向“现象溯因型学习”模式转变，促发理念和实践的动力变革。

（二）加强“用户思维”，助推场景优化

既有的数字化架构具有较为鲜明的治理侧取向，主要从管理者的角度进行设计规划。下一步建议在高频应用场景中，增强政协委员的用户反馈力度，将交互环节内嵌到场景使用过程当中。确保场景优化方向与使用者需求保持一致，增强用户体验。

（三）构建协商规则数字化

现有的协商数字化主要通过在线参与增加协商容量，完成了参与形式的重塑。在今后工作中，需要思考如何超越参与多于协商、协商高于民主的行动惯性，通过构建数字化规则，在协商程序与制度上实现实质性重塑。

新型政党制度下民主党派基层组织建设的历史逻辑与路径思考

缪心毫*

新型政党制度构成了中国共产党与民主党派间关系的结构性框架，也构成了思考民主党派基层组织建设的逻辑起点。民主党派基层组织建设与民主党派自身的健康发展密切相关，应当将其置于我国新型政党制度的框架内予以系统性思考，方能确保民主党派与中国共产党同频共振、勠力同心。

一、新型政党制度下民主党派的角色定位与基层组织建设的方向

民主党派基层组织建设的目的为何，方向为何，如果不能置于新型政党制度中予以理解，民主党派基层组织建设可能出现指导性方针的偏差。因此，需要通过厘清我国新型政党制度产生的历史逻辑及其内涵，明确民主党派在新型政党制度中的角色定位，从而确定民主党派基层组织建设的大方向。

中国近现代史是一段中国共产党与民主党派合作关系的生成史。在长期的革命实践中，中国共产党确立了与其他民主党派合作关系的基本原则：一是确立了中国共产党在合作关系中的根本原则，即中国共产党应当掌握领导权；二是确立了有选择的合作原则，即中国共产党要甄别选择赞同支持中国共产党的民主党派，真正统一和团结广大的民主党派人士。中国共产党与民

* 作者简介：缪心毫，民建温州市委会常委，民建温州大学基层委主委

主党派间的合作型政党关系，一方面是在近代中国社会历史文化发展的影响下应运而生的历史产物，另一方面也是中国共产党领导全国人民根据历史现状和中国国情在政党制度领域的伟大创造。中国共产党摒弃了西方政党制度，顺应世界社会主义政党政治的深化发展趋势，以马克思主义为理论资源创造性地建立了新型政党关系。我国新型政党制度的显著特征是“共产党领导、多党派合作，共产党执政、多党派参政”。在理解新型政党制度时，应该着重把握如下两点。

坚持中国共产党的领导地位是我国新型政党制度中最本质的特征。中国共产党作为工人阶级先锋队，同时又是中国人民和中华民族先锋队，其政治的先进性及代表性决定了中国共产党具有领导地位的必然性。从合法性看，中国共产党的领导地位具有明确的宪法依据。而作为参政党，民主党派应当巩固和维护中国共产党的领导地位和执政地位。

二、中国共产党与民主党派的合作共事关系是我国新型政党关系的主要内容

在我国新型政党制度中，中国共产党同各民主党派在国家重大问题上进行民主协商、科学决策，集中力量办大事。中国共产党代表着中国最广大人民群众的根本利益，而民主党派基于其利益代表性，集中反映各自成员和所联系界别群众的具体利益和诉求。但在合作型政党制度下，中国共产党与各民主党派具有共同的价值理念，均应当围绕国家大局，致力于建设新时代中国特色社会主义，这客观上要求民主党派超越自身的利益代表属性，要有更高的站位，积极主动地关注社会公共利益，维护人民的根本利益。

民主党派基层组织是民主党派最基本的组织，是民主党派发挥参政党职能的工作基础。加强民主党派基层组织建设，是提升民主党派参政能力的重要手段，也是有效发挥新型政党制度优越性的重要抓手。民主党派基层组织没有建设好，将极大地制约民主党派参政党功能的发挥，进而影响新型政党制度优越性的有效落实。进言之，民主党派基层组织的建设，是服务于民主党派参政党功能发挥，是服务于坚持中国共产党领导这一根本目标的。偏离

了这个大方向，民主党派基层组织建设就会偏离正确的政治方向，出现方向性错误。

三、新型政党制度下民主党派基层组织建设的路径

进入新时代以来，民主党派基层组织建设取得了较大进步，其设置与运作也日趋规范化，并探索出具有实用性的工作方法。但基层组织仍然是民主党派组织链条中最为薄弱的环节。要加强民主党派基层组织建设，在新型政党制度这个大框架下，民主党派基层组织建设应当主要从作风建设、干部队伍建设与履职能力建设方面予以展开。

（一）作风建设：加强民主党派基层组织建设的有效保证

民主党派基层加强作风建设是新型政党制度下中国共产党对参政党的要求，也是新型政党制度下民主党派提升自身能力的前提。具体而言，民主党派的作风建设，直接关系到民主党派自身路线方针政策能否正确制定和贯彻落实，直接关系到民主党派能否有效贯彻执行中国共产党的路线方针政策，直接关系到民主党派在国家政治与社会治理中能否发挥重要作用。就其基本特征而言，民主党派基层组织的作风建设要体现新型政党制度“合作”这一重要内涵的指导性意义。

一是民主党派作风建设的核心内容是加强与中国共产党的合作。就其作风建设的精神来源而言，民主党派基层组织作风建设要积极汲取毛泽东思想、邓小平理论、“三个代表”重要思想、科学发展观以及习近平新时代中国特色社会主义思想等关于作风建设的要求。

二是民主党派基层组织作风建设在具体做法上要“拜师学艺”，要积极学习中国共产党的做法，在作风建设中着力提升基层组织成员的思想素质，建立完善的奖惩机制来巩固和强化作风建设。

三是民主党派基层组织作风建设要始终紧密联系群众，牢固树立服务基层群众、为基层群众解困，积极投身于服务基层群众中去。

（二）干部队伍建设：加强民主党派基层组织建设的关键环节

目前民主党派基层干部队伍建设与新型政党制度的要求尚存在差距：民

主党派基层干部参政议政能力相对较弱，对于自己所肩负的参政议政责任认识也存在不足，对新型政党制度的理解存在偏差。抓好民主党派基层干部队伍建设，应着重从以下几方面着手。

一是要优化选拔标准，切实将政治素质作为民主党派基层干部选拔的重要标准，注重考察干部对基本政治制度的意识。对于思想存在自由主义倾向、对中国共产党领导地位存在质疑的干部，要坚决不予提拔。

二是要创新教育培训内容，将新型政党制度学习作为日常教育培训的重要内容，在培训方式上，要灵活运用报告讲座、微博微信、干部培训等多种方式，使新型政党制度学习融入民主党派干部的日常工作中。

三是要创新干部管理机制，健全基层干部的思想工作汇报机制，建立开展年度的本职工作与党务工作“双述职”制度；要健全能上能下的选人用人机制，推动形成能者上、优者奖、庸者下、劣者汰的用人导向，从而形成良好的民主党派基层组织选人用人氛围。

（三）履职能力建设：民主党派基层组织建设的重要内容

习近平总书记指出，民主党派要“做中国共产党的好参谋、好帮手、好同事，增强责任和担当，共同把中国的事情办好”。对照习近平总书记的要求，民主党派基层的履职能力尚存在如下问题：一是民主党派基层成员履职意识不强，没有充分意识到民主党派的重要地位与作用，缺乏应有的责任意识；二是民主党派基层组织建设不足，思想凝聚力有所不足，履职工作创新动力不足。提升民主党派基层组织履职能力的提升，应着重从以下方面着手。

一是在思想上要开展常态化的政治理论学习，强化基层组织成员对提升履职能力重要性的认识，要开展形式多样的宣传活动，营造基层组织自觉履行、主动履职的良好局面。

二是在履职方向上要围绕中国共产党及国家的中心工作，理论联系实际，提高参政议政的实效性，开展丰富多样的实践学习与实践调研，为履职奠定实践基础；要做好团队建设，充分发挥集体智慧，形成集体共识，并通过与其他基层组织的合作，取长补短，共同促进履职能力的提升。

三是在制度设计上要积极借鉴中国共产党的“三会一课”经验，通过定期的政治学习、理论学习、业务培训与工作交流，不断提升基层组织成员履职的综合素质；要积极探索融合履职，积极与中国共产党基层组织进行履职能力建设的融合，全面融入中国共产党的中心工作中去，提升其履职能力的政治正确性与实效性。

县级政协助推基层协商建设的问题分析、实践探索与对策建议研究

——以天台县“协商驿站”建设为例

天台县政协课题组*

习近平总书记强调“要按照协商于民、协商为民的要求，大力发展基层协商民主，重点在基层群众中开展协商”。2022 年 1 月，天台县在安科村率先建设协商驿站，引起广泛关注。如何充分发挥政协专门协商机构作用，进一步推进政协协商与基层协商有效衔接，影响和带动村居的协商，已成为当下县级政协组织需要认真思考的课题。

一、为什么要推进村居级基层协商建设

一是推进村居级基层协商建设是群众谋求共富发展的迫切需求。当前，以村居为单位的共富发展模式在各地较为普遍，一方面，村里面怎么发展，项目怎么落实，遇到困难怎么解决，需要村民的广泛参与、真心支持；另一方面，一些重要的项目规划、推进、建设，也离不开“专业权威人士”和相关主管单位的群策群力。从实践来看，后者对于真正想干事业、谋求共富发展的村居来讲，更为迫切。

二是推进村居级基层协商建设是基层治理长治久安的有效途径。新时

* 课题组成员：卢益民、陈益民、郑愉民
本文执笔：郑愉民

代，人民群众利益诉求日趋多样化，基层治理面临诸多问题与挑战。如一些地区不当处理农村征地拆迁所形成的各类利益纠纷矛盾。妥善处理因各类问题而导致的村居利益之争，需要在村居一级开展广泛的协商，它既能协调各方利益，又能推动村居治理步入民主自治的正确轨道，是实现矛盾就地化解、村居安居乐业的有效途径。

三是部分村居推进基层协商建设的基础条件已日趋成熟。在我国，民间力量参与社会治理自古有之，为当下的基层协商传承了许多优秀的基因和智慧。在天台县坦头镇榧树村，谢氏宗族的族谱中明确记载其流传了几百年的族议制度。这种以乡规民约为核心的村居治理方式仍然有着较大的影响力，无论是统一思想，还是化解纠纷，乡村族议都发挥了重要的积极作用，已较好地融入现代化基层治理体系中并成为重要的组成部分。部分村居经过多年的实践经验积累，开展基层协商的条件日趋成熟，为推进新时代村居基层协商建设构筑了良好的基础。

四是由政协助推村居级基层协商具有高度契合的先天优势。协商是政协的“看家本领”，由政协主导基层协商有生成逻辑上的一致性、互动性与同构性。在委员队伍中，既有各个界别的“专业权威人士”，也有社会经验丰富的“老娘舅”。政协组织助推村居基层协商具有天然的优势，一方面，政协有着更加丰富的协商资源、更加成熟的协商机制、更加通畅的协商渠道和更加完备的专业人才储备，能够实现快速帮扶并推进基层协商机制规范化进程。另一方面，基层协商选择政协路径也是高度契合其实践的内生需求。“有事好商量、众人的事情由众人商量”的协商民主模式十分贴合村居基层治理的实践需求，是理想的组织形式。

二、县级政协助推村居级基层协商建设的问题分析

第一，对“基层协商”与“政协协商”的认知问题。调研中发现，部分行政人员甚至一些政协工作者、理论研究者在观念上将“基层协商”等同于“政协协商”，这是不准确的，两者存在较大差异。实践中“政协协商”可以理解为“专家门诊”，“基层协商”可以理解为“普通门诊”。两者的组织主

体、协商程序、特征都不尽相同，如果混淆两者概念并开展工作，死搬硬套“政协协商”机制，不但不能满足群众切实需求，而且固定的模式、程序甚至会引起群众反感，容易导致所谓的“基层协商”最终流于形式、陷入不可持续发展的困境，这也是县级政协组织推进基层协商工作的首要问题。

第二，县级政协助推村居级基层协商该如何定位？本研究倾向于“基层协商本身就在不断推进，有了政协，基层协商可以做得更好”的观点。一是对于“基层协商本身就在不断推进”的理解，譬如学术界讨论较多的“民主恳谈会”模式，就是由不同群体共同参与的基层协商成功案例，经过近20年的发展，已“被公认为中国基层协商民主的样板”，这种“微观实践经验”是独立于“协商系统”而存在，对乡镇而言，许多工作本身就在做；二是“有了政协，基层协商可以做得更好”的理解，作为“专家门诊”，政协有自身的优势，无论是协商渠道、人才储备都是“普通门诊”所欠缺的，而且机制、程序上更加规范，对于解决“疑难杂症”有着更加专业的视角和更加丰富的经验。所以，在推进“基层协商”过程中，县级政协是“共同参与者”，而非“牵头主导者”，并不需要施加压力推动决策。

第三，助推基层协商在村居设点能发挥什么作用？从理论层面考察，当前的主流观点是立足基层管理者角度，从“功能性”作用出发，认为基层协商是由基层政府驱动主导，并将其视为政府日常治理“工具箱”中的重要选项，可以积极鼓励广大村民参与其中，主动吸纳民众意见，推动基层协商真正落地。就化解矛盾纠纷而言，如将基层协商引入维权抗争过程，还能利于促进“体制外的政治抗争”转化为“体制内的有序参与”。结合实践感受，在村居设点，不是为了政协组织协商制度的设计要求，而是为了满足村居发展实践的自身需求。在这个定义下，村居级基层协商平台应是一个开放式的村居协商议事平台、信息共享平台、资源互通平台，在村居设点，既要满足解决本村居的发展建设和矛盾调解需求，也要满足推动以点带面，辐射周边，谋求共富的区块发展需求。对于协商机制成熟、协商氛围较好的村居，县级政协组织应予以积极鼓励并推动各种资源帮扶，加强引导，完善功能性、扩大影响面。

第四，助推村居级基层协商如何持续发挥作用而避免流于形式？村居设点后，如果只是由政协推动专注于解决一两件重点事项，而不注重自身的协商计划制定和长效机制建设，那么这个点迟早也会沦为“上面领导来了参观用的，看看就走了”的尴尬处境。光靠行政力量和基层干部推动注定是不可持续，只有建设“人人有责、人人尽责、人人享有的社会治理共同体”，广泛发动，让更多主体主动参与，才是解决可持续发展的正确途径。在村居实践中，有许多事情的涉及面都是比较广，不仅仅局限于村民，也可能涉及周边村、所在地的乡镇街道以及相关主管单位，这些参与主体分别有着不同诉求，也有着主动参与的积极性，这都为助推村居基层协商提供了源源不断的发展动力，如何调动这些因素是关键所在。

三、提升村居基层协商的对策建议

第一，必须突出党的领导，始终坚持正确方向。村居基层协商从本质上讲是对国家治理体系的丰富和完善，它既是对党的“以人民为中心”理念的生动实践，也是满足人民日益增长需求的有效探索，必须保持“国家治理体系是由众多子系统构成的复杂系统，这个系统的核心就是中国共产党”的政治清醒，只有将村居基层协商纳入党委的中心工作，才能充分调动一切积极因素，形成强大的工作合力，真正推动政协协商与基层协商的有效衔接。因此在推进村居基层协商的组织设计中，乡镇、村居两级的基层协商工作应分别由乡镇党工委书记、村党支部书记担任第一责任人，统筹统建，推进落实，始终确保正确方向。

第二，必须广泛发动群众，始终坚持协商为民，满足多样性需求。传统的“乡议”“族议”已经在中华大地上传承了千年，有着深厚的群众基础，引入现代意义上的政协协商民主范式，是为了顺应时代发展趋势，满足群众发展多样性需求，而要实现村居基层协商全过程人民民主的前提，就是村居群众的广泛参与。议题必须紧紧围绕群众关心关注的事项开展，积极宣传广泛发动，争取让参与主体意识到参与协商是在解决切身利益的事情，才能充分激发他们的积极性。就县级政协而言，一要主动走进群众，为村居群众参与协商提供方便、创造条件。二是要引导委员始终保持与群众的紧密联系。三要通过广泛协商凝聚共识，提升社会认同。协商不是信访，政协也不是职能部门，协商的最终目的是让更多参与主体达成共识，只有始终坚持“为大家谋幸福”，才能持续获得广泛社会认同。

第三，着力推进纵向对接，保障三级信息通畅，推动精准帮扶。村居基层协商能否规范化并且有效满足其自身发展需求，关键在“政协协商”与“基层协商”的纵向有效衔接。一要在保障参与频次的基础上，充分兼顾委员自身意愿，定期不定期地推荐部分政协委员下基层，类似大医院“轮值专家”的概念；二要把关审核乡镇村居上报的议题，对合适的议题向全体委员实时共享，由委员自行选择，类似“揭榜挂帅”的理念；三要整体可控，对一些涉及群众关注较高的、影响范围较大的议题，要及时介入，组织专门精干力量，并安排专人统计、联系、反馈，可以有效激发参与主体的积极性，类似“专家会诊”概念。

第四，用好新型技术平台，实现良性融合发展。随着微信、浙政钉等移动端应用的不断普及，基层协商的时空距离正在逐渐缩小。从实践来看，线上技术的灵活应用确实可以实现覆盖事前、事中、事后全过程协商，但从村居基层协商的特性来讲，线下协商仍然具备不可替代的优势。建议一要整体统筹推进“线下＋线上”，覆盖事前、事中、事后全过程；二要发挥线上实时互动、信息公开的优势，实现线上汇总，线上公示功能；三要注重发挥线上信息渠道作用，充分保障涉及利益主体的权益，确保每一位村居民都有参与对话的机会，激发更多村居民的积极性，通过逐步培育、提升村居“人人参与、人人尽责”的公众理性意识，最终实现基层协商与基层治理的良性互动融合发展。

人民政协作为坚持和加强党对各项工作领导的重要阵地研究

邹宇明 *

习近平总书记指出："人民政协要通过有效工作，努力成为坚持和加强党对各项工作领导的重要阵地、用党的创新理论团结教育引导各族各界代表人士的重要平台、在共同思想政治基础上化解矛盾和凝聚共识的重要渠道。"其中，"重要阵地"居于首要地位，体现了党在人民政协组织中统揽全局、协调各方的领导核心作用。深刻领会习近平总书记的这一论断，大力推动人民政协成为坚持和加强党对各项工作领导的重要阵地是当前政协理论研究的重要课题。

一、人民政协作为坚持和加强党对各项工作领导重要阵地的理论逻辑

（一）人民政协在促进中华儿女大团结中具有独特优势

从工作主题看，人民政协坚持团结和民主有机统一，把加强思想政治引领、广泛凝聚共识作为中心环节，通过协商广泛听取各党派团体和各族各界人士的意见进而转化为政策选项，把党的主张转化为社会各界共识。从功能作用看，人民政协具有协调关系、团结各方的独特优势，有利于充分反映不同界别、阶层、群体的意见愿望和利益诉求，有利于广泛汇聚各界人士的智

* 作者简介：邹宇明，宁波市江北区政协主席

慧和力量，有利于把全体中华儿女紧密团结起来，共襄复兴伟业。

（二）人民政协在践行社会主义协商民主中具有独特优势

协商民主是实现党的领导的重要方式，是我国社会主义民主政治的特有形式和独特优势。人民政协作为社会主义协商民主的重要渠道和专门协商机构，是发扬社会主义民主的重要制度，是人民民主的重要实现形式，是公民有序政治参与的重要载体，能够充分彰显“有事好商量、众人的事情由众人商量”这一人民民主真谛，更好将党的主张转化为社会各界的共识和行动。

（三）人民政协在国家治理现代化建设中具有独特优势

一方面，人民政协与生俱来就具有沟通国家权力和社会公众的政治功能，通过发挥政协组织及其协商平台、机制程序等作用，实现政协与党委政府系统的良性互动，体现我国两种民主形式相辅相成、相得益彰的政治制度特点和优势。另一方面，人民政协具有协商主体多元、智力密集、内容广泛、视角多维的特点，对于党和政府完善治理、优化决策、改进工作具有重要的参考作用。

二、基层实践探索存在的不足

（一）“重要阵地”践行中的“桥头堡”“排头兵”作用发挥不够突出

从组织形式看，功能型支部只解决了政协党的组织有效覆盖问题，党员委员组织关系仍隶属原单位，其组织体系相对松散；从党员委员分布看，党员委员分布在不同行业、不同领域，如何调动他们的积极性，带动广大委员形成整体优势，把党的群众路线、各项主张贯彻到履行职能的全部活动之中，共同推进党的决策部署落到实处，存在一定挑战。

（二）“重要阵地”的践行方式有待进一步提升

区县政协在广泛凝聚基层群众共识上仍有提升空间，如目前各乡镇街道利用“三位一体”平台深入开展思想政治引领、广泛宣传党的政治主张和路线方针政策等方面的活动还不够多；“民生议事堂”协商活动存在部分议题不接地气的情况，难以在群众中引起共鸣，增进认同，形成共识。

（三）“重要阵地”践行效能有待提升

一方面，部分基层政协在围绕中心、服务大局上还存在一定差距，上传民意、下达政情的效果不佳。另一方面，充分发挥政协优势，提升履职效能还有待进一步挖掘，在如何更好地整合社会关系、赋能善治良政、实现共建共治共享，为更好推进党全面领导下的国家治理减阻力、添助力、增合力等方面仍需不断深化探索。

三、完善路径

（一）深化“两个全覆盖”，夯实“重要阵地”建设的组织基础

要进一步完善组织架构体系，发挥政协党组在政协工作中的领导作用，压实党建工作、意识形态、党风廉政建设责任制，在现有关于政协党建工作法规、政协委员履职考评办法等基础上，结合实际完善和落实工作清单和保障机制。要建立统筹协调机制，推动实现党的组织对党员委员的全覆盖、党的工作对政协委员的全覆盖，做到哪里有政协委员哪里就有党的工作、哪里有党员哪里就有党的组织。要加强组织领导，通过制度机制固化党建工作融入业务履职，打破专业壁垒，强化党员委员的责任意识、模范意识和界别委员、群众的协同意识，将党建优势转化为共识基础，不断强化党的领导。

（二）提升职能作用发挥，强化“重要阵地”建设的实现方式

一是把协商民主贯穿政协履行职能全过程，更好地肩负起落实党的决策部署、凝聚各方智慧力量的政治责任。更加务实地发挥专门协商机构作用，创新平台载体，丰富“请你来协商”“民生议事堂”等平台的内涵和实质，拓宽由上向下、由内向外的聚识通道，完善协商内容，丰富协商形式，健全协商规则，确定协商议题，精心组织协商，把政协制度优势转化为国家治理效能。二是积极践行党的群众路线，把党的主张转化为社会各界的政治共识。建立完善“让政协走进群众、让群众走进政协”工作机制，推动政协工作触角向基层延伸，深入探索思考“民生议事堂”“委员工作室”“社情民意联系点”等直面群众平台的作用发挥，进一步拓展服务群众的渠道和方式；发挥

专委会在凝聚共识方面的前沿阵地作用，依托专委会更加灵活、经常地开展具有界别特色的团结联谊活动，切实担负起反映群众意见和呼声、宣传党和国家方针政策的责任，团结引导各族各界群众听党话、跟党走，把各参加单位及所联系的群众最广泛最紧密地团结在党的周围，持续巩固党的执政基础。三是积极践行全过程人民民主，助力营造党领导下的良好政治氛围。健全发扬民主和增进团结相互贯通、建言资政和凝聚共识双向发力的程序机制，坚持广开言路、集思广益，促进不同思想观点充分表达和深入交流，做到相互尊重、平等协商而不强加于人，尊重规则、有序协商而不各说各话，体谅包容、真诚协商而不偏激偏执，形成既畅所欲言、各抒己见，又理性有度、合法依章的良好协商氛围，真正体现“有事好商量，众人的事情由众人商量”的人民民主真谛。

（三）促进方式创新，强化“重要阵地”建设的手段支撑

一是紧扣党的创新理论，创新学习方式，强化能力保障。进一步完善以政协党组理论学习中心组学习为引领，主席会议集体学习、常委会会议学习讲座、理论研讨、委员集中培训相结合为重点的学习制度体系，推动参加政协的各党派团体和各族各界代表人士共同提高思想政治水平。探索建立政协大讲堂、创立委员宣讲团，开展重大政策的宣讲学习。强化互联网思维，利用网络、融媒体等，打造出层次多样、务实管用、覆盖面广的理论武装平台，通过开展经常性、制度化的学习和思想政治引领，引导各族各界代表人士在习近平新时代中国特色社会主义思想旗帜下携手前进。二是紧扣数字赋能，创新工作方式，强化技术保障。一方面全面梳理基层政协工作，构建清单化工作职责体系，进一步明确工作任务和责任分工；另一方面通过实施数字化改革，加快推进“数字政协”各类应用建设，逐步形成“线上+线下”“云端+屏端”“直播+互动”“场内+场外”的新工作格局，推动政协工作全链条流程再造，以时间、空间上的便利提升委员的积极性，扩大社会群众的企及面，从而画好更大同心圆。三是紧扣新时代新使命，创新工作制度，强化制度保障。工作制度创新是方式创新的重要保障，好的方式手段需要制度的固化和强化。要将党的全面领导以制度形

式嵌入政协工作全过程，实现政协任何一个流程、任何一个平台、任何一次活动都以政治认同、思想认同为指引，都以增强党对各项工作的领导为目标。

县级政协协商民主发展的现实困境与实践进路

—— 基于三个制度因素的分析

王新波　李岁科*

人民政协作为社会主义协商民主的重要渠道和专门协商机构，集协商、监督、参与、合作等于一体。县级政协是人民政协最基层的组织机构，主要涉及地级市下辖的区、县以及县级市的政协组织。县级政协的有效运行对服务基层党政大局，联系基层人民群众，践行全过程人民民主，服务基层治理具有重要意义。但是，目前制度供给不足仍然是影响县级政协协商民主发展较为突出的问题，集中体现在县级政协委员的产生、管理机制，县级政协的履职制度以及政协协商向基层延伸制度三个方面。

一、当前县级政协协商民主制度供给不足的主要方面

第一，县级政协委员的产生、管理机制不够健全。一是政协对政协委员的履职评价方式不够完善。各地对委员的评价一般采取评议制和量化考核制两种方式，但是两种方式都对考核结果的使用没有任何硬性规定，其激励效应不明显，因此，委员履职的良莠在很大程度上取决于其主观上的责任感的强弱。二是政协委员“入口”把关先天基础不足，对委员代表性、履职意愿

* 作者简介：王新波，中共绍兴市委党校讲师；李岁科，中共绍兴市委党校党建研究中心副主任、副教授

和履职能力重视不够，这也是一些政协委员质量不高的重要原因。

第二，县级政协基本履职制度不够健全。各地虽然出台了诸多推动政协履职的文件政策，但总体看引导性规则多、制约性规定少，笼统的要求和原则性规范多、具体可操作的规定少。主要表现在：首先，关于政协政治协商的规定有待细化。一是对协商内容上的“重要”“重大”等问题的规定较为原则，使得协商的主题、范围、深度、频次更容易受主观因素的影响。二是政治协商纳入决策程序没有明确和具体制度规范约束，也容易造成政协协商在一定程度上出现主观性、随意性和模糊性。三是在协商成果的转化落实方面缺乏有效制度约束，一些协商成果“止于会场”“止于报告”“止于批示”。其次，关于政协民主监督的制度有待完善。政协民主监督中“建议”性的监督多，“批评”性的监督少，且鲜有对国家机关及其工作人员的监督。这与监督程序、监督形式、监督保障机制等制度缺乏有关。最后，对县级政协的考核机制有待完善。一些县级政协的组织机构可能会存在效率不高问题。

第三，县级政协协商向基层延伸缺乏制度支持。县级政协是处于最基层的政协组织，不能缺席我国基层民主政治发展，更不能远离基层群众，成为“无根之藤”。但从实际情况来看，当前政协基层协商还比较缺位于社会主义基层民主发展的实际需求。政协《章程》规定，“自治州、设区的市、县、自治县、不设区的市和市辖区，凡有条件的地方，均可设立中国人民政治协商会议各地方的地方委员会”。也就是说，这一规定将政协的地方委员会设置的最低层级定为县级。当然，对于县级以下的乡镇（街道）能不能设置政协机构，政协《章程》也没有明确禁止。

二、要更好发挥县级政协专门协商机构作用的制度供给

首先，加强对政协委员的考核。一是完善政协委员考核机制。充分利用数字赋能，健全对政协委员的考核机制，在地级市层面建立统一的委员考核手机 APP，仿照“学习强国”的得分模式，将委员履职排名靠前的委员及其分数在 APP 公开，个人排名仅能对委员本人可见，并根据年终排名情况以及履职实效进行惩奖。二是加强对委员联系群众的激励考核。建立政协委员联

系界别群众的激励机制，夯实县级政协协商民主的群众基础。

其次，完善委员产生制度。一是优化政协委员的推荐机制。理清县级政协与统战部、组织部在政协委员推荐产生过程中的职责。在重视政治素质的同时，关注综合素质和参政议政能力。统战部、组织部主要考察被推荐人的政治素质和身份。二是进一步制定委员产生的细则，探索建立提名考察公示机制，增强委员遴选的程序化、公开化。三是在“指标制”和“推荐制”的基础上进一步体现政协委员产生的“协商性”。

再次，健全政协监督机制。强化政协民主监督职能作用，推动政协民主监督规范化、制度化建设，建立政协与党政组织之间的信息交流制度，加强政协民主监督与其他监督形式的融合协调机制，增强监督合力。除了通过提案、视察、民主评议等传统监督形式进行监督，还可以建立政协专题监督小组制度，对常规性项目和重大项目进行常态化监督。

最后，积极探索向基层延伸机制。当前，浙江省各地在“只建机制不建机构”的原则下进行了积极探索，如，“民生议事堂”、协商驿站、委员工作室（站）、乡镇（街道）政协委员履职小组等实践探索，在不增加编制和预算的前提下创造性地推动政协工作向基层延伸。下一步应着重在以下几个方面完善县级政协向基层延伸的工作，一是完善基层政协协商议题的征集、选题工作，围绕党政的重要事项，民生改善和社会治理的实事难事，通过线上线下方式向政协委员、基层群众征询协商议题、确定协商程序和范围。二是注重优化协商各方的代表性，特别是要提高群众代表的比重，增强协商的群众性。三是在现有基础上，继续注重发挥界别委员的专长，建好用好有特色的政协委员工作室。四是明确乡镇（街道）政协委员履职小组的职能、职责等，深化政协委员履职小组的制度化建设。五是要建立协商成果采纳、落实和反馈机制，切实加强对协商意见、建议采纳情况的督查和反馈，确保协商成果落地见效。

县级政协参与基层社会治理的实践与思考

——以洞头区政协“基层吹哨 政协报到”机制为例

温州市洞头区政协课题组*

基层治理是国家治理的基石。习近平总书记强调，人民政协要把不断满足人民对美好生活的需要、促进民生改善作为重要着力点，协助党和政府增进人民福祉。县级政协是找到基层群众“最大公约数”的重要载体和平台，在参与基层社会治理工作中大有可为。本文以洞头区政协建立“基层吹哨、政协报到”工作机制为着眼点，对如何助力基层社会治理进行初浅探析。

一、县级政协参与社会治理的优势及作用

(一)参与社会治理的独特优势

1. 政治功能优势。人民政协有着促进大团结大联合的政治优势，是巩固基层最广泛的爱国统一战线的重要平台。新时代社会治理的重心在基层，越往基层走，统战工作的任务越繁重、越具体。因此，更应充分认识到县级政协在基层治理中所彰显着广泛凝心聚力，巩固统一战线的政治优势。

2. 协商民主优势。人民政协是专门协商机构，政治协商功能是人民政协的首要职能。相较于社会组织、基层自治组织等其他协商形式，政协协商在发展过程中，已具备较完整规范的协商机制，能较专业地开展协商活动，更

* 课题组成员：汪慧平、曹其忠、武晓峰
本文执笔：武晓峰

好地适应社会治理现代化的需要。

3. 联系广泛优势。人民政协作为统一战线组织，突出的特点就是联系广泛、代表性强。尤其是基层政协，政协委员广泛性及社会治理多元性相耦合，有着联系群众的便利优势，能充分体现治理中多元主体参与的要求。

4. 渠道畅通优势。一方面基层政协与党委政府工作联系紧密，获取政策信息更加便利和全面，可以让各界群众更好地知情明政；另一方面基层政协地位超脱，能够更有效地发声，并且作为“四套班子”之一，传递的声音更有分量，容易受到党委政府的重视。

（二）参与社会治理的现实作用

1. 以协商活动促进基层民主善治。比如，浙江省政协推行的“请你来协商”平台，以地区发展大事和民生关键小事为切入口，邀请党政部门、界别群众面对面交流，达到开门议政的实效；有的县政协开展“议社情、话民生、谋发展”主题协商活动，通过各界人士、专业能手“会诊协商”，推动基层社会有效治理。

2. 以延伸平台畅通各方利益诉求。持续推动协商平台下移、委员履职下沉，最大限度调动各方参与协商的积极性。比如，孝感市在全市各级政协开展委员进社区、进园区、进农村活动，把协商民主触角延伸到乡镇（街道）、村居（社区）、渗透到园区，实现倾心服务大局与真情服务群众的有效结合。

3. 以界别活动扩大社会治理影响。界别是政协最鲜明的特色和最突出的优势。政协界别特色与基层社会治理寻求最大公约数的目标理念高度契合，能发挥自身优势精准发力。比如，江阴市政协探索推进组织化、项目化、网络化界别监督，及时跟进监督重点工作和重点民生实事项目，发挥了界别示范引导与辐射带动作用。

4. 以委员主体作用推进社会治理。政协委员是政协协商民主的参与者与实践者，也是基层社会治理的参与者、实践者。比如，汉川市政协在企业建立民营经济发展环境观测点，组织委员观测企业服务环境、市场环境、政务环境、法制环境和舆论环境，监督规范执法，促进民营经济发展。

二、洞头区政协“基层吹哨、政协报到”机制的实践探索

近年来，洞头区政协建立“基层吹哨、政协报到”工作机制，通过组织建设、履职触角、工作重心“三下沉”，组织开展视察调研、专题监督、协商议政等各类活动32场次，提出建议482条，落实转化327条，切实推动政协履职与基层治理有效融合，促进协商议事从“有形覆盖”到“有效覆盖”转变。

（一）组织建设下沉，布好政协助力海岛基层治理的“一盘棋”

一是突出“协同”，组团服务。划分建立7个委员片区活动小组，以界别组牵头、联系专委会指导、联络组配合的方式，构建“界别组+专委会+联络组”联动履职模式，为推动履职工作下沉基层赋能增效。二是突出“规范”，完善机制。完善走访、选题、协商、落实和确定议题、会前调研、组织协商、达成共识、监督实施、结果反馈“四步六环节”工作流程，形成工作“闭环”。三是突出“融合”，提质提效。持续推动“民生议事堂”与街镇议事平台有机融合，有效推动委员片区活动小组与信访、综治等部门互联互通，积极引导委员深入网格，切实服务基层群众、破解基层难题、助推基层社会有效治理。

（二）履职触角下沉，把准政协助力海岛基层治理的“关键点”

一是注重履职方式的灵活性。按照“就近、就事、就便”原则，积极搭建“民生议事堂”，选取收费停车场管理等热难点问题，探索采取“集中+分散”“线上+线下”等协商形式，以数字赋能履职实践。对于群众反映的日常性、涉及面较小的事项，积极采取对话协商、网络协商等方式推动达成共识。二是注重履职主体的广泛性。以政协委员为主导，将村社班子、“两代表”、村社群众代表以及协商事项涉及的利益群体等广泛吸纳进议事会，并根据协商事项的复杂难易程度合理确定范围，扩大各界群众在协商民主中的参与面。三是注重履职内容的针对性。聚焦民生诉求，瞄准信访积案化解、城乡环境整治、老城有机更新等“关键小事”确定议题，力求使协商议事切中问题要害；聚焦群众期盼“议题”“破题”，遵循提出意见、互动协商、意见修订、提请确认的“四步走”流程，切实提高协商在一线的履职实效。

（三）工作重心下沉，激活政协助力海岛基层治理的“原动力”

一是抓党建引领强动力。实行“一个片区一个党小组”，围绕疫情防控、营商环境等重点工作，引导委员尤其是党员委员在一线当先锋、作表率。以党史学习教育为引领，把开展“学思笃行·书香政协”活动作为夯实委员参与基层治理的思想基础，构建“荐、读、悟、用”四位一体的学思践悟平台，发挥政协在治理体系中的“求和”作用。二是抓联络联谊聚合力。完善中共党员委员与党外委员共学共联等机制，深化委员“三访三助”聚力行动，形成从党内到党外、委员到界别群众互动的聚识格局。充分发挥委员主体作用，让其利用自身专业知识和“自带流量”影响人引领人。三是抓跟踪督办增效力。构建“一个议题、一支队伍、一抓到底”的工作模式，对协商建议中的难点问题、领导批示交办的重点问题，会同党政监督部门、新闻媒体一同开展监督，并将落实情况纳入考绩范畴，推动履职成果落到实处。

三、洞头区政协“基层吹哨、政协报到”机制的启示

（一）团组式活动，破解了基层政协“两个薄弱”问题

采用“界别组＋专委会＋联络组”联动履职模式，有效破解政协在街镇“没有脚”、委员在基层单元无履职载体的难题，延伸了工作手臂，为推动政协协商与基层协商有效衔接，夯实了人员力量基础和工作基础。

（二）网格化履职，扩大了基层政协委员履职的参与面

通过建立政协委员联系网格制度，让政协委员有更多机会参与基层履职活动，借助“三下沉”，引导委员既注意从面上把握情况，又善于从点上解剖麻雀，做到“架天线”和“接地气”相结合、定性分析与定量分析相统一，以履职“网格化”织就政协履职“一张网”。

（三）嵌入式协商，提升了协商民主助力基层治理效能

通过恳谈沟通、商以求同，把协商监督过程变成与群众沟通思想、解疑释惑、增进共识的过程，让政协协商从“庙堂之高”走进寻常百姓中，实现海岛基层治理由“干部说了算”向“大家商量办”转变、基层群众由“遇事发牢骚”向“议事求共识”转变的良好态势。

政协委员更好联系服务界别群众的制度机制研究

舟山市定海区政协课题组*

界别是组成人民政协的基本单位，是人民政协履行职能的有效载体，也是社会各界有序政治参与的基本途径。政协委员作为政协的主体，积极联系服务界别群众不仅是推动委员履职为民、发挥政协职能优势的坚实基础，也是政协委员更好联系服务界别群众彰显政治制度优势、提升社会治理水平的时代选择。为此，在联系服务界别群众过程中，我们要始终坚持真正融入、真诚交心、真情代言、真切引导的“四真”原则，立足界别群众需求，着眼彰显政治制度优势、提升社会治理水平两个重点，从而切实发挥好“连心桥”作用，凝聚最大共识，催发奋进动力。

近年来，包括定海区政协在内的各级政协组织高度重视界别在政协工作中的基础地位，在实践中对于界别工作进行了积极探索，积累了宝贵经验。但从地方实践来看，当前政协委员联系服务界别群众体制机制还存在一些短板和不足，界别特色作用还需进一步发挥。这主要表现在地方政协界别设置有待进一步优化、委员界别意识不强及代表性不足、以界别为主体的委员履职效能不够强、发挥界别作用的方法和途径不够清晰、界别委员履职的制度规范有待进一步健全等五个方面。究其原因，主要还是因为目前一些政协委员界别意识不够到位、履职能力不够过硬及体制机制不够健全等。为此，新

---

* 课题组成员：陆沧波、夏怡辉、章秀红、顾超益
本文执笔：章秀红

形势下更好发挥政协委员联系服务界别群众作用，需要树立问题导向，进一步立足界别特点和优势，完善界别工作机制，丰富界别履职形式，激发界别工作活力，从而发挥好桥梁纽带作用。

一、加强党的领导

加强党对界别工作全覆盖的领导，理顺工作框架，推动党的组织对界别委员全覆盖。如定海区政协以界别为纽带、以专委会为依托，成立委员“兼合式”党委，并以中共界别为重点，充分发挥党员的先锋模范作用和关键引领作用。同时，各级政协组织应把加强界别建设纳入政协工作重要议事日程，坚持把活跃界别活动、发挥界别作用作为推进政协工作的重要内容，并进一步理顺界别与委员的关系。

二、优化界别设置

合理设置界别是发挥界别作用的基础，要根据情况变化作出适当调整。一是推动界别设置适当调整。积极适应社会矛盾的新变化与社会阶层的新需求，进行科学调整，努力畅通与社会各个方面的交往渠道，在包容性和代表性的强化中发挥职能优势。二是完善界别组成结构。通过合并、分拆、新设、增减界别和委员名额等方式，对界别组成结构进行合理调整，增进其代表性与科学性。同时，可以适当减少党政领导干部的比例，增加来自一线、基层的代表人士和新兴社会阶层代表人士。三是优化委员推荐选拔机制。地方政协党组应参与委员推荐，探索建立界别群众推荐委员的选拔机制，充分尊重基层界别群众意见，通过动议、投票、考察、谈话等多种形式进一步扩大界别群众的参与权与话语权。

三、加强机制建设

建立完善科学、具体、可操作的工作机制，为政协委员更好联系服务界别群众提供保障。一是建立健全联络沟通机制。完善界别活动召集人制度，做好服务管理和团结联谊工作。完善主席会议成员联系界别及专委会联系界别制度，把界别活动纳入主席会议及专委会工作计划。完善界别内外联系协作制度，开展联合活动，资源共享，服务共行。完善界别与相关政府部门合作联系机制，定期互通工作情况。同时，也要加强各级政协协同联动，把各级政协委员的资源对接起来，形成工作合力。二是建立健全保障支撑机制。政协党组会议、主席会议要对界别工作及委员联系界别群众工作进行专门部署和政策保障，各专委会也要将其纳入工作计划并协助落实。有关部门尤其是委员所在单位要积极支持委员参加界别活动，各界别活动组也要发挥自身优势，创造条件，确保界别活动的正常开展。三是建立健全引导激励机制。建立健全界别履职清单管理制度，坚持正向激励与纪律约束并重，聚焦政协委员履职全过程管理，优化年度述评考核制度，把联系服务界别群众的情况及界别群众的意见作为考核的重要内容与指标。四是建立健全界别履职活动机制。完善界别委员及群众参与议政协商、调研视察、民主监督、提案办理的工作机制，推动界别活动在一定的组织机制范围内进行。同时，建立委员培训制度，形成常态化、全覆盖的培训机制。

四、创新平台载体

创新平台载体，让委员联系服务界别群众有抓手。一是拓宽界别活动平台。通过召开界别例会、界别论坛、界别沙龙、界别活动周、界别之间的相互调研和学习等活动，促进界别活动“常态化”。二是搭建界别协商平台。以界别为依托，以专委会为基础，积极搭建界别协商平台，持续推动界别协商与“请你来协商”有机融合，以本界别共同关心、专业性强的问题为专题，组织开展相关履职活动。三是建好委员工作室。按照“不建机构建机制”的思路，有序推进集学习交流、议政建言、了解民意、凝聚共识、服务群众于一体的委员工作室建设。四是延伸数字化载体。推动数字赋能委员服务，完善政协委员联系服务界别群众网络平台，通过微信等“线上”模式联系服务界别群众，加强委员与群众的网络沟通和联系。

五、优化方式方法

方式方法直接关系到履职作用的发挥。一是创新联系服务方式。坚持运用政协现有履职形式与不断创新活动载体并重，建立界别群众交流座谈、界别反映社情民意信息、界别群众意见建议分析机制，完善通过调研听取群众意见制度。二是丰富界别履职形式。不断提高界别集体发言比例，注重安排界别发言，征集和编报以界别名义报送的社情民意信息。深化界别协商工作，组织开展以界别委员或相关界别委员为主体的调研视察、研讨论证和咨询服务等履职活动，引导界别委员就共同关心的问题深入协商讨论，形成共识，并以界别名义向党委政府提交协商意见。三是拓展委员履职空间。以界别委员工作室为载体，鼓励政协委员发挥自身专长和优势，结对联系若干名具有较强参政议政意识、关心经济社会发展的界别群众，开展经常性交流沟通，扩大公民有序政治参与。

六、加强统筹指导

加强和改进界别工作，重在落实，贵在坚持，关键在统筹指导。一是加强组织领导。各级政协要尊重支持委员依照政协章程履行职责，保障委员在履职中的知情权、参与权、表达权和监督权。政协领导要强化界别认识，重视界别作用，把委员联系界别群众作为基础性工作纳入政协统一部署，各专委会、各界别也要积极做好协助落实。二是明确职责分工。政协机关应大力支持界别活动组的工作，政协委员工作委员会综合协调界别活动组的活动。各专门委员会要加强对所联系界别活动组的工作指导，建立界别工作联席例会制度，定期召开界别召集人会议，确保对界别各项工作要求落到实处。三是营造良好氛围。加强宣传阵地建设，利用“互联网 +”提升政协工作开放度，加大对界别活动及履职成果的宣传报道，争取社会各方面对委员履职给予更多的关心和支持。及时总结经验，表彰先进，注重研究探索加强和改进新时代人民政协界别工作、发挥界别优势作用的新途径、新载体、新办法，努力提升界别工作水平。

人民政协协商式监督实践路径初探

方　杰*

民主监督是人民政协重要职能。中办《关于加强和改进人民政协民主监督工作的意见》对政协民主监督明确定位为“协商式监督”。本文试图从认识、实践、保障三个维度，探讨在新时期怎样更好地推动协商式监督落地见效。

一、深刻认识协商式监督的性质特点

将民主监督定位为协商式监督，强调民主监督与协商民主的关系，赋予了民主监督新内涵。

（一）协商式监督与政治监督一脉相承，是民主监督的两个方面

把民主监督定位为政治监督，是从统一战线的角度提出的，是政治上盟友之间的合作监督。民主监督与人大监督、行政监督等不一样，依据的不是法律规范，而且也不同于一般社会监督，是一种受国家政治制度保障的监督，其依据主要是政协章程和依据章程制定的有关文件，更主要的是党内法规和规范性文件，2016年制定出台的《中国共产党党内监督条例》首次把民主监督写入了党内法规，并同支持和保证人大、政府等国家机关的监督放在同等位置。

协商式监督是对政治监督的深化，是从监督者和被监督者之间的关系提出的，是平等主体之间的监督。协商式监督是以协商方式进行的监督，体现的是协商民主，而不是票决民主。体现在协商过程中，就是在语言表达上，

* 作者简介：方杰，德清县政协党组副书记

更多地运用善意的、有针对性的话语表达观点见解；在情感态度上，往往站在冷静的旁观者角度，站在中立的位置；在氛围营造上，倡导平等、包容、开放的协商文化，给彼此提供充分发表见解的机会。

（二）协商式监督与建言质量密切相关，是一种没有强制性的监督

协商式监督的建言质量是吸引被监督对象持续关注的关键所在。一直以来，协商式监督存在着“有协商无监督、有议政难监督、有监督走形式”等问题，党政干部对协商民主在监督环节的运用效果认可度不高。改变这个情况，必须强化委员主体意识，把深入调查研究作为开展协商式监督的必要环节，在反复思考认证的基础上，不仅提出存在的问题，更应从不同角度、不同层面提出解决问题的对策建议，从而赢得党委政府的重视和支持。

协商式监督的建言质量植根于人民政协人才荟萃、智力密集的独特优势。人民政协通过协商的方法，把各个界别中的优秀代表挑选出来，汇聚了一大批各行各业各阶层的优秀人才和精英分子，其中很多还是掌握着先进技术的专家学者、社会管理人才，具有显著的专业和智力优势。这就为提高协商式监督的建言质量奠定了扎实基础。发挥好这个独特优势，关键是搭建好平台，营造好协商氛围，让政协委员在平等、宽松、包容的环境中畅所欲言。

（三）协商式监督与党委政府同心同向，是一种不具有对抗性的成事型监督

协商式监督的出发点是合作而不是反对。协商式监督的前提是坚持、维护好执政党和参政党的法定地位，并保持良好的合作关系。人民政协开展协商式监督，是基于对被监督对象工作开展总体上的认同，就一些具体细节上的问题进行纠偏，是一种过程中的控制，从而让工作开展得更好，而不是直接否定其权力运行的正当性，直接让工作推倒重来。

协商式监督的实效性体现在帮助党和政府更好推进工作。协商式监督是通过协商、沟通和表达等方式实现的，过去一般都认为只有提出的意见和建议被采用，实实在在取得了成果，监督才具有实效。其实，这种认识有失偏颇。意见建议被采用说明议得对、议得准，对推动工作起到了立竿见影的效果。但是，这并不是唯一判断标准，笔者认为还有两点。一是采纳，就是吸收和参考。二是凝聚共识，在充分交流沟通中化解分歧。

二、有效构建和完善协商式监督的实践路径

在协商的过程中强化监督、取得实效，这样“立竿见影”的监督固然可喜，但是由于各种原因，许多问题需要通过“持续推动”的监督才能彻底得到解决。有必要借鉴管理学的经验，建立健全履职链条，形成以协商式监督为着力点的工作闭环，切实提高政协工作质效。

（一）科学确定监督议题

把“促进协商转化”和“增强监督实效”有机结合起来，树立“不协商不监督、先协商后监督”的理念，对上年开展的协商活动进行梳理汇总，挑选出若干经协商采纳甚至采用，但由于各种因素尚未落实或未完全落实意见建议的重要事项，确定年度民主监督选题。

（二）深入开展协商建言

一个议题在协商采纳甚至采用后，没有得到很好的落实，有多方面的原因，需要政协通过协商的方式持续开展民主监督。在这一过程中，首要的是深入开展调查和研究，详细了解掌握决策实施的每一个环节、细节，在认真研究基础上，精准反馈“纠偏”的意见建议。

（三）切实增强监督实效

一是提案办理推动。把重大议题的民主监督建议转化为提案，对转化落实有严密的制度保障。如德清县政协创新建立跨届重点提案跟踪追办机制，打破提案办理的年度、届末等的时空限制，将上届政协某些具前瞻性，但受当时条件限制未能较好落实的提案，重新梳理交办，取得了明显实效。二是高位协商推动。党政领导特别是主要领导的重视，是推动监督意见落实的关键因素。近年来，德清县政协每年选择事关全县经济社会发展和人民群众高度关注的重大问题，邀请县委书记、县长与政协委员开展专题协商活动，在“面对面”的协商中推动民主监督意见进入领导视野，放在领导心上。三是其他监督推动。推动协商式监督的意见建议得到更好落实，可做好以下工作：一是党政部门应强化自觉接受监督的理念和意识。二是不断丰富电视报纸、互联网和公告栏等社会监督形式，把需要公开和接受监督的事情向群众讲清

楚。三是强化对违反协商式监督成果行为的惩戒，这样一方面可以让党政部门人员增强敬畏意识，另一方面可以让群众增强信心，扩大参与面。

三、不断健全完善协商式监督的保障机制

协商式监督虽然不是强制性、硬约束，但这并不意味着可以走过场、流于形式，需要健全完善协商式监督的保障机制。

（一）共识构建机制

现实生活中，协商式监督双方对发挥监督作用的共识不够，究其原因，除政协提出的民主监督建议难以满足党委政府需求外，还有党政领导干部对协商式监督的认知程度比较低，信任度不高。应加强党对协商式监督的领导，把加强协商式监督作为提高执政能力和水平、推动工作落实的重要举措，纳入各级党委工作总体部署以及各级党校（行政学院）、其他干部培训平台的教育体系。

（二）主体发力机制

在协商式监督中，应注重调动广大委员参与监督的积极性、主动性和创造性。一是加强委员学习培训，不断培育协商精神、涵养协商文化、增强协商能力。二是畅通知情明政渠道，安排委员列席政协相关会议，参加有关部门组织的各类活动。三是强化履职积分考核，把参与协商式监督作为重要内容，作为年终评优评先的重要依据。

（三）沟通反馈机制

对于涉及内容较单一、事权集中在一个部门的事宜，可以由相关部门及时把转化落实情况反馈给政协。对于涉及内容较复杂、事权分布在多个政府部门的事宜，建议由政府综合各相关部门的转化落实情况，及时反馈给政协。在此基础上，政协应与党委、政府及相关部门加强沟通联系，找准确需持续监督推动的议题。

（四）提级监督机制

以浙江省政协推行的民生议事堂为例，由于基层治理主体日益多元、利益诉求日益多样等因素，往往会存在一些跨行政区域、跨管理层级、涉及单

个或多个行业主管部门的高质量协商成果，单纯依靠乡镇的力量难以转化和落实。建议建立提级监督机制，如对乡镇难以转化落实的协商意见，由县级政协组织通过主席视察、专项监督等方式，推动协商意见的转化落实。

用好大数据，实现政协协商质效迭代升级

夏凯慧　庄林林*

党的二十大报告强调“发挥人民政协作为专门协商机构作用，加强制度化、规范化、程序化等功能建设，提高深度协商互动、意见充分表达、广泛凝聚共识水平，完善人民政协民主监督和委员联系界别群众制度机制”。这既凸显了政协协商的优势，也对政协协商提出了更高更严的要求，而运用大数据无疑是必不可少的有效策略之一。

一、用好大数据，有效提升政协协商质效

基层政协协商中但凡没有达到理想效果的，多在于两个问题：一是协商主题不够精确；二是委员协商能力不足。出现这两个问题的原因很多，但委员掌握的信息不充分、不全面是共性因素。大数据的广泛应用，信息的充分开放、合法共享，能从根本上解决信息的不对称，为推进政协协商民主提供数据保障。

（一）大数据助推政协协商主题更精准

过去，协商主题的确立依赖自上而下的实践调查，或自下而上的愿望诉求，或提案、社情民意信息反馈，其中不乏领导的指定和行政的干预。而公共数据依法依规有序开放，为我们充分共享、安全利用信息资源提供了更大便利。政协有条件通过数据采集、数据预处理和数据存储等技术实现对民情

* 作者简介：夏凯慧，舟山市普陀区政协主席；庄林林，舟山市普陀区政协委员工作委一级主任科员

民意的综合从而提出协商主题建议；也可借助云分析、云计算等工具从海量数据中提炼出共性、核心的信息确定为精准的协商主题。

（二）大数据助推政协协商主体更平等

大数据的广泛应用，彻底改变了以往由相关部门向政协机关和政协委员传递协商信息的过程。这种传递因利益因素或委员自身的因素不能确保信息和传递的有效。大数据不仅能保证所有委员平等地得到信息，也能保证每一个委员拥有足够的信息，从客观上确保协商主体之间的平等。

（三）大数据助推政协协商形式更丰富

大数据让政协有更多的途径察民情、集民意，聚民志，向民心；让政协委员有更多的方式为政府的决策提供帮助和参考，努力为经济社会发展献计献策。

（四）大数据有助于政协协商结果更可信

大数据的充分应用，能最大限度地掌握协商民主过程中的问题信息，让民主监督更有方向。同时通过网络渠道补充民主监督，成为政协民主监督的重要形式。

二、用好大数据，有效提升政协协商能力

（一）强化数据意识，提升干部接受数字化协商环境的自觉性

在强调履职学习责任的同时，应以文化赋能大数据。任何一个模块一旦设计就开始“洗脑”：很容易、很实用，还会不断迭代升级。文化假设内化为文化品性时，能最有效地促进人自觉接受、快乐使用。信息技术平均每隔 18 个月更新一次，大数据更是每隔 3—6 个月实现迭代，如果不是从文化上强化数据意识，在面对刚刚学会系统就升级的情况时人很容易产生抵触情绪。解决了人的思想问题，其他一切问题都不再是解决不了的问题。

（二）培养信息素养，增强委员提高数字化协商能力的持久性

每个人搜索数据、保存数据、记录数据、组织数据的能力不尽相同，它不仅仅是一种技术的学习，更是一种素养的培养。我们把委员信息素养的提升列入委员协商能力培养的重中之重，制定委员信息素养提升长效机制，围

绕委员对协商所需知识的获取、加工、管理、表达与交流的能力；对协商活动的过程、方法、结果进行评价的能力；发表观点、交流思想、开展合作并解决要协商的实际问题的能力；遵守相关伦理道德与法律法规，形成与党委、政府和现实社会相适应的价值观和责任感四个方向，从意识、知识、能力三个层面，从探索、思考、搜索、评价、综合、交流、评估多个维度探索委员信息素养培养，不断提升委员基于大数据协商的能力，促成“用数据说话、用数据协商、用数据献策”政协协商新格局的建立。

（三）扩大数据容量，夯实政协协商信息基础

一是数据分布的分散性和数据采集的多主体性，亟须各级组织架构由金字塔型向协同开放型转变。“掌上履职”平台在一定程度上实现了一体化、集约化运作，也在很大程度上实现了各级政协内的数据共享和少量政府资源的开放，需要地方政协补充完善大量的地域数据。二是基层政协协商深入推进，协商全过程中获得的信息，不管与协商主题是否相关，都应进行收集、整理和处理。对于乡镇“民生议事堂”、村（社）“协商驿站”等提交的问题，都要进行分析、汇总，产生协商主题，打通区域内相关部门进行数据转换并及时进行反馈和跟踪处理。三是以分享大数据分析结果为主，由各级各地政协统一数据预处理标准，统一使用云处理技术。同时，对长期以来部门数据壁垒和碎片化管理模式形成的地域间、部门间的信息孤岛，可通过点对点的方式尽可能多地获取各单位信息，从而丰富数据舱、数据库，为知情明政有效协商提供更多数据。

（四）丰富数据来源，延伸政协协商主体

一方面，要利用大数据把离任委员更好地凝聚起来。充分发挥离任委员这支协商力量，扩展“掌上履职”平台功能，把“进了政协这道门，永远都是政协人”落到实处。另一方面，要利用大数据把更多的群众凝聚起来。把“社情民意信息”向社会延伸，把“委员工作室”向社会开放，通过拓展场景应用在实现好、维护好、发展好人民群众的根本利益中贡献政协力量，依托大数据在“发展全过程人民民主”中更好地担起政协责任。

人民政协助推民营经济发展的制度优势及提升路径研究

——以台州市椒江区政协“3×3”工作法为例

王跃军 *

推进民营经济高质量发展，是以习近平同志为核心的党中央作出的重大决策部署。民营经济是椒江区的经济命脉，是椒江发展的开路先锋。政协在助推民营经济发展中具有独特优势作用，应坚持双向发力，创新实践探索，拓宽履职路径和渠道，为推动高质量发展、再创民营经济新辉煌展现新作为新担当。

一、制度优势

（一）制度安排优势

政协章程明确政协委员的职责是密切联系群众，参与重要问题讨论，提出建议和批评。政协可以深入民营经济从业人员，了解最真实的想法，反映给党委政府，将人民民主近距离实体化，促进经济决策民主化和科学化，提高公共政策的决策效率和实施效果。

（二）人才荟萃优势

政协拥有人才荟萃、智力雄厚的巨大优势，是宝贵的“人才库”和“智

* 作者简介：王跃军，台州市椒江区政协主席

囊团”。人才是民营企业转型升级的第一资源，也是民营企业发展的最大瓶颈和短板。政协可以最大程度发挥人才密集的优势，为民营企业发展提供人才支持和智力支撑，帮助企业育才、引才、留才、用才。

（三）凝聚共识优势

民营经济要再创新辉煌，必须增进团结，调动一切积极因素。政协可以强化思想政治引领，求同存异、聚同化异，引导委员深入民营经济从业人员群体，协助党和政府做好宣传政策、解疑释惑、引导预期、提振信心工作。

（四）渠道畅通优势

政协独特的制度设计本身就是一个很顺畅的渠道。如发挥政协社情民意信息“直通车”作用、协商式民主监督特色优势等，能够推动经济发展政策的贯彻落实，形成共同推进民营经济发展的强大合力。

二、基层具体实践——以椒江区政协为例

2022 年以来，椒江区政协以“3 × 3”工作法助推民营经济发展，该工作法入选省委组织部评选的贯彻落实习近平总书记“三个要”要求攻坚克难典型案例。

（一）强党建，做到“三同”

打造“同心向党 • 江海红帆”党建品牌，建立“三联结对”等制度，增加民营经济相关从业政协委员的政治认同、思想认同、理论认同、情感认同，做到政治同向。扎实开展“府城悦读 • 书香政协”读书行动，搭建“垦荒大讲堂”“聚椒讲坛”等学习载体，开展“委员书房”交流活动，设立“税收优惠政策”“产业扶持政策”“中小微企业融资政策”等学习专栏，做到思想同心。开展“百名委员联百企促共富”系列活动，开展走访、座谈、调研等活动，倾听企业诉求，解剖存在困难，确保党委政府决策部署落实到位，做到步调同频。

（二）优环境，做到“三多”

多建睿智之言。政协主席率先带队开展调查研究，走访 23 家金融机构和企业，提出《破解民营企业经营投资能力下降的五方面建议》，并与区政府

领导一起研究落实方案。强化政协舆情汇集和民意表达功能，实施反映社情民意信息“争先”行动，工作成绩全市第一。多谋利企之事。把提案作为优化营商环境的有效载体，引导委员科学选题，撰写精品提案。2022 年共收到提案 216 件，其中涉及优化营商环境的提案有 89 件，12 件重点提案有 9 件涉及营商环境。多解民企之困。围绕省委、省政府“5+4”稳进提质系列政策、市政府《精准惠企促发展扩大投资稳增长 30 条》等，监督检查政策知晓率、落实率和企业获得感。

（三）精服务，做到“三力”

减少阻力，坚持以“倾听民企呼声、反映民企诉求”为导向，重点开展网络“云协商”。2022 年累计帮助 172 户纳税人办理增值税留抵退税，退税金额 2100 多万元，为 207 户制造业中小微企业缓缴税款 1100 多万元。增加助力，通过“委员工作室”“民生议事堂”等抓手，开展民主协商“五进”活动，推动更多政协资源向民营企业注入。2022 年向党委政府提出了 3 大类 52 条意见和建议，协调帮助民营企业解决具体问题 67 个，为 400 多户小微企业主抵息约 240 万元。凝聚合力，完善联动调研、联合视察、联络联谊等工作机制，实施“委员履新办实事”行动，举办“共富集市”“共富超市”，开展委员“履职先锋”评选，解决 35 个具体问题。

三、提升路径

（一）转变思维，凝聚助推发展共识

明确政协在助推民营经济发展中的职能定位，形成以政协班子为牵头领导，各专门委员会带领委员具体实施，政协办公室提供保障，联系各街道、镇参与的实践体系。通过各种宣传、教育、培训、交流等手段，增强政协委员助推民营经济发展的责任感和使命感，实现由被动向主动参与转变。

（二）锤炼队伍，提高助推发展能力

一是加强队伍建设。配强政协机关力量，加大年轻干部培养，优化队伍年龄和知识结构，增强服务能力。加强委员队伍建设，提高民营经济专家型委员、创业型委员比例，建立民营经济发展智库。强化履职评价考核，处理好政协工作中助推民营经济发展的数量与质量、形式与内容、动机与效果的关系，保障助推民营经济发展的质量和效能。二是提高经济研究能力。强化经济领域知识培训，调研选题要直指问题，摸清问题要深入实际，建言立论要集合众智，全面增强助推经济发展本领，让政协的协商建言“说得对”“查得清”“提得准”。三是构建亲清政商关系。强化政协统战意识，与民营企业家交好朋友、深交朋友，帮助党和政府做好与民营企业协调关系、凝聚人心、增进团结等工作，畅通各民主党派团体、各界人士参与助推民营经济发展的渠道，积极推动构建亲清新型政商关系，齐心协力推动民营企业健康发展。

（三）完善机制，强化助推发展保障

一方面，强化自身，健全内部机制。定期组织民营经济发展分析会，建立健全高质量沟通联络机制，加强对民营经济的全面了解，主动帮助正面发声、解决问题。探索建立融合上级政协与下级政协、政协内部与社会外部各类智库分工协作的人民政协智库协同机制，让本区域的民营企业可以借助政协“头脑”共同解决技术上的、管理上的、营销上的难题。另一方面，强化协同，健全外部机制。探索制订《政协助推民营经济发展管理办法》等地方性规章，报党委政府及上级政协审议，并在基层政协广泛试点实践，为政协助推民营经济发展建立起具体、清晰的法律制度和实践基础。建立起适用于本地的协商成果采纳机制、责任问责机制，促进协商成果落实和转化。建立政协与政府职能部门间工作协同机制和信息通报制度，重点明确民营经济发展问题清单，为政协委员发挥监督作用创造条件。

（四）拓宽渠道，增强助推发展实效

一是夯实基层协商渠道。以助力民营经济发展为重点，推动政协协商向基层延伸，打造民生议事堂、委员工作室、社情民意信息联系点“三位一体”履职平台，提高政协委员联系群众的质量和效率。二是完善日常工作渠道。建立委员履职平台值班制度，让民营经济从业人员能找到委员，能向委员们反映困难和问题。完善委员工作安排公示制度，以提高反映问题得到满意回复的精准性。深化社情民意信息机制建设，持续拓宽其功能，充分发挥“直通车”的作用。三是扩展线上沟通渠道。利用各种网络平台，创建网络议政和远程协商，形成高效的政协助推民营经济发展履职平台体系。运用微博、微信等平台，就民营经济发展相关议题向社会发布，开展助推民营经济发展的“微协商”；利用抖音、快手等平台，创新“委员网络接待日”等直播平台，开展委员网络评论民营经济发展活动；开设政协助推民营经济发展电视栏目，搭建政协与政府协商平台。

新时代基层政协推进全过程人民民主创新实践

——以黄岩区政协为例

王　辉*

一、全过程人民民主为政协协商民主提供根本遵循

人民政协必须在推进全过程人民民主实践中，不断拓展政协协商民主的内涵与外延，以“全覆盖、全链条、全方位”的标准和要求，来践行和体现全过程人民民主的显著优势。

（一）全链条

打造政协党建全链条，串起政协党组、机关党组和党支部的组织架构，确保人民政协成为坚持和加强党对各项工作领导的重要阵地；打造制度保障链，用科学化规范化的制度来约束和保障政协协商各个环节、各个阶段、各个层面以及各个平台践行全过程人民民主的高质量，形成民主程序闭环，充分体现界别群众的意愿诉求和意见建议；打造社情民意反映链，真诚倾听群众呼声，真实反映群众愿望，真情关注群众疾苦。

（二）全方位

推进政协职能的全方位发挥，形成“协商、监督、参与、合作”于一体的四维政协履职格局，实现不同履职渠道、履职手段、履职方式的衔接配合，

* 作者简介：王辉，台州市黄岩区政协主席

不断拓展政协职能作用发挥的广度、深度和效度。塑造全方位的政协文化，积极构建程序合理、环节完整的协商民主体系，为政协践行全过程人民民主提供精神动力、思想保证和文化支撑。

（三）全覆盖

实现全过程人民民主的政协委员全覆盖，充分发挥委员在协商民主中的主体作用，以高尚人格感染人、模范行为引导人、独特魅力凝聚人。实现全过程人民民主的机关干部队伍全覆盖，加强政协机关干部队伍在协商民主中的作用发挥。实现政协协商民主的参与主体全覆盖，让界别群众都有机会参与进来共用共享民主，为全过程民主贡献力量。

二、基层政协推进全过程人民民主创新着力点

基层政协必须把握好发展全过程人民民主的政治内涵、理论内涵、实践内涵，让政协各个环节与工作内容都能体现全过程人民民主的本质特征与关键要求。

（一）必须把握好“两个定位”

把握好“党对人民政协的全面领导”的政治定位全面加强新时代人民政协党的建设，用高质量党建实现党的组织对党员委员的全覆盖、党的工作对政协委员的全覆盖。把握好全过程人民民主的政协定位，与政协制度相结合，与政协履职相结合，与基层政协的实际情况相结合，从内容、体系、形式等方面进行探索、实践与创新。

（二）必须把握好“三个群体”

把握好领导干部群体，进一步提高思想认识，不断增强做好政协全过程人民民主的主动性和自觉性。把握好政协委员群体，建设一支“担当意识强，履职能力强，群众基础好”的政协委员队伍，在践行全过程人民民主更好发挥委员作用，把握好社会公众群体，解答群众问题，倾听群众呼声，反映群众利益诉求，实现人民群众愿意参与、积极参与、乐于参与、广泛参与。

（三）必须把握好“四个重点”

搭建完整的平台链，为不同部门、不同层级之间开展调研视察、工作协

作、共促问题解决等创造基本条件，达到全过程人民民主实现形式的多层次、多形式、多路径；畅通民主渠道，以多样、畅通、有序的民主渠道调动全体人民的积极性、主动性和创造性；健全规章制度，用制度确保全过程人民民主的决策指向最广大人民群众的根本利益，实现全过程人民民主运作的完整闭环链条，确保各个要素、各个环节能够有效运行；厚植政协文化，塑造属于政协的全过程人民民主文化形态，在发展全过程人民民主中彰显政协文化独特魅力。

三、黄岩区政协推进全过程人民民主实践案例

黄岩区政协创新推出全过程人民民主实践的“七化工作法”，实现政协协商平台载体的全覆盖全方位、沟通渠道的全维度全链条、体制机制的全流程全周期、文化建设的全要素全过程，夯实了政协全过程人民民主实践的深度和广度。

（一）“专班化管理”重整力量资源

打破思想和工作上的藩篱，探索专班化创新实践，让专班成为推进全过程人民民主重要抓手，来实现政协系统重塑和资源重整，提升“两支队伍”履职水平，推动政协工作提质增效，确保政协工作更好融入大局、服务大局，为全过程人民民主的质量与效率打下基础。

（二）“制度化设计”构建四梁八柱

抓好顶层设计，全面实施各类规章制度的“废改立”，围绕规范议事、协商议政、委员履职、提案工作、党风廉政、社情民意信息等方面工作，构建覆盖政协党的建设、履职工作、组织管理、内部运行等方面完整的制度体系，为政协践行全过程人民民主提供完备的制度保障。

（三）“程序化协商”促进精准实效

深入贯彻落实《关于加强和改进新时代市县政协工作的意见》精神，从政协协商准备工作、协商内容、协商程序等方面，构建形成“选题调研、协商讨论、落实反馈”的“程序化协商”运作程序，深入推进人民政协协商民主建设，认真履行政协职能，以政协协商民主实效深化全过程人民民主实效。

（四）“系统化重组”激发内生动力

综合考虑履职需求和人员特长等方面因素，通过对内部现有组织形式的创新与再造，为政协高质量履职蓄势积能。一是在保持界别特色的基础上，根据履职专业化、人员数量平衡等方面的需求，将全体委员划分为10个界别活动组，每个界别活动组结合自身特点和优势，开展分组活动。二是建立覆盖全区所有乡镇街道的履职小组，让委员们在履职一线加快推动协商成果的转化。三是成立政协社情民意信息名家工作室、社情民意信息委员会客室，培养一支责任感强、能力过硬的信息员队伍。

（五）“品牌化塑造”培育特色亮点

创建“同心向党·六力党建”品牌，不断提升政治领导力、思想引领力、委员组织力、社会影响力、旺盛生命力、强大战斗力，推动新时代政协党的建设高质量发展。强化“六型机关”模范引领，着力建设学习型、服务型、创新型、智慧型、清廉型、规范型“六型机关”，不断加强机关自身建设，锤炼机关干部忠诚、干净、担当的政治品格。强化“一委一品”特色引领，突出专委会特色，在建言资政和凝聚共识中展现“一委一品”新样子，在民主监督中彰显“一委一品”新成效。强化“四崇理念”（崇学、崇和、崇融、崇廉）作风引领，切实发挥新时代人民政协凝聚共识的重要职能，推动政协事业高质量发展。

（六）“数字化赋能”增强智治效能

运用党政机关整体智治系统对机关整体运行进行数字赋能、业务协同、流程再造、制度重塑，加强跨部门协同合作，推进更多协同事项在线办理，提升机关整体工作效能。依托“掌上履职”平台的功能，重点打造“协商在线”多跨场景应用，推动“指尖上的协商民主”。将数字化理念和方法引入提案工作，把数字化、标准化、规范化贯穿到提案提出、审查、立案、交办、办理、督办、答复、评议、公开、归档等工作闭环。加快数字化展示窗口建设，开辟委员风采、政协要闻、政协文化、文件制度、提案在线等10个版块。

（七）“常态化学习”涵养书香味道

健全和完善政协党组学习为引领，其他各种学习形式相配套的学习制度体系。创设线下学习阵地，发挥“崇学讲堂”“永宁史话”文史讲堂的功能，定期邀请有关领导、专家学者、文化名人举办各类讲座；在委员会客厅、民生议事堂等场所建设“委员书屋”“委员阅读角”“阅读茶吧”，举办委员读书、荐书、领读、讲书、评书等活动；设立机关崇学书房等。构建线上学习平台，设立政协主席读书群、政协机关读书群、界别委员读书群；依托黄岩政协掌上履职平台，设立“崇学书房”，开设“荐读书目”“崇学典藏”“活动动态”等栏目，让浓浓书香成为政协践行全过程人民民主的重要抓手。

大数据背景下县级政协工作创新研究

陈向东 *

中国社会已经进入“大数据”时代。充分利用大数据的技术手段和优势，更好发挥人民政协专门协商机构作用，不断推动政协工作创新显得尤为重要。本文主要从大数据在县级政协工作中的应用出发，总结分析大数据背景下县级政协工作创新的一些做法，并作相关思考。

一、应用大数据的背景和意义

（一）政协委员的代表性需要大数据

政协委员来自社会各界、各阶层、各行业，如何从中推荐出代表性强的政协委员，需要综合各方面情况进行分析比较。借助大数据技术优势，使遴选的委员信息更加全面、画像更加准确，有助于更好协商产生综合素质硬、群众基础好、代表性强的政协委员。

（二）政协履职的广泛性需要大数据

从国家大事到民生小事，政协履职涵盖了党委、政府和社会、个人的方方面面。履职范围如此广泛，非常需要大数据进行支撑，对海量数据进行整理清洗、分析处理，得出科学合理的结论指导和辅助政协履职，更好地为党和政府科学决策提供真知灼见，助力党政决策部署落到实处。

（三）政协履职的实效性需要大数据

利用大数据，帮助政协组织和政协委员强化对经济社会发展情况的全面

* 作者简介：陈向东，乐清市政协主席

掌握、科学分析和准确判断，形成具有更强科学性、前瞻性、可操作性的意见建议及其他履职成果，进一步提升政协履职实效。

二、数据方面的问题和困难

（一）内部数据整合难

一方面，数据收集仍有缺漏。很多县级政协对档案数据的收集整理重视不够，能正式形成档案数据的较少。由于缺乏有效的收集和存储手段，日常工作产生数据出现一定程度的遗失和错误。另一方面，数据管理有待加强。部分档案资料尚未数字化，如有的县级政协没有建立提案管理信息系统，仍使用纸质提案，难以产生数据。数据标准不统一，很多政协工作数据尚未按照大数据的要求进行处理，不符合数据分析和挖掘的技术要求。缺少统一的数据查询平台，查询时需要在各个信息系统间不断切换，且检索功能较弱，使用上非常不便。

（二）外部数据导入难

当下，大部分县级政协对外部大数据的导入和应用还非常少。一方面，出于数据安全、使用范围等考虑，一些部门单位不敢或不愿共享数据，“信息壁垒”“数据烟囱”的情况仍比较普遍。另一方面，很多县级政协虽已进行数字化改革，但未建立能够承接外部数据导入的数据平台（仓库），难以对数据进行整合利用。

（三）数据处理分析难

绝大部分政协工作和委员履职活动都会产生数据，这些数据量非常大，类型复杂多样，可以是文字、图片、音频、视频等，且呈现日益快速增长的态势。对这些海量数据进行快速处理和分析需要高精准的数据挖掘技术，但县级政协大都不具备相应的技术能力。

三、大数据在政协工作中的应用方向

（一）推动数字政协建设，提升工作信息化水平

很多县级政协在建设数字政协时，都开发了很多创新应用，其中很多应

用都可以融入大数据，进一步提升信息化水平。如，运用大数据技术对历年政协全会及其他各类会议的议程、参加对象、主持词等数据进行分析，制作规范化模板，之后只需将每次会议的特征性内容录入便可自动生成相应的文件和材料，大大提高工作效率。

（二）建立委员画像，更好发挥委员主体作用

建立委员个人情况画像，归集委员的性别、年龄、专业、职业等个人信息数据，并为委员提供个性化服务。建立委员履职情况画像，对委员履职类型和履职成果进行分析，掌握委员履职的偏好、领域以及关注点等。利用委员画像，政协开展履职活动时，可以更方便、更有针对性地邀请与履职课题专业对口、有相应经验的委员参加，提高履职实效；也方便委员之间寻找志同道合者开展合作履职和学习交流。通过委员画像更好地评估委员履职能力，进一步构建委员履职评估体系，为换届时老委员的留任以及新委员的遴选提供参考。

（三）丰富信息来源，助力委员知情明政、精准选题

大数据的有效利用，可以为政协委员履职提供全面丰富的第一手信息资源，为精准、有效履职打好基础。如，利用政府、媒体或者网络民意大数据，委员可以从中找到党政工作、社会热点的“高频词”“关键词”，以此为主题开展针对性履职；委员撰写提案时，在选题环节上提供便利的查询功能，通过输入关键词，显示近 5—10 年相似主题的提案及答复要点，避免已解决的问题重复提。

（四）改进方式方法，强化履职建言科学性、前瞻性

利用大数据，委员履职时的数据获取更加全面，反映的情况和问题更加真实。如，通过网络问卷调查的方式进行较大范围的调查研究，通过问卷结果数据的统计分析，更加科学地对相关情况和问题进行研究，提出更有建设性的意见建议。利用大数据的预测能力，有助于发现并聚焦一些还没有引起广泛关注，但可能对经济社会发展产生重大影响的“冷问题”，并提出具有前瞻性和针对性的建议，助推相关问题早预测、早应对、早防范。

四、利用大数据推进县级政协工作创新的几点思考

（一）树立大数据思维，积极推动政协工作创新

充分认识大数据的战略地位和应用前景，积极利用大数据推动政协工作创新发展。按照大数据的标准和要求，将政协各类活动的过程和结果以数据方式进行完整记录、归集、整合和分析。坚持“开放数据、共享数据”的原则，各级政协组织积极进行数据共享和融合，并探索政协数据的跨行业应用；同时，积极向党政部门、主流媒体等争取必要的数据共享，为委员知情明政提供支持。

（二）建设大数据平台，有效发挥大数据优势

一是建设政协数据仓和数据查询平台。通过数据仓建设，将政协工作数据按一定规则完整地存储起来，并实现数据的上传、回流以及承接外部数据的导入，为数据发挥作用奠定基础。依托数据仓开发便捷、智能的统一数据查询平台，并实现与政府和部门大数据平台互通，为委员履职提供数据支撑。二是构建系统、协同的大数据平台运行机制。将政协各类信息系统进行整合和协同管理，系统性地收集各类数据资料，更好地进行数据处理和分析。三是依托大数据开发实用的场景应用。“金华数字政协”联通“三服务”小管家系统、“8890”平台等，构建集民情收集、提交、办理、反馈、评价、分析、预警于一体的民情反映办理平台。

（三）保护大数据安全，应用可靠的技术规范和手段

充分认识大数据管理的风险，制定严格的数据安全管理规范。建立扎实的数据安全防护基础，避免后期频繁“打补丁”。完善大数据管理制度、保密制度等，对使用、访问大数据的行为作出明确规定，防止未经授权的访问或恶意盗取大数据的风险。技术上采用先进的现代密码算法对数据进行主动保护，并通过磁盘阵列、数据备份、异地容灾等手段保证数据安全。

（四）制定大数据规划，逐步提升大数据应用能力

县级政协应积极研究制定未来 5 至 10 年的大数据建设和应用的长远规划，确定长期目标和实现路径。邀请有关专家和政协工作人员、政协委员联

合组成专题课题组，深入研究利用大数据创新政协工作的具体措施。重视大数据人才队伍建设，发挥人才资源优势，挖掘大数据赋能政协工作的着力点，将头脑中的想象变为现实中的可能。

附　录

2022 年度省政协“人民政协和全过程人民民主”征文优秀论文存目

一等奖（10 篇）

林　航	人民政协在发展全过程人民民主中的功能作用研究
杭州市政协理论研究课题组	全过程人民民主视域下政协协商与其他协商的衔接配合研究
杭州市西湖区政协课题组	政协协商民主向基层延伸的实践路径与理论思考 ——以杭州市西湖区推动政协协商民主向基层延伸为例
李上葵	政策过程理论视域下“全过程协商”助推全过程人民民主的实践探究 ——以湖州市政协推进协商民主实践为例
宁波市鄞州区政协	人民政协专门协商机构在推进国家治理现代化中的作用机理、运行机制和实现路径
衢州市政协课题组	政协协商与基层协商衔接的系统化重塑与有效运行 ——基于衢州市相关实践的分析

钟金意	提升专门协商机构在发展全过程人民民主中的制度效能研究
舟山市政协办公室研究室	发展全过程人民民主视野下政协工作向基层延伸的“范式创新”研究 ——浙江省政协“三位一体”构建之路
丁芳芳	论全过程人民民主的丰富内涵、基本特征和运行逻辑 ——兼论人民政协在全过程人民民主中的重要作用
罗新阳　陈先标	协商驿站——打通政协协商向基层延伸的“最后一公里”：机理、实证与行动逻辑

二等奖（20篇）

钱　牧	走向精准：人民政协协商民主助推基层协商治理的机制研究
陈　伟	发挥人民政协在打造全过程人民民主实践高地中的独特作用研究
安吉县政协	全过程人民民主视域下推进人民政协协商民主体系建设路径研究
民建省委会、金华市政协联合课题组	提升专门协商机构在发展全过程人民民主中的制度效能研究 ——以“请你来协商”平台为例
温州市政协课题组	数字赋能政协提案工作的实践与思考 ——以温州市政协“提案e办”改革为例

农工党嘉兴市委会	论政党协商和政协协商的互动效应
孙勤明　施伟榴	政协协商与基层协商的工作边界研究
郑利军	遇事多同群众商量是全过程人民民主的本义所在 ——浙江推进全过程人民民主的实践探索
费晓燕	尚崇学之风　建书香政协 ——以浙江政协为例探究委员读书活动的深化
吴政仲	推动政协协商与基层协商有效衔接的实践路径研究
义乌市政协理论研究课题组	民主协商赋能“亲”“清”政商关系构建的机制与机理 ——以义乌“请你来协商”为例
舒勤芬	新时代基层政协反映社情民意信息工作研究 ——基于浙江省基层政协反映社情民意工作实践及发展路径分析
王序言	关于加强基层政协界别协商的实践与思考 ——基于海宁市政协界别“圆桌会”协商品牌建设的工作探索
冉思伟	市县政协参与基层治理现代化的困境与对策研究
胡清宇	全过程人民民主视域下推动政协协商与基层协商有效衔接的价值逻辑和演进研究 ——以湖州市政协协商民主向基层延伸为例
衢州市政协课题组	大数据背景下政协协商的实现路径 ——以衢州市政协“协商衢道”为例

台州市椒江区政协课题组	共同责任体系构建：政协协商推动共同富裕实现机制探索 ——基于椒江区的实证研究
王建友	全过程人民民主与协商民主统合的多维研究
民盟浙江省委会	推动政协协商与基层协商有效衔接的实践路径研究 ——以“村头巷尾商商量”为例
顾新宇　黄　春	人民政协参与基层社会治理的嵌入路径研究 ——基于嘉善“双联”创新机制的实践分析

三等奖（25篇）

江山市政协课题组	推动政协协商与基层协商相衔接助力基层社会治理的理论思考和实践探索 ——以江山市打造共富示范区的实践为例
金华市金东区政协课题组	加强人民政协协商民主建设的实践研究 ——以浙江省政协为例
陈文庆	推进政协协商与基层协商有效衔接的探索与思考
毛　慧	全过程人民民主赋能政协协商：生成逻辑、实践形态及价值意蕴 ——基于浙江省“请你来协商”的分析
余姚市政协	深化政协委员读书活动研究
慈溪市政协课题组	人民政协践行全过程人民民主路径研究

民盟浙江省委会	新发展阶段民盟社会服务品牌创建研究 ——以浙江民盟同心品牌为例
于佳秋	全过程人民民主的逻辑理路、比较优势与实践进路探究
上海财经大学浙江学院政协智库	凝聚差异共识:“请你来协商”的独特功能与优势
浙江舟山群岛新区研究中心课题组	发挥人民政协在高质量发展建设共同富裕示范区中的作用
杭州市政协理论研究课题组	人民政协在发展全过程人民民主中的链条环节和独特优势
金华市政协课题组	全过程人民民主中的政协实践:职能转向、现实困境、制度优势与贡献
杭州市政协理论研究课题组	协商民主助圆乡村“共富梦” ——“有事好商量、众人的事情由众人商量”的小古城经验
杭州市政协理论研究课题组	三重体系建构:杭州政协数字化探索的机理与路径研究
缪心毫	新型政党制度下民主党派基层组织建设的历史逻辑与路径思考
天台县政协课题组	县级政协助推基层协商建设的问题分析、实践探索与对策建议研究 ——以天台县“协商驿站”建设为例
邹宇明	人民政协作为坚持和加强党对各项工作领导的重要阵地研究
王新波　李岁科	县级政协协商民主发展的现实困境与实践进路 ——基于三个制度因素分析

后　记

2022年省人民政协理论研究会围绕“人民政协和全过程人民民主”主题开展论文征集和评选，得到了政协各参加单位、各级政协和有关院校专家学者大力支持并踊跃参与，共收到论文212篇；评审优秀论文55篇，其中一等奖10篇、二等奖20篇、三等奖25篇。在此基础上，召开理论研讨会。会后，按照程序报经省政协领导审定，选编了10篇理论研讨会发言材料和50篇优秀论文结集出版。

省人民政协理论研究会原会长周国辉、副会长王四清等同志对本书的编辑工作提出了指导意见。参加论文集编审工作的有黄甲寅、吴深荣、郑红福、陈光廉、曹敏、曾繁强等同志。

限于篇幅和编者水平，选文及删改未必得当，不妥之处敬请作者和读者谅解并指正。谨向本书全体作者、支持本书编写和出版的有关单位及各位同志表示衷心感谢！

编者

2023年8月

图书在版编目（CIP）数据

人民政协和全过程人民民主：浙江省人民政协理论研究会2022年理论研究优秀论文集 / 浙江省人民政协理论研究会编. -- 北京：中国文史出版社，2023.7

ISBN 978-7-5205-4204-3

Ⅰ. ①人… Ⅱ. ①浙… Ⅲ. ①中国人民政治协商会议—地方委员会—工作—浙江—文集 Ⅳ. ① D628.55-53

中国国家版本馆CIP数据核字(2023)第138452号

责任编辑：梁 洁　　装帧设计：杨飞羊

出版发行：中国文史出版社

社　　址：北京市海淀区西八里庄路69号　邮编：100142

电　　话：010-81136601 81136698 81136648（联络部）

010-81136606 81136602 81136603（发行部）

传　　真：010-81136677 81136655

印　　装：廊坊市海涛印刷有限公司

经　　销：全国新华书店

开　　本：787mm × 1092mm　1/16

印　　张：19.5

字　　数：350千字

版　　次：2023年8月北京第1版

印　　次：2023年8月第1次印刷

定　　价：78.00元
